编委会名单

主　编：景海峰
副主编：相南翔
编　委：庄锡华　钱超英　沈金浩　曹清华　梁　源
　　　　关志钢　问永宁

深圳大学建校30周年（1983—2013）文学院学术文选

荔园论学集

语言学卷

深圳大学文学院　编

图书在版编目(CIP)数据

荔园论学集·语言学卷/深圳大学文学院编.—北京:北京大学出版社,2013.8
　ISBN 978 – 7 – 301 – 22928 – 6

　Ⅰ.①荔… Ⅱ.①深… Ⅲ.①社会科学 – 文集 ②语言学 – 文集 Ⅳ.①C53 ②H0 – 53

中国版本图书馆 CIP 数据核字(2013)第 176157 号

书　　　　名：荔园论学集·语言学卷
著作责任者：深圳大学文学院　编
责　任　编　辑：杜若明
标　准　书　号：ISBN 978 – 7 – 301 – 22928 – 6/H·3352
出　版　发　行：北京大学出版社
地　　　　址：北京市海淀区成府路 205 号　100871
网　　　　址：http://www.pup.cn
新　浪　微　博：@北京大学出版社
电　子　信　箱：weidf02@sina.com
电　　　　话：邮购部 62752015　发行部 62750672　编辑部 62750673
　　　　　　　出版部 62754962
印　　刷　　者：北京大学印刷厂
经　　销　　者：新华书店
　　　　　　　965 毫米×1300 毫米　16 开本　16.25 印张　222 千字
　　　　　　　2013 年 8 月第 1 版　2013 年 8 月第 1 次印刷
定　　　　价：35.00 元

未经许可,不得以任何方式复制或抄袭本书之部分或全部内容。
版权所有,侵权必究
举报电话:010 – 62752024　电子信箱:fd@ pup.pku.edu.cn

目　录

曾梗二摄洪音入声字的"两韵并收"
　　——基于《老朴》等标音文献的考察 …………… 张卫东(1)
论过往三十年华语各类词语的竞争及势力消长 ………… 汤志祥(26)
论华语区域特有词语 ……………………………………… 汤志祥(44)
甲骨刻辞的形式美及其与《诗经》的联系 ……………… 曹兆兰(60)
《金瓶梅》语言中见系精组字同读现象试释 …………… 宫钦第(77)
论《切韵指掌图》宕江摄入声的性质 …………………… 宫钦第(87)
论郭店楚简中的字形类化现象 …………………………… 张　静(101)
《契文举例》研究述评 …………………………………… 张　静(108)
从许筠《闲情录》看明代出版业及典籍东传 …………… 左　江(116)
试解《保训》"逌"及《尚书·金縢》"兹攸俟" ……… 梁立勇(135)
"小人不柽人于刃"解 …………………………………… 梁立勇(140)
港、穗、深译"名"差异浅探 …………………………… 丘学强(146)
闽语分区问题再探 ………………………………………… 丘学强(158)
方位词研究五十年 ………………………………………… 陈　瑶(168)
介词"on"的认知阐释 ……………………… 陈　瑶　陈　佳(178)
"V在了N"格式的形成原因研究 ………………………… 詹　勇(181)
试论"词库"与"词法" …………………………………… 詹　勇(196)
语音系统的认知与执行配对
　　——语音学与音系学的研究层面 ……… 梁　源　黄良喜(210)

对外汉语课堂的量化观察与分析 …………… 梁　源　陈明君(220)
空间感在古代汉语的"里"词缀化进程中的作用 ……… 杨爱姣(236)
高级水平的韩国留学生使用汉语成语的偏误分析
　　及教学对策 ………………………………………… 杨爱姣(244)

曾梗二摄洪音入声字的"两韵并收"

——基于《老朴》等标音文献的考察*

张卫东

一、《中原音韵》之后出现的"两韵并收"

1.1 人们早就注意到,《中原音韵》(简称《中原》)有三种"两韵并收"(萧豪歌戈、鱼模尤侯、东锺庚青),并做了长期的研究与讨论。近年,我们从新的角度、利用"世界汉语教育史研究"发掘出来的新的标音文献,对这三种"两韵并收"的演变及其与现代汉语普通话的关系,进行了逐个的历时考察,形成了《论〈中原音韵〉的萧豪歌戈"两韵并收"》等三篇论文。①

1.2 "两韵并收"或曰文白异读,是近代汉语全程伴生现象。《中原》之后,又陆续出现一些"两韵并收",包括"色 se/shai、脉 mo/mai"这样的"两韵并收"。这种"两韵并收"是比较成套的,几乎涉及各组声母。这类字,都是中古曾梗二摄德、陌、麦、职四韵的洪音入声

---

* 本文得到广东省《〈伍伦全备谚解〉所记音系研究》(批准号 02G90)、教育部《朝鲜文献与近代汉语音韵史研究》(批准号 01JD740004)、国家哲学社会科学基金项目《〈老乞大〉多版本语言学比较研究》(批准号 02BYY029)资助。

① 张卫东:《论〈中原音韵〉的萧豪歌戈"两韵并收"》,《语言学论丛》第四十一辑,北京:商务印书馆,2010 年,第 77—96 页。另两篇即将刊出。

字。本文集中讨论之。

1.3　对于这套"两韵并收",前辈学者有所讨论,但未见追寻其演变踪迹的史学探讨。

邵荣芬先生《中原雅音研究》①指出:(1)陌二、麦、德的入声字通微、灰、泰三韵,"这种情况和《中原》基本相同"(57页);(2)"陌二、麦通佳、皆等,北方话里常见,如陌二韵'客,音楷'……都和《中原》基本相同"(60页);(3)跟歌戈互注的入声字有《广韵》的曷、末、铎、觉、合、盍等韵,未见曾梗二摄诸韵字(69页)。邵先生的研究,让我们确信三点:一、曾梗二摄入声字的韵母变为 ai, iai, uai"通微、灰、泰三韵";二、这种音变是一种实际音变,在"北方话里常见";三、本文所讨论的这套"两韵并收",其出现年代应该是《中原雅音》("出现年代可能是在 1398—1460 年之间")之后。王力先生在《汉语史稿》②第二章"现代汉语 o 的来源"、"现代白话 ai,ei 的来源"等两节里,先确认"在《中原音韵》里,陌麦合口二等(开二亦然)归皆来,德合一归齐微……可见当时还没有念 ɔ,那也是可以肯定的了"(175页),随后说:"陌麦德诸韵……都有许多字是文白异读的。……陌麦职的白话音,读 ai,德的白话音,读 ei。不但文言读 ɔ 的,白话念 ai 或 ei,连文言读 o 的(如"百""北",见上节),白话也念 ai 或 ei……这些白话音越来越占优势了,例如北京话里'白''百''麦''黑''贼'等字,连读书音(文言音)一般也只念 ai,ei,不念 o 了。"还特别强调:"在许多情况下,我们都可以证明:现代汉语及其方言中,白话音总是比文言音更富于稳固性的"。(185页)王先生的讨论,基本上就是将古今两端用一根线连接起来,只能算是"古今对应",而不是"历史考察"。由是,一些基本事实就被整颠倒了,例如:他把这些字的现代白话音 ai,ei 追溯到"十四世纪以前"。其实,在《蒙古字韵》③、在《中原音韵》及其后续诸

---

① 邵荣芬著:《中原雅音研究》,济南:山东人民出版社,1981 年。
② 王力著:《汉语史稿》(重排本),北京:中华书局,2004 年。
③ (元)朱宗文纂:《蒙古字韵》(1308 年),《续四库全书·经部·小学类》,上海:上海古籍出版社,2002 年。

多标音文献里,这些字在北方官话的确是皆来韵一读的,然而,后来(15—16世纪)出现了皆来、歌戈两韵并收,皆来韵是文言音,歌戈韵是白话音。其实,大量文献告诉我们,这些字的"白话音"并非从来就是"读 ai""读 ei"的;这些"读 ai""读 ei"的"白话音"也不是"越来越占优势了"。

1.4 跟这套"两韵并收"相关的语音问题,网络上倒是时有热烈讨论。前两年曾有网友提出如下问题:"Peking 真的含有贬义吗?老外很喜欢 Peking,现在逐渐叫 Beijing 的也多了,如果使用 Peking 会对中国人造成侮辱吗?"又补充说:"据说是北平的译音,对政治敏感的人说不好。"有网友给出解释说:"外子问我,为什么他年轻时在斯洛伐克学习中国地理时,北京是用 Peking,而现在却改成 Beijing,我只能解释说,那是八十年代中国大陆刚刚开放不久,频频使用国民党时代的 Peking 很不是滋味吧,于是用五十年代推行的中文拼音以代之。"还有不少类似问题,例如:"隔壁"说成 jiè bǐr,"来客了"说成 lái qiě le,为什么?"贼",京剧韵白为什么是 zé、京白是 zéi?"陈寅恪"的"恪"字究竟该读什么音?这些问题,都跟本文讨论的这套"两韵并收"相关。

1.5 近代汉语语音史的许多课题,实践证明,借力于《老朴》等标音文献,是一条切实有效的途径。本文仍循此思路,以《老朴》等谚解文献以及世界汉语教育史研究挖掘出的其他一系列标音文献为依据,进行穷尽性搜索,按时序排比连缀各个环节,全面考察曾梗二摄洪音入声字读音的演变轨迹,特别是其"两韵并收"的变化。

二、《汉语方音字汇》中曾梗二摄入声洪音字

2.1 中古曾梗二摄洪音入声字(德陌麦三韵及职韵庄组声母字)的文白异读,在今普通话里已经不多了,《汉语方音字汇》[①]尚存 12

[①] 北京大学中国语言文学系语言学教研室编:《汉语方音字汇》(第二版重排本),北京:语文出版社,2003 年。

例。其中,有的字音如"小册(chǎi)子",《现代汉语词典》第5版①(以下简称《现汉》)已经不收了:

文	白
1) 得(曾开一德端):dé(不得无礼!)	děi(你得去!)
2) 勒(曾开一德来):lè(悬崖勒马)	lēi(勒住缰绳)
3) 侧(曾开三职庄):cè(侧翻)	zhāi(侧歪)
4) 色(曾开三职生):sè(颜色)	shǎi(掉色了)
5) 塞(曾开一德心):sè(堵塞)	sāi(塞车)(又音:sēi)
6) 择(梗开二陌澄):zé(选择)	zhái(择菜)
7) 伯(梗开二陌帮):bó(伯伯)	bǎi(大伯子)
8) 柏(梗开二陌帮):bó(柏林)	bǎi(松柏)
9) 迫(梗开二陌帮):pò(压迫)	pǎi(迫击炮)
10) 擘(梗开二麦帮):bò(巨擘)	bāi(用手擘开)
11) 册(梗开二麦初):cè(手册)	chǎi(小册子)
12) 脉(梗开二麦明):mò(含情脉脉)	mài(号脉)

还有两个字比较"特殊"。"特殊"在,(1)其口语音在北京话里还活跃着而《现汉》不予收录,据《凡例》声明是"依照审音委员会的审订";(2)是-e、-ie同韵不同呼的文白异读,不同于上面的12例:

文	白
客(梗开二陌溪):kè(客人)	qiě(来客了)
隔(梗开二麦见):gé(隔阂)	jiè(隔壁儿)

2.2　这套"两韵并收",其文读韵母是-e或-o、-uo,我们统称为"歌戈类";白读韵母是-ei或-ai,统称为"皆来类";少数是-ie,归"歌戈类"。而今普通话非"两韵并收"的中古曾梗二摄洪音入声字,其韵母不是-e或-o、-uo,便是-ai或-ei,概莫能外:

歌戈类(-e或-o、-uo):

---

① 中国社会科学院语言研究所词典编辑室编:《现代汉语词典》(第5版),北京:商务印书馆,2005年。

（1）-e 德特则泽责测策啬格革克刻核嚇额（梗开二见系、知照系，部分）

（2）-o 魄墨默陌（曾开一梗开二，帮组部分）

（3）-uo 国或获（曾合一梗合二）

皆来类（-ai 或-ei）：

（4）-ai 白百拍麦摘宅窄拆（梗开二帮组、知照系，部分）

（5）-ei 北肋贼黑（曾开一，部分）

2.3 曾梗二摄细音即三四等入声字（职韵庄组除外），自古至今没有出现过类似的"两韵并收"现象。

2.4 这套"两韵并收"是何时出现的呢？这种字音局面是怎么形成的呢？从古到今它们经历过怎样的演变呢？

三、谚解《老朴》中的曾梗二摄洪音入声字

3.1 《翻译老朴》始见这种"两韵并收"

这种"两韵并收"是何时出现的？《蒙古字韵》和《中原音韵》均未见①。据我们考察，首见这种"两韵并收"的，是明代中叶朝鲜汉语教育史上第一批谚解文献《翻译老朴》（1506—1517年）：其左音为读书音，右音为口语音，即今日所谓"文白异读"。

3.2 《翻译老乞大》

《翻译老乞大》②所见曾梗摄入声洪音字29个（鉴于古谚文录入困难，直接标注对音：ŭiω[ɯiʔ]，uiω[uiʔ]，e[ɛ]，ai[ɐi]）：

---

① 客，首见于《中原》皆来部入声作上声，与"刻"同音；另见车遮部入声作上声，与"怯箧"同音。是为《中原》唯一一例。这可能是曾梗二摄入声洪音文白异读在《中原》的最早迹象。

② 崔世珍撰：《翻译老乞大·上下》（1517年），为《老乞大》谚解书中之最早者。字下注正（左）俗（右）音。正音"依申叔舟四声通考"，俗音"今以汉音依国俗撰字之法而作"。约刊行于中宗十二年（明正德十二年，公元1517年）。《（原本）国语国文学丛林》，首尔：大提阁，1972年影印本。

	左音	右音	用例
1）北	bŭiω	be	我往北京去
2）伯	bŭiω	be	伯父
3）百	bŭiω	be	還有五百里之上
4）栢	bŭiω	be	栢枝綠四季花
5）帛	bbŭiω	be	丙戌已後財帛大聚
6）白	bbŭiω	be	白馬
7）蔔	bbŭiω	bu	蘿蔔
8）珀	pŭiω	pe	琥珀珠兒一百串
9）脉	maiω	me	請太醫来診候脉息
10）得	dŭiω	dŭi	到不得
11）德	dŭiω	de	若是隱人的德
12）特	ddŭiω	dŭi	我特的來
13）忒	tŭiω	tŭi	這火伴你切的草忒麤
14）肋	lŭiω	lŭi	帶肋條的肉買着
15）賊	zzŭiω	zŭi	賊們怎知你有錢没錢
16）摘*	zŭiω	zai	且休摘了鞍子
17）摘*	zŭiω	ze	鞍子摘了
18）窄	zŭiω	ze	這衚衕窄
19）色	sŭiω	se	南京的顔色好
20）隔	gŭiω	gie	近南隔着兩家兒人家
21）国	guiω	gue	三國誌評話
22）尅	kŭiω	kŭi	中間尅落了一半兒
23）剋	kŭiω	kŭi	與你些剋化的藥餌
24）克	kŭiω	ke	我師傅性兒溫克
25）客	kŭiω	kie	但是遼東去的客人們
26）惑	hhuiω	hue	你休疑惑
27）或	hhuiω	hue	或早或晚
28）黑	hŭiω	he	料是黑豆

29) 核　hhǔiω　　　he　　　　核桃

*摘,用了 2 次,右音有异读。

这 29 字,有多少"两韵并收"? 计算方式有两种:(一)左音皆入声,右音皆舒声,舒入并见,那就是 29 个。是为广义的"两韵并收"。(二)不管声母,只看韵母,也不管左音的入声韵尾,左右韵相同的,仅 7 字(得特忒肋贼尅剋);左右韵不同的,即狭义的"两韵并收",计 21 个(葡,其右韵为特例,不参与统计):

表一　《翻译老乞大》曾梗摄入声洪音字表(28 字)

左音	-aiω	-ǔiω				-uiω	
右音		-e	-ai	-ǔi	-ie	-ue	
曾梗摄字	脉	北伯百栢帛白珀德摘*窄色克黑核	摘*	得特忒肋贼尅剋	客隔	國惑或	
29	1	14	1	7	2	3	

表中-aiω、-ǔiω、-uiω、-ai、-ǔi,统称为"皆来类";-e、-ie、-ue,统称为"歌戈类"。左音为皆来类的,是 100%。右音是皆来类的 8 字,占 28.57%;右音是歌戈类的是 20 字,占 71.43%。

3.3　《翻译朴通事》

《翻译朴通事》的情况,跟《翻译老乞大》大体相仿:

表二　《翻译朴通事》曾梗摄入声洪音字表(23 字)

左音		-ǔiω			-uiω	
右音	-ai	-ǔi	-e	-ie	-ue	
曾梗摄字	宅*	墨*忒得剋黑	北百白帛脉墨宅窄摘则色黑核	客	國或惑	
23	1	5	13	1	3	

*表示有异读:

*宅,zzǔiω/zai(典一箇大宅子)

又 zzǔiω/ze(小人昨日貴宅裏,留下一箇拜貼來)

*墨,mǔiω/mǔi(騎着一箇墨丁也似黑五明馬)

又 mǔiω/me(拿紙墨筆硯來)

*黑,hǔiω/hǔi(騎着一箇墨丁也似黑五明馬)

又 hǔiω/he(一箇黑鬃青馬快走)

左音为皆来类的,也是100%,但未见-aiω 韵。右音皆来类的是 6 字,占 26.09%;右音是歌戈类的 17 字,占 73.91%。这一格局,我们说跟《翻译老乞大》情况"相仿"而非"相同",是因为有的共同出现的字标音却有异,例如:

	《翻译老乞大》	《翻译朴通事》
脉	maiω/me	mǔiω/me
黑	hǔiω/he	hǔiω/hǔi,又 hǔiω/he

二书同是司译院教授崔世珍主持完成的,为什么会有这样的差异呢?我们认为一种可能的解释是:那时这类异读、多音是一种普遍现象,它们并存并行。① 其实,这种情况,贯穿于我们所考察的这一语音演变全过程,几乎可以视为一种历史特征。《翻译老朴》的差异不经意间反映了这一状况。

3.4 《老四》到《老 A》

《老乞大》谚解本,我们收集到 6 种②,依序称为"老四"、"老五"、"老六"等:

1. 老四:《翻译老乞大》,崔世珍撰,明正德十二年(1517 年)

2. 老五:《老乞大谚解》,邊暹、朴世華撰,清康熙九年(公元 1670 年)

3. 老六:《老乞大谚解》,撰者不详。清乾隆十年(公元 1745 年)

4. 老七:《老乞大谚解》,申聖淵、卞煜撰,清乾隆十年(公元 1745 年)

5. 老九:《老乞大新释谚解》(上),邊憲等撰,清乾隆二十八年(公元 1763 年)

---

① 崔世珍《四声通解》庚韵"額領"下注云:"俗音 ǔiω(按,对音,下同),《蒙韵》ai。今俗音 eω 或 ieω……《中原音韵》音葉。"又如"赫"下注云:"《蒙韵》hieω,下同。明也,炙也,曝也,盛也。俗音 hǔiω。今俗 heω 或 hieω。"在《老乞大》系列里,自《老七》始"脉"标音 mǔiω/me,跟《翻译朴通事》全同。

② 在项目组研制的"老乞大多版本对照"系统中,有所收集到的 11 个确认年代的版本,按年代先后排列,从元末的元刊本到乾隆六十年(1795 年)《重刊老乞大谚解》,排为"老一、老二……老十、老 A"。《老四》即《翻译老乞大》,是第一个谚解本。前 3 个和《老八》、《老十》是全汉文本。《翻译老乞大》和《翻译朴通事》皆为朝鲜中宗时司译院汉学大家崔世珍所作,刊行于 1517 年。参见张卫东《〈老乞大〉六版本左音变异及其成因初探》等(深圳大学文学院《汉语言文字学论文集》,北京:中国社会科学出版社,2004 年)。

6. 老A:《重刊老乞大谚解》,李洙等撰,清乾隆六十年(公元1795年)

从《老四》到《老五》,有6个字音发生变化:

1. 得,右音 dǔi 变 de
2. 葡,左音 bbǔiω 变 bbuiω
3. 國,左音 guiω 变 gueω
4. 惑,左音 hhuiω 变 hhueω
5. 核,左音 hhǔiω 变 hhueω(《老六》又改回皆来类)
6. 摘,多音(zǔiω/zai,zǔiω/ze)归一(zǔiω/ze)

《翻译老朴》的左音100%是皆来类,右音亦各有百分之二十几是皆来类;反过来,左右音都是歌戈类的尚无一个。到了《老五》,"得摘"2字右音归了歌戈类,而"國惑核"3字左音即读书音也"让位"给了歌戈韵。这表明歌戈类是外来的,而且比较强势,随后的文献资料显示,其影响在逐渐扩大。

3.5 从《老五》到《老A》,依次有一些变化:

老五到老六:核 hhueω/he 变为 hhǔiω/he;

老六到老七:葡 bbuiω/bu 变为 bbǔiω/bu;脉 maiω/me 变为 mǔiω/me;

窄,由 zǔiω/ze 变为 zeω/ze、zǔiω/ze(左音一读变两读,又多了一个歌戈韵);

老七到老九:黑 hǔiω/he 变为 hǔiω/hǔi;客 kǔiω/kie 变为 kǔiω/ke;

窄 zeω/ze 变为 zeω/zai;

老七到老A:白 bbǔiω/be 变为 bbǔiω/bai;

窄 zǔiω/ze 变为 zǔiω/zai;摘 zǔiω/ze 变为 zǔiω/zai。

值得注意的是:"窄、白、摘"等字的右音,到老九或老A,由歌戈类-e变为皆来类-ǔi或-ai。"摘"的右音在《翻译老乞大》曾有一处为-ai,但从《老五》变回歌戈韵-e,历《老六》《老七》,直到《老A》再变回皆来类-ai。这些变化,显示了此类音变的持续性、反复性和一定的方向性。详见表三。

表三　《老乞大》诸谚解本（老五到老 A）曾梗摄入声洪音字表（30 字）

	音韵地位	老五	老六	老七	老九	老 A
北	幫德一開曾	bŭiω/be	bŭiω/be	bŭiω/be	bŭiω/be	bŭiω/be
蔔	並德一開曾	bbuiω/bu	bbuiω/bu	bbŭiω/bu	bbŭiω/bu	bbŭiω/bu
得	端德一開曾	dŭiω/de	dŭiω/de	dŭiω/de	dŭiω/de	dŭiω/de
德	端德一開曾	dŭiω/de	dŭiω/de	dŭiω/de	—	dŭiω/de
忒	透德一開曾	tŭiω/tŭi	tŭiω/tŭi	tŭiω/tŭi	tŭiω/tŭi	tŭiω/tŭi
特	定德一開曾	ddŭiω/dŭi	ddŭiω/dŭi	ddŭiω/dŭi	—	—
肋	來德一開曾	lŭiω/lŭi	lŭiω/lŭi	lŭiω/lŭi	lŭiω/lŭi	lŭiω/lŭi
國	見德一合曾	gueω/gue	gueω/gue	gueω/gue	gueω/gue	gueω/gue
克	溪德一開曾	kŭiω/ke	kŭiω/ke	kŭiω/ke	—	—
刻	溪德一開曾	—	—	—	kŭiω/kŭi	kŭiω/kŭi
尅	溪德一開曾	kŭiω/kŭi	kŭiω/kŭi	kŭiω/kŭi	kŭiω/kŭi	kŭiω/kŭi
黑	曉德一開曾	hŭiω/he	hŭiω/he	hŭiω/he	hŭiω/hŭi	hŭiω/hŭi
惑	匣德一合曾	hhueω/hue	hhueω/hue	hhueω/hue	—	hhueω/hue
或	匣德一合曾	hhuiω/hue	hhuiω/hue	hhuiω/hue	hhuiω/hue	hhuiω/hue
賊	從德一開曾	zzŭiω/zŭi	zzŭiω/zŭi	zzŭiω/zŭi	zzŭiω/zŭi	zzŭiω/zŭi
色	生職三開曾	sŭiω/se	sŭiω/se	sŭiω/se	sŭiω/se	sŭiω/se
百	幫陌二開梗	bŭiω/be	bŭiω/be	bŭiω/be	bŭiω/be	bŭiω/be
栢	幫陌二開梗	bŭiω/be	bŭiω/be	bŭiω/be	bŭiω/be	bŭiω/be
伯	幫陌二開梗	bŭiω/be	bŭiω/be	bŭiω/be	bŭiω/be	bŭiω/be
珀	滂陌二開梗	pŭiω/pe	pŭiω/pe	pŭiω/pe	—	pŭiω/pe
白	並陌二開梗	bbŭiω/be	bbŭiω/be	bbŭiω/be	—	bbŭiω/bai
帛	並陌二開梗	bbŭiω/be	bbŭiω/be	bbŭiω/be	—	—
脉	明麥二開梗	maiω/me	maiω/me	mŭiω/me	—	mŭiω/me
格	見陌二開梗	—	—	—	gŭiω/ge	gŭiω/ge
隔	見麥二開梗	gŭiω/gie	gŭiω/gie	gŭiω/gie	gŭiω/gie	gŭiω/gie
客	溪陌二開梗	kŭiω/kie	kŭiω/kie	kŭiω/kie	kŭiω/ke	kŭiω/ke
核	匣麥二開梗	hhueω/he	hhŭiω/he	hhŭiω/he	—	hhŭiω/he
窄	莊陌二開梗	zŭiω/ze	zŭiω/ze	zeω/ze	zeω/zai	zeω/zai
窄	莊陌二開梗	zŭiω/ze	zŭiω/ze	zŭiω/ze	—	zŭiω/zai
摘	知麥二開梗	zŭiω/ze	zŭiω/ze	zŭiω/ze	—	zŭiω/zai

3.6　比较《老七》到《老 A》50 年间曾梗摄入声洪音字音变化：

(1)《老七》28 字,左音以 -ŭiω 为主,属皆来类的 25 字,占 89.29%；

属歌戈类的 3 字,占 10.71%。右音属歌戈类的 22 字,占 78.57%;属皆来类的 5 字,占 17.86%。两韵并收(狭义)19 字,占 67.86%。

(2)《老 A》26 字,左音以 -ŭiω 为主,属皆来类的 23 字,占 88.46%;属歌戈类的 3 字,占 11.54%。右音属歌戈类的 15 字,占 57.69%;属皆来类的 10 字,占 38.46%。两韵并收(狭义)12 字,占 46.15%,比《老七》减了 21 个百分点。此时左音多皆来类、右音多歌戈类,此种趋势仍十分强劲。

(3)左右音都是皆来类的,《老 A》增至 9 字(白摘肋贼忒刻剋黑窄),这显示了它们的音变方向:日后多一读 -ei、-ai 韵。

(4)《老 A》右音皆来类大幅增至 10 字,表明原本的读书音(皆来类),现在有不少已经降为口语音了。

四、《华音启蒙谚解》中的曾梗入声洪音字

4.1 《华音启蒙谚解》

1883 年,李应宪作《华音启蒙谚解》①(以下简称《华音》),取代了《老朴》系列。尹泰骏《序》称其"若《千字文》、《百家姓》,并用燕京话译之以东谚,开卷了然"。《华音》标音方式,跟《老朴》系列有三点不同:

(1)《华音》字下只标一音,不再并列左右音;

(2)附录《千字文》和《百家姓》等,亦字下只标一音,但附有一份《华音正俗变异》表(《千字文》288 字,《百家姓》68 字),每字下并列二音,"初释正音,次释俗音。"

(3)附表正音不带任何入声韵尾,表明入声彻底舒声化了。

---

① 《华音启蒙谚解》(1883 年),朝鲜高宗二十年(光绪九年,1883 年)译官李应宪作,现藏首尔大学校奎章阁。尹泰骏《序》云:"今李知枢应宪取常行实用之语,略加编辑,名之曰《华音启蒙》,若《千字文》《百家姓》并用燕京话译之以东谚,开卷了然。"

4.2 《华音启蒙谚解·华音正俗变异》

这份三百多字"两韵并收"的"正俗变异"表中,涉及曾梗摄入声洪音9字(正/俗):

白 bai/be   百 bai/be   魄 bai/pe   特 te/tǔi   勒 lei/lǔi
剋 ke/kǔi   贼 ziei/zei   宅 zai/ze   色 sai/sie

此表所标,跟《千字文》、《百家姓》和《华音》正文并不完全一致,例如:

	正俗变异	千字文	华音
特	te/tǔi	te	te、tei
贼	ziei/zei	zei	zǔi
宅	zai/ze	zai	zei
伯	——	be	bai
魄	bai/pe	bei	——

《华音》内部也有不一致的,例如:特,上卷音 tei,下卷音 te;北,上卷音 bei,下卷音 be。

以上情况表明:这种音变仍在继续,仍然存在诸多不稳定的因素,一如前面3.3节所说,是"这一语音演变全过程"的"一种历史特征"。当时北京话实际存在的正俗异读,比《华音正俗变异》表所列,应该还多些、复杂些。尽管如此,当时北京话正俗"两韵并收"的情况,比起1795年(《重刊老乞大谚解》),确实已经大为简化,以致只需附一个二三百字的"文白异读"表即可。

4.3 《华音启蒙谚解》曾梗摄入声洪音字韵母统计

上卷:	e	ue	ai	ei	ǔi
	得刻	国	伯白	北_京	忒
	德隔		百	特	黑
	客		麦		贼
下卷:	得客	国	百色	北_京	黑
	特刻		白	宅	忒
	墨北_方				
	11	2	7	4	5/29

《华音》字下谚文所标单音,多数是正音(读书音),少数是俗音(口语音)。皆来类(-ai-ei-ŭi)16字次,歌戈类(-e-ue)13字次。《华音》所涉曾梗摄入声洪音字不多,但值得注意的是,歌戈类(13字次)已占13/29=44.83%,比《老A》(11.54%)高出33个百分点,表明读书音为歌戈类的趋势明显增强。

五、《语言自迩集》和《国音字典》中的曾梗入声洪音字

5.1 《语言自迩集》第二版(1886年,以下简称《自迩集》)①,跟《华音》几乎同时。二者相同的是:(1)所有音都没有入声尾;(2)多数是一字一音,少数字多音或"两韵并收",且不约而同,也用一"异读表"反映。现根据其《北京话异读字表(TABLE OF CHARACTERS SUBJECT TO CHANGES OF SOUND OR TONE.)》②和《北京话音节表(THE PEKING SYLLABARY.)》整理而得《〈自迩集〉曾梗摄入声洪音字异读字表(52字)》:

-ai -uai -ei -ui	-ê -o -uo -ieh
1) 侧 chai^1, chai^3	tsê^4, ts'ê^4
2) 摘 chai^1	tsê^4
3) 谪 chai^1	tsê^4
4) 宅 chai^2	tsê^2
5) 责 chai^2	tsê^2, tsê^4
6) 择 chai^2	tsê^2
7) 泽 chai^2	tsê^2, (to^4)③

---

① 〔英〕威妥玛(Wade. T. F.)著:《语言自迩集》(第二版,1886年),张卫东译,北京:北京大学出版社,2002年。
② 《北京话异读字表(TABLE OF CHARACTERS SUBJECT TO CHANGES OF SOUND OR TONE.)》,在《语言自迩集》原著第二版(1886年)VOL. III. pp.175—198,张卫东未收入其译本。有需要者,可电邮(zhang4612@hotmail.com)索取。
③ to^4,集韵:达各切,格泽,星名……宕摄铎韵字。

8）仄 chai³   tsê⁴
9）窄 chai³   tsê⁴
10）拆 ch'ai¹   ts'ê⁴
11）册 ch'ai¹   ts'ê⁴
12）策──   ts'ê⁴
13）测──   ts'ê⁴
14）格──   kê², ko²
15）胳──   kê¹, ko¹（《老朴》皆写作"肐"）
16）隔──   kê², ko², chieh², chieh⁴
17）国──   kuo²
18）黑 hei¹   hê³, ho⁴
19）核──   ho², (hu²)①
20）覈──   ho², ho⁴, (chiao⁴)②
21）或──   ho⁴, huo⁴
22）惑──   ho⁴, huo², huo⁴, (hu¹, 未见用例)
23）获 huai²   ho⁴, huo⁴
24）克──   k'o¹, k'ê⁴
25）刻 k'ei¹   k'o¹, k'o³, k'o⁴
26）尅──   k'ê¹, k'ê⁴, k'o¹, k'o⁴
27）客──   k'o⁴, k'ê⁴
28）勒 lei¹, lê⁴, lie h⁴, lo⁴
29）肋 lei⁴   lê⁴, (chin¹)③
30）陌 mai⁴   mo⁴
31）麦 mai¹, mai⁴   mo⁴
32）脉 mai⁴   mo⁴
33）墨 mei⁴   mo⁴

---

① hu²,集韵：胡骨切,果中实。臻摄没韵字。
② "覈"下还有一音 chiao⁴,集韵：诘弔切,《博雅》骹覈骨也。效摄啸韵字。
③ "肋"下还有一音 chin¹,当是"筋"之假借。

34）默 ——   mo⁴

35）白 pai²   po¹, po², po⁴

36）帛 pai², pai⁴   po⁴

37）百 pai³   po², po⁴

38）伯 pai³   po², po⁴

39）柏 pai³   po⁴

40）北 pei³   po⁴,（pu³,未见用例）

41）葡 pei⁴   po¹, p'o⁴

42）拍 p'ai¹   p'o⁴

43）珀 ——   p'o¹, p'o⁴

44）魄 ——   p'o⁴,（t'o⁴）①

45）色 shai³   sê⁴, shê⁴

46）塞 shai⁴, sai⁴   sê⁴

47）特 ——   t'ê⁴

48）忒 t'ai⁴, t'ui¹   t'ê⁴

49）得 tei³   tê², tê⁴

50）德 ——   tê², tê⁴

51）则 ——   tsê²,（tzǔ¹,未见用例）②

52）贼 tsei²   tsê², tsê⁴

5.2 《自迩集》曾梗摄入声洪音字异读字音,有如下几点值得注意:

1. 52字中,两韵并收的是"侧摘宅责择"等33字,占总数的63.46%。然而孰文孰白,全书无明确标志。③

2. "策测格胳隔"等18字,只有歌戈类而没有皆来类读音,占

---

① to⁴,广韵:他各切,落魄,贫无家业。宕摄铎韵字。
② "则"之tzǔ¹,与"北"之pu³和"惑"之hu¹,未见用例,均不讨论。
③ 书中一些小注似有所透露,例如:隔壁,p.229下注3:"隔壁 ko² pi⁴;在这个上下文环境里,通常读作 chieh² pi³·' rh"。即便这样的暗示,全书亦极少见。有的字音之文白与今相左,例如:诊脉,p.250注3:"脉 mo⁴,本指任何动脉;这里特指脉搏。"(以上页码均为《语言自迩集》张卫东译本页码)

34.62%。可以确定,至少这18字读书音是歌戈韵。其中"策测国默魄特则"等7字已成歌戈类单音字。这18字,大部分已与今普通话同音。不过,其中一些字如"格 kê², ko²;核 ho²;或 ho⁴, huo⁴"等还要经历一些变化。

3. 全书这类字只有皆来韵一读的,0例。

4. 有些字的异读情况,更为繁复了,如"侧白"等字,可谓"多韵并收"。

5. 字音变得跟今天一样的,只有"择策测国脉默魄特则"等9字,占总数的17.31%。其中"择脉"2字有文白异读,文白格局亦与今一致。

6. 52字共有皆来类字音38个,歌戈类字音82个;分别占31.67%,68.33%,表明此时这类字歌戈韵已经占据了主导地位。

六、《国音字典》中的曾梗入声洪音字

6.1 《国音字典》(黎锦熙主编)①。1948年(民国三十七年11月)黎锦熙主编并作序,1949年8月商务印书馆初版的《国音字典》,这类字的读音情况如下(56字。以常用字为限。原注音字母,今对应拼音字母):

1. 白 ㊀ bái(语音)   ㊁ bó(读音)
2. 百 ㊀ bái(语音)   ㊁ bó(读音)
3. 伯 ㊀ bó   ㊁ bǎi(大~子)
4. 帛 ㊀ bó   ㊁ ——
5. 柏 ㊀ bǎi(语音)   ㊁ bó(读音)
6. 北 ㊀ běi(语音)   ㊁ bò(读音)   ㊂ bèi(书:分~三苗)
7. 珀 ㊀ pò   ㊁ ——

---

① 中国大辞典编纂处编,黎锦熙主编:《新部首索引国音字典》,上海:商务印书馆,1949年。

8. 萡 ㊀ bó　　　㊁·bo(语音)
9. 拍 ㊀ pāi　　㊁ pò(读音)
10. 魄 ㊀ pò　　 ㊁ tuò(落~)
11. 迫 ㊀ pò　　 ㊁——
12. 墨 ㊀ mò　　㊁——
13. 脉 ㊀ mò　　㊁ mài(又读)
14. 陌 ㊀ mò　　㊁——
15. 默 ㊀ mò　　㊁——
16. 麦 ㊀ mài(语音)　㊁ mò(读音)
17. 德 ㊀ dé　　 ㊁——
18. 得 ㊀ dé　　 ㊁ děi　㊂·de　㊃ dǎi(遭受：~苦子)
19. 特 ㊀ tè　　 ㊁——
20. 忒 ㊀ tè　　 ㊁ tē(状声字)
21. 勒 ㊀ lè　　 ㊁ lèi(㊀之语音)　㊂ lēi(~马)
22. 肋 ㊀ lè　　 ㊁ lèi(语音)
23. 格 ㊀ gé　　 ㊁——
24. 胳 ㊀ gē　　 ㊁——(~膊。与肐通)
25. 隔 ㊀ gé　　 ㊁ jiē(㊀之语音又读)　㊂ jié(~断)
　　　　　　　㊃ gē(~褙儿)
26. 革 ㊀ gé　　 ㊁ jí(病~)
27. 国 ㊀ guó　　㊁——
28. 客 ㊀ kè　　 ㊁——
29. 克 ㊀ kè　　 ㊁——
30. 剋 ㊀ kè　　 ㊁——
31. 尅 ㊀ kè　　 ㊁——
32. 刻 ㊀ kè　　 ㊁ kē(又读)
33. 核 ㊀ hé　　 ㊁ hú(又读)
34. 覈 ㊀ hé　　 ㊁——
35. 黑 ㊀ hēi　　㊁ hè(读音)　㊂ hěi(~豆)

36. 获 ㊀ huò　　㊁ huái(~鹿,河北省县名)

37. 惑 ㊀ huò　　㊁——

38. 或 ㊀ huò　　㊁

39. 责 ㊀ zé　　㊁ zhài(古"债"字)

40. 贼 ㊀ zé(盗~)　　㊁ zéi(㊀之语音)

41. 则 ㊀ zé　　㊁——

42. 仄 ㊀ zè　　㊁

43. 宅 ㊀ zhè　　㊁ zhái(语音)

44. 翟 ㊀ zhái(语音)　　㊁ zhé(读音)

45. 摘 ㊀ zhé　　㊁ zhāi(语音)

46. 滴 ㊀ zhé　　㊁

47. 择 ㊀ zé　　㊁

48. 泽 ㊀ zé　　㊁

49. 窄 ㊀ zé　　㊁ zhǎi(语音)

50. 侧 ㊀ cè　　㊁ zè(又读)

51. 测 ㊀ cè　　㊁

52. 策 ㊀ cè　　㊁

53. 册 ㊀ cè　　㊁ chǎi(样~子)

54. 拆 ㊀ chè　　㊁ chāi(语音)

55. 塞 ㊀ sè　　㊁ sāi　㊂ sài　㊃ sēi(堵~。又读)

56. 色 ㊀ sè　　㊁ shǎi(㊀①②之语音)　㊂ shè(俚语)

6.2 几点说明

1. 属文白异读的,有些字如"白百麦"等分别标明"(读音)"、"(语音)",有些则二者标一,如"拍"只于"㊀ pò"之后标"(读音)","㊁ pāi"之后虽未标"(语音)",亦可确认为"两韵并收"、文白异读。

2. 标有"(又读)"的,为一般多音字,本不属文白异读。但有的字音只用于某词中,标出其特别词义或"又读"如:"伯"之㊁ bǎi(大~子),"脉"之㊁ mài(又读),"获"之㊁ huái(~鹿,河北省县名),"册"之㊁ chǎi(样~子),"塞"之㊁ sāi 和㊃ sēi(堵~。又读),当时似未视为文白异读,但后来一般视为"两韵并收"。此类今作"两韵并收"统计。

3. "多音"字中,如"核"之"㊁ hú(又读)"来源于臻摄合口一等户骨切,并非曾梗摄字音,虽然今一般视为文白异读,但当时明确作"又读"。"魄"之㊁ tuò(落~),他各切(宕摄铎韵),《广韵》虽谓"本音拍",但一般不作"魂魄"之"魄"的异读。"革"之㊁ jí(病~),《集韵》竭憶切,急也,曾开三职韵字,或作"亟",跟古核切的"革"音义皆异。这类字,今只取其曾梗摄入声洪音字音参与统计。

4. 有的字如"择"字,当有口语音 zhái(明清皆有,今日尚存),而《字典》未收,当属失收。同理,"忒"亦属失收口语音 tēi/tuī。

5. "隔"之㊀ gé、㊁ jiē,属又一类文白异读(同韵开齐异呼),整个《老朴》时代都是 gǔiω/gie,到《自迩集》成为"纯"歌戈类 kê², ko², chieh², chieh⁴,再到《国音字典》变同今日。按说"客"字亦当同步变为 kè、qiě,《国音字典》未收"语音"qiě,亦当属失收。

6. "责"之 zhài 是古"债"字,属假借而非异读。责任的"责",单音 zé。

7. 迫击炮(pǎi jī pào),作为步兵的基本装备,始于二战;作为武器名词进入汉语,亦是不久。《国音字典》未收其音(pǎi),可以理解。

6.3 统计与分析

1. 56 字 90 字音(魄㊁革㊁核㊁责㊁等 4 音不参与统计)。其中皆来类字音 25 个,在 90 字音中占 27.78%;歌戈类字音 65 个,占 72.22%。

2. 只有皆来类一读的:0 字。

3. 只有歌戈类读音:34 字(帛葡珀迫魄墨陌默德特忒格胳隔革国客克剋尅刻核龂惑或则责仄谪择泽侧测策),占 56 字的 60.71%。可以说,从那时起,这些字的大多数的读书音就是歌戈韵了。其中 2 字今有文白异读:"侧"之㊁ zè(又读),在今普通话为 zhǎi;"择"今有白读音 zhái(应属《国音字典》失收)。

4. 皆来歌戈两韵并收:22 字(白百伯脉柏北拍麦得勒肋黑馘贼翟

宅摘窄拆册塞色),占 56 字的 39.29%。这 22 字,读书音都是歌戈韵,而口语音都是皆来韵,无一例外。

5. 其他文白异读 2 字:隔 gé/jiē,萄 bó/·bo。此 2 字列为"只有歌戈类读音"。

6. 根据上述各项,可以确认,歌戈韵已经占据了读书音的地位,而皆来韵退居口语音地位。这类字歌戈、皆来二韵的文白地位,至此时已经完全对调:《翻译老朴》时代(明代中叶),歌戈类全是"右音"(俗音),而皆来类全是"左音"(正音)。经历 430 年的演变,终于正俗颠倒,文白易位。

七、曾梗二摄入声洪音字在今普通话的表现

7.1　普通话曾梗摄入声洪音字表(56 字。根据《现代汉语词典》第 5 版):

	皆来类(含 -ai、-ei、-ui)	歌戈类(含 -e、-o、-uo、-a)	
两韵并收	侧择勒脉伯柏迫色塞忒得剋	侧择勒脉伯柏迫色塞忒得剋	12
皆来类一读	摘宅窄拆黑肋麦白百北贼翟拍		13
歌戈类一读		责泽谪仄册获刻墨萄帛核蹶或惑德则坼隔阁革客克特珀魄阳默胳国测策	31

56 字中,有 12 字是两韵并收、文白异读,且大家都很明确:歌戈类为读书音,皆来类为口语音。"皆来类一读"仅 13 字,而"歌戈类一读"的 31 字,显然后者占绝对优势。

7.2　分析统计结果:

今 56 字,12 个"两韵并收",有 24 音;"皆来类一读"13 音,"歌戈类一读"31 音,三项合计:24 + 13 + 31 = 68(音)

(1) 皆来类读音:(12 + 13)/68 = 36.76%

(2) 歌戈类读音:(12 + 31)/68 = 63.24%

(3) 两韵并收(字):12/56 = 21.43%

7.3　跟《国音字典》比较:

(1) 只有"皆来类一读"的13字,在《国音字典》全是皆来歌戈两韵并收。

(2) 只有"歌戈类一读"的31字,其中28字来自《国音字典》"只有歌戈韵读音(34字)",其余3字"册獲坏"来自《国音字典》"皆来歌戈两韵并收(22字)"。

(3) 皆来歌戈两韵并收:12字。这12字,来自《国音字典》"皆来歌戈两韵并收(22字)"的有7字(柏伯脉得勒塞色);其余5字(侧择迫忒剋)均来自《国音字典》"只有歌戈类读音"的(34)字。

两韵并收字数,从《自迩集》到《国音字典》、《现汉》,其比例一路陡降:

$$63.46\% \rightarrow 39.29\% \rightarrow 21.43\%$$

19世纪中叶,"北京通语"上升为"全国通语",也就进入了"删汰异读、以利交际"的或自觉或不自觉的"进化快车道"。从《自迩集》到《国音字典》,可谓之"不自觉"阶段;到了上世纪60年代的"异读审音",可谓之"自觉"阶段。"审音"之后,歌戈类读音略有减少(72.22% → 63.24%),皆来类读音相应上升(27.78% → 36.76%),这就是王力先生所说的"这些白话音越来越占优势了"。其实,从《自迩集》开始,"优势"就已经转到歌戈类读音一边了;而展望未来,12个两韵并收字的读音,还将有变化,其可预见的趋势,一多半仍是丢掉皆来类读音而变为歌戈类一读:除了"脉柏"2字,知道其余10字(侧择勒伯迫色塞忒得剋)皆来类异读的人,已经在急速减少。

八、为什么会出现"皆来歌戈"两韵并收?

8.1　在2.4节,我们曾经问道:这种"两韵并收"是何时出现的?3.1节曾指出,《蒙古字韵》(以下简称《蒙韵》)和《中原音韵》(以下简称《中原》)里都没有。就我们所见,最早全面反映这种"两韵并收"

的,是明代中叶《翻译老朴》和《四声通解》①。这是朝鲜汉语教材中第一批谚解文献,皆为朝鲜汉语大教育家崔世珍所撰。这种"两韵并收",出现于狭义的北方(北京)官话,当是在明初洪武年间(1368—1398年),到永乐年间(1403—1424年)在现实语言中形成系统。所以,在反映元代北京方言的《蒙韵》、反映元代北方通语(北京)的《中原》)里都没有。

8.2 曾梗二摄洪音入声字,《中原》全归皆来韵之"入声作某声",《蒙韵》全归六佳之入声,而《洪武正韵》②(以下简称《洪武》)则不论洪细全在入声陌韵。三书显示,元末到明初,在官话区,无论南北,中古曾梗二摄俱已合为一摄,其入声字,在北方的《蒙韵》和《中原》,与阴声韵("佳"/"皆来")平上去相承;在南方的《洪武》,入声陌韵仍独立且与阳声庚韵相配③。这表明中古入声,在北方官话,已经迈开了舒声化的第一步,归了阴声韵而保持入声调;在南方官话,入声系统有所调整而未曾突破。最值得注意的是,中古这些入声字的读音,南北官话先后都发生了变化,且有明显的差异:韵母,南方单元音(陌),北方复元音(皆来)。

8.3 到了明末,从《西儒耳目资》④(以下简称《耳目资》)看,中古入声在南方官话也不再跟阳声韵相配,而与阴声韵形成清平、浊平、上、去、入之五声相承格局;中古曾梗二摄入声字音在南方官话已经出现明显变化,洪音分别归入:

(1)第二摄 e"入声甚 ĕ"(ĕ,音值可能是央元音[ə],也可能是三号元音[ɛ])。该摄平上去三声收假开三章组及日母"遮车奢蛇惹"等37字,可见"入声甚"之"宅泽策哲徹格客白北拍德忒热额勒陌搦塞舌

---

① 崔世珍撰:《四声通解》(1517年),原本影印韩国古典丛书(复元版),首尔:大提阁,1972年。附有申叔舟《四声通考・凡例》、崔世珍《四声通解・凡例》和《翻译凡例》。
② 明洪武七年乐韶凤、宋濂纂:《(原本)洪武正韵》(1374年),《(原本)国语国文学丛林》(四次配本—38),首尔:大提阁影印本,1987年。
③ 中古阳声韵9摄《洪武》重新组合为"东真"(举平以赅上去)等10部,与入声10韵分别相配:东:屋,真:质,寒:曷,删:辖,先:屑,阳:药,庚:陌,侵:缉,覃:合,盐:叶。
④ 金尼阁(Nicolas Trigault)撰:《西儒耳目资》(1626年),北京:文字改革出版社,1957年影印。

赫"等219字,韵腹与舒声平上去三声的 e 相同或相近;

（2）第二十摄 oe"入声"有曾合一、梗合二匣母"馘嫿劃嚄嫿惑或蠖濩湱"及梗开二晓母"諕嚄"等共计22字;

（3）第二十二摄 ue"入声"有曾合一、梗合二见母"國馘蟈幗摑膕虢"等7字;

（4）第二十四摄 uo"入声甚"有梗合二匣母"嚄馘嫿濩"等4字、"入声次"有梗合二见母"國馘蟈幗摑膕虢"等7字;与第(3)构成异读;

上述(2)、(3)、(4)三项,是与第(1)项第二摄 e"入声甚"相承的合口字。《耳目资》这四项,在《中原》全部对应歌戈韵。

8.4　这就是说,中古曾梗二摄入声洪音字,在《耳目资》代表的南方官话里,变同于《中原》歌戈韵,跟北方官话变同皆来韵形成对立格局。南北的相互影响,使得北方官话通语有了歌戈和皆来两个韵部的"两韵并收"即文白异读。从谚解《老朴》看,皆来韵是正音、读书音,歌戈韵是俗音、口语音。

8.5　这种歌戈皆来的"两韵并收",跟《中原》已有的萧豪歌戈"两韵并收"所走的演进路线大致相同,只是从发生的时间上讲要晚许多。从《翻译老朴》开始,左音即正音、读书音,以皆来韵为主;右音即俗音、口语音,以歌戈韵为主。也是到了《语言自迩集》(1886年),实现了"正俗易位",成了今天我们看到的格局。

8.6　这种歌戈皆来的"两韵并收"发生,跟明代"永乐迁都"应该有直接关系。明成祖朱棣将明朝的首都从南京迁往北京,在中国是具有重大历史意义的事件,对中国政治、经济、文化影响重大,并且一直延续到现代。洪武元年(1368年),明军攻陷元大都并改称"北平"。城中部分居民被迁往拟建"中都"的开封,平毁了元朝宫殿。加之运河淤塞,原本繁华的元大都变成了残败冷清的北方边城。从永乐元年(1403年),明成祖大力擢升北平府的地位,以北平为"北京",同时开始迁发各地人民(包括大批江南富户和山西商人)以充实北京。永乐四年,下诏兴建北京皇宫和城垣。永乐七年,开始在北京昌平修建长陵。永乐八年,下令开凿会通河,打通南北漕运。永乐十八年(1420）

正式迁都。永乐十九年"成祖北迁,取民匠户二万七千以行",致使南京"减户口过半,而差役实稀"①。到1517年《翻译老朴》问世,其间近百年,大批南直隶官兵士民随迁,南方官话随之大举进入北京,令元代北京官话发生不小的变化,其中之一,就是使得北方(北京)通语有了歌戈和皆来两个韵部的"两韵并收"即文白异读。

九、余论:回应网上议论的几个问题

9.1 Peking 与 Beijing

北京,因明永乐迁都而得名。元代称"大都"。所以,元刊本《老乞大》(1346年前后)说:"伴當恁從那裏來?俺從高麗王京來。如今那裏去?俺往大都去。"到了明代《华语老乞大》(1480年),便改称"北京":"如今那裏去?我徃北京去。"到明中叶《翻译老乞大》(1517年)有了谚文标音,"北京"就是:

北京,左音 bǔɯ ging / 右音 be ging

就是说,《翻译老乞大》反映的当时读书音是"北京[pɯiʔ kiŋ]",口语音是"北京[pɛ kiŋ]"。明代中叶西方传教士来到中国,向教廷报告中国情况,讲到"北京"的时候,即根据其所听到的口语音"北京[pɛ kiŋ]"而音译为 Peking。到明代中后期,北方汉语舌根音[k kh]在细音[i][y]前腭化为[tɕ、tɕh](或是变为舌尖前[ts、tsh]而尚未腭化),谚文标为[pe](《老九》1763年);到了1883年《华音启蒙谚解》,"北京"读音标为[pei]。不过,西语的音译一直沿用 Peking 而不改。直到1972年中华人民共和国恢复联合国席位,中国人名、地名等专有名词,依法要用汉语拼音方案来拼写普通话标准音,西文"北京"方改为 Beijing。

9.2 "贼",京剧韵白为什么是 zé、京白是 zéi?

京剧舞台上角色的语音有"京白"和"韵白"两个系统,有些字音

---

① (明)顾起元:《客座赘语》,北京:中华书局,1987年,第64页。

的差别很明显,"贼"字就是其中之一。有身份有地位的角色,比如当官的,说唱"贼"字都用韵白,发 zé 音;而卑微者如"下人",都用京白,发 zéi 音。分"京白"、"韵白",是京剧的传统。这个传统是这样形成的:为乾隆祝 80 大寿,1790 年四大徽班进京,在京城站稳脚跟,进行了一系列改造之后形成了一套程式,这其中便有语音分"韵白"和"京白",例如:白 bo、bai,黑 he、hei。这种分法,正是当时京城社会语音状况(普遍的"两韵并收")在京剧舞台上的反映:上流社会多用"韵白"即官话通语读书音,下层社会多用"京白"即北京方言土语。[①] 可是,从《老四》到《老 A》甚至《华音》,我们看到的是,"贼"字左右音都是同韵的 zǔi(只是左音为入声),可以说,口语音跟今天普通话 zéi 相同。读书音为 zé,却见于晚近的《语言自迩集》和《国音字典》。这可能是因为,"贼"是高频常用词,元明两代的读书音和口语音,都被狭义的北方(北京)官话音牢牢"守护"着,南方官话的 ze 类音未被吸纳,或是已被吸纳,只是未被《老乞大》编者承认,而被后来的《语言自迩集》和《国音字典》所承认,只是不久又被普通话的"异读审音"删汰了。

9.3 "陈寅恪"的"恪"字该读什么音?有人主张在"陈寅恪"的名字里读为 què,理由包括《国音字典》收有这个音:恪㊀kè,㊁què(又读)。还有人争辩说:"客"有文白异读 kè、qiě;而"恪"字有个异体写法"愙",表明从"客"得音,所以,"恪"字有文白异读 kè、què,也是顺理成章的。这种说法,我们不能同意。"恪"字在普通话里只有一个音:kè。"恪"是中古宕摄开口一等铎韵字。铎韵字若有文白异读,必是歌戈、萧豪两韵,例如:落烙 luò、lào,搁 gē、gāo,从未出现类似"kè、qiě/kè、què"那样的文白异读。

张卫东(1946—),男,山东荣成人,文学硕士,深圳大学文学院中文系教授,主要从事汉语语言学、中文信息处理和客家文化学研究。

---

① 参见张卫东:《论"戏棚官话"》,南京大学《南大语言学》第四编,北京:商务印书馆,2013 年。

论过往三十年华语各类词语的竞争及势力消长

汤志祥

导　言

　　始于1978年的"改革开放"已逾三十年,这是中国历史上前所未有的社会超级大发展的历史时期。这个时期的显著特征是:社会变革广泛而持续;社会变化稳定而高速,改革成果显赫而丰硕。曾经有人评价这场波澜壮阔的社会改革是给中国带来了"三千年未见之大变局",我们认为此话并不为过。因为这个时期社会的发展变化虽然主要起因于经济方面的变革,但是其结果已经明显地延伸至国家政治、社会、文化、民生以及心理、习俗、行为等社会的各个方面与层面。

　　作为与社会"共生、共存、共变"的语言,自然与这场社会历史巨变相应产生同步、迅速的变化。而作为语言三大要素之一的词汇系统,更是及时地、敏锐地而又细腻地反映出社会变迁的每一步,甚至展现历史行进轨迹中的每一个细节。

　　所谓"改革开放"包含两个方面:"改革"主要面向国内,重点是改变不适应社会发展的旧方针、旧政策、旧体制与旧规章制度,以便搞活经济,发展生产,释放生产力,提高生产率,从而改善民生,促进社会进步。而"开放"则主要面向国外,重点是要吸收国外发展经济与科技的先进思想、经验与方法,增进中外各个领域的多方交流与广泛合作,从而赶超世界先进水平,让中国融入世界发展的主流。

从语言的词汇层面来看,"改革开放"所带来的是:1.反映新思想、新观念、新事物的华语新词语与新词义的大量产生并迅速流行;2.代表各类新概念、新潮流、新说法的各类词语高度活跃并频繁交流。纵观这个三十年,一句话:中国社会大发展,华语词语大变化。

多年来关于华语词汇系统的新词、新语、新义的研究者代代能人辈出,研究成果也层出不穷,但这并非本文的关注点。本文仅论及过往三十年各类词语的竞争与势力消长。譬如:华语词汇系统中,出现了下列各类词语的并用,彼此之间产生了竞争关系:

新用词语	原有词语	语源
出台	颁布、公布	新词语
热卖	畅销	新词语
前卫	时髦	新词语
巴士	公共汽车	旧词语
老板	领导	旧词语
公务员	机关干部	旧词语
销品	购物	外源词←英语词
迷你	微型	外源词←英语词
料理	菜肴	外源词←日语词
人气	人望	外源词←日语词
关爱	关心、爱护	区域词←台湾词
打拼	奋斗	区域词←台湾词
置业	购房	区域词←香港词
投诉	提意见	区域词←香港词
埋单(买单)	付款、结账	方源词←广州话
靓女	美女	方源词←广州话
砸锅	失败	方源词←北京话
没辙	没办法	方源词←北京话
套牢	套住	方源词←上海话
穿帮	露馅	方源词←上海话
忽悠	诓骗;戏弄	方源词←东北话
下课	辞职	行业词←教育用语
跳水	急跌	行业词←体育用语

（续表）

新用词语	原有词语	语源
并轨	合并	行业词←交通用语
聚焦	瞩目、关注	行业词←物理用语
置换	交换	行业词←化学用语
洗牌	换班、改换	社会词←扑克用语
烧香	进贡、贿赂	社会词←祭祀用语
出炉	产生、诞生	社会词←生活用语
联姻	联合、合作	社会词←生活用语

对过往三十年中上述各类词语的竞争，我们的关注点是：

1. 各类词语的并用与竞争的现状；
2. 各类词语的势力消长及趋势；
3. 影响各类词语的并用、竞争以及势力消长的因素及原因；
4. 这种词语之间的竞争以及势力消长对华语词汇系统的影响。

1. 新词语与原有词语的竞争及势力消长

这里所说的新词语仅指那些在过往三十年中新产生，而在词形（文字）上与旧有词语完全不同，但词义相同的"完全等义词"（或曰"等义词"或"绝对同义词"）以及有部分词义稍有不同"部分同义词"（或曰"近义词"或"条件同义词"）。

1.1 "完全等义词"的概念是：两个词语的语义无论在外延和内涵方面都基本相当，而且词性、感情色彩及其搭配用法也大致相同。在一般情况下，两个词语可以互相替换，而不至于改变语义，也不改变其用法。譬如：

例词1：新词①："彩券"*②：名词：彩票

---

① 本文标注的"新词"是相对于三十年前，即1978年以前而言所出现的新词语。下同。

② 凡是有"＊"者见《现代汉语词典》（增补本）中"新词新义"，1690页至1731页，2002年5月，第4版；并收入中国社会科学院语言研究所词典编辑室编：《现代汉语词典（第五版）》，北京：商务印书馆，2005年。下同。

旧词:"彩票"**①:名词:就是奖券的通称

例词2:新词:"档次"*:按一定标准分成的不同的等级

旧词:"等级"**:按质量、程度、地位等的差异而作出的区别

例词3:新词:"拚搏"*:动词:使出全部力量搏斗或争取

旧词:"奋斗"**:动词:为了达到一定的目的而努力干

例词4:新词:"点评"*:(1)动词:评点、评论;(2)名词:点评的话或文字

旧词:"评论"**:(1)动词:批评或议论;(2)名词:批评或议论的文章

例词5:新词:"认同"*:动词:承认、认可

旧词:"认可"**:动词:许可、承认

"完全等义词"的产生与使用,在理论上可以说是一种语言的消极发展的现象,然而在历史新时期人们往往需要使用一些与旧时代不尽相同的词语去表达,以反映时代的革新与变化。

1.2 "部分同义词"的概念是:两个词语的语义在词汇意义上稍有区别,即两个词语的外延和内涵都稍有不同。甚至词性、感情色彩及其搭配用法也都多多少少地存在着差异,在一般情况下,两个词语还不能随意互相换用。譬如:

例词6:新词:"托老所"*:名词:专门照料老年人的处所

旧词:"养老院"**:名词:由公家或者集体办的收养孤独老人的机构

词汇差异:词义不一样。虽然两者都是照料老人的机构,但是经办的单位不同,而且老人的家庭情况也不同。

例词7:新词:"下岗"*:动词:职工因为企业破产、裁减人员等原因失去工作岗位

---

① 凡是有"**"者见中国社会科学院语言研究所词典编辑室编:《现代汉语词典》,北京:商务印书馆,1978年。下同。

旧词:"失业"**:动词:有劳动力的人找不到工作

词汇差异:词义不一样。虽然两者都表示失去原有的工作,但"下岗"的部分原因是企业破产,而职工还能领取一部分的工资,理论上等待企业效益变好后可能还会召回职工。

例词8:新词:"离异"*:动词:指离婚或者丧偶后未再婚

旧词:"失婚"**:动词:按照法定手续结束婚姻关系

词汇差异:词义不一样。虽然两者都是处于失去婚姻关系后的单身状态,但是"失婚"的概念还包括丧偶后未再婚。

例词9:新词:"残疾"*:动词:肢体、器官或其功能方面丧失部分或者全部的功能

旧词:"残废"**:动词:四肢或双目等失去一部分或者丧失其功能

词义差异:(1)词义不一样。"残疾"的词义比"残废"较为广泛;(2)感性色彩不同,"残疾"是中性词;但"残废"含贬义。

例词10:新词:"博彩"*:动词:指赌博、摸奖、抽奖之类活动

旧词:"赌博"**:动词:用斗牌、掷色子的等形式,拿财物作注作输赢

词义差异:(1)词义不一样。"博彩"的词义比"赌博"广泛;(2)感性色彩不同,"博彩"是中性词;但"赌博"含贬义。

例词11:新词:"负增长"*:动词:指增长率为负数,即在规模、数量等方面有所减少或下降

旧词:"下降"**:动词:从高到低,从多到少

词汇差异:(1)词义不一样,"负增长"所涵盖的外延比较大;(2)感性色彩不同,"负增长"为中性,"下降"有贬义;(3)词义轻重不同,"负增长"较轻;下降较重。

例词12:新词:"前卫"*:形容词:具有新异的特点而领先于潮流的

旧词:"领先"**:动词:共同前进时走在最前面

词汇差异:词性不一样。

"部分同义词"的产生与使用,是一种语言的发展的积极现象,它们的出现及运用细致地反映了在新时期人们需要使用一些不同的词语去表达变化着的概念与情感,以标志时代的转变与进步。

1.3 "部分同义词"中应该还包括那些合并了一两个旧词,缩略而成的新词语。我们可以称之为"新缩略词"。其概念是:以新词语面貌出现的用一个词(形)涵盖了两个词的语义(包括其外延和内涵)的词。譬如:

例词13:新词:"效益"*:名词:效果和利益

例词14:新词:"举措"*:名词:举动;措施

例词15:新词:"测评"*:动词:检测评定

例词16:新词:"查控"*:动词:侦查并控制

例词17:新词:"研讨"*:动词:研究和讨论;研究探讨

例词18:新词:"解读"*:动词:(1)阅读解释;(2)分析;研究;(3)理解;体会

这类"新缩略词"的产生完全是由于两个旧有词语在使用上经常相连,而语义上又互有相关之处,进而紧密相连成词。这种词语可以看成是旧有词语的相连、相关、相合的发展演变。

1.4 以上新词语与旧有词语的并存,以及由而所产生的竞争关系,一定会导致两类词语的在华语词汇系统中的势力消长变化。我们从中不难发现:1. 一个新词语自产生之日起,先是口语使用,再到书面流传,最后被词典,尤其是目前比较权威的词典《现代汉语词典》收录,前后经历了符合"约定俗成"原则的全部三个阶段。而最后被认定则已经清楚而有力地证明,它具有极强大的竞争力与生命力。2. 被词典认定并收入的新词语已经是牢固而稳定地进入了华语词汇系统及社会生活;这些新词语将与旧有词语继续并存并保有相互之间的竞争关系。3. 由于新词语的强烈的新颖性与流通性,它们一定会逐渐在竞争中占上风并在今后华语社会长期存在。

2. 外源词与本族词的竞争及势力消长

"外源词",即外来词,是指那些源自外来语言的词汇,它包括外来词语以及外来概念词语。由于历史的原因,华语不断地吸收了外来民族的词语,尤其是来自英语和日语的词语,而又以英源词为主。在过往三十年中,华语又吸收了一些以英语为主的"外源词"。而且是以英语的书面形式为主,并不是传统的用汉字转写的外来词。

2.1 英源词。它包括完全用英语写成的词语,英语与数字参杂以及用中英文相杂的文体写出来的词语。

2.1.1 英源缩略词。指那些完全用英语写成的词语。有的学者把这类词叫做"缩略语",也有的把它们叫做"字母词 Lettered-words"①。譬如:

例词19:新词:APEC＊(Asia Pacific Economic Co-operation):亚太经济合作组织

例词21:新词:BBS＊(Bulletin board system):电子公告牌系统

例词21:新词:CBD＊(Central business district):商务中心区

例词22:新词:CEO＊(Chief executive officer):首席执行官

例词23:新词:CPI(Consumer price index):居民消费价格指数

例词24:新词:DNA＊(Deoxyribonucleic acid):脱氧核糖核酸

例词25:新词:EMS＊(Express mail service):邮政特快专递服务

例词26:新词:GDP＊(Gross domestic product):国内生产总值

例词27:新词:HIV＊(Human immunodeficiency virus):人类免疫缺陷病毒、艾滋病病毒

例词28:新词:IQ＊(Intelligence quotient):智商

例词29:新词:LCD＊(Liquid crystal display):液晶显示器

---

① 刘涌泉编著:《字母词词典》(*The Dictionary of Lettered-words*),上海:上海辞书出版社,2001年。

例词 30：新词：MBA＊（Master of business administration）：工商管理硕士

例词 31：新词：NGO（non-government organization）：非政府组织

例词 32：新词：OPEC＊（Organization of petroleum exporting countries）：石油输出国组织

例词 33：新词：PIN＊（Personal identification number）：个人身份识别号

例词 34：新词：QFII＊（Qualified foreign institutional investors）：合格的境外机构投资者机制

例词 35：新词：SOHO＊（Small office home office）：小型家居办公室

例词 36：新词：TMD＊（Theater missile defence）：战区导弹防御体系

例词 37：新词：UFO＊（Unidentified flying object）：不明飞行物

例词 38：新词：VIP＊（Very Important Person）：要人、贵宾

例词 39：新词：WTO（World Trade Organization）：世界贸易组织

2.1.2 英源参杂词。这部分是由英语与数词相参杂的词语。譬如：

例词 40：新词：B2B（Business To business）：商业机构对商业机构（之间的营销关系）

例词 41：新词：B2C（Business To customer）：商业机构对消费者（的电子商务）

例词 42：新词：big5（Big5 code）：五大码（最常用的繁体计算机汉字字符集标准）

例词 43：新词：3G（3rd Generation）：第三代（移动通信技术）

例词 44：新词：18K（Karat Gold）：18K 金（镀金首饰）

2.1.3 英华源参杂词。这部分是由英语与华语相参杂的词语。譬如：

例词 45：新词：B 超＊（type-B ultrasonic）：B 型超声波检查

例词46:新词:H 股＊(H Stock):香港上市的国企股股票

例词47:新词:IC 卡＊(Integrated circuit card):集成电路卡、智能卡

例词48:新词:PC 机＊(Personal computer)个人计算机

例词49:新词:SIM 卡＊(Subscriber identity model):客户识别模块卡、智能卡

例词50:新词:T 淋巴细胞＊(Thymus dependent lymphocyte):胸腺依赖淋巴细胞、T 细胞

2.2 显然,以上这些外源词语无论就其流传范围、使用频度还是被理解度、被传播度都明显超过了对应的华语词语,均具有易说、易写、易记、易用等诸方面特点,反之它们不少与之相应的华语对应词则并不被人们所熟悉,所使用。我们光从已经他们已经被收入了《现代汉语词典》第5版的语言事实来看,可以认为这些外源词已经正式地进入到华语的词汇系统中,完全成为华语词汇的一部分。因此这些词语的竞争力、生命力无疑是强大的、活跃的。

我们也可以预见,随着中国社会对外开放的速度与程度的不断加快与加深,随着开放广度与层次的持续加宽与提升,这类外源词语会越来越多,其流行面会越来越广,使用频率也会越来越高。

3. 方源词与共同语词的竞争及势力消长

3.1 所谓"方源词"也可称之为方言词,是指那些进入到华语共同语的而源自某一方言的词语。在过往三十年中,华语七大方言(或曰十大方言)中有三种方言对民族共同语的词汇系统影响比较明显。一是源自北方方言中北京话的所谓"京语词",二是源自粤方言广州话的"粤语词";三是源自吴语上海话的"沪语词"。

3.1.1 京语源词。因为地位的特殊,北京话中的一些词语,特别是口语词语,包括新词义、新词用,都会相当自然进入到共同语——普通话中,成为全国通用语词汇的一部分。

例词50:新词义①:牛:形容词:形容很了不得;很有人望;很神气

例词51:新词义:火*〈口〉:形容词:兴旺、兴隆

例词52:新词:老外*〈口〉:名词:指外国人

例词53:新词:瞎掰*〈方〉:动词:徒劳无益;白搭;瞎扯

例词54:新词:没戏*〈方〉:动词:没指望;没希望

例词55:新词:栽了:动词:倒霉;失败了

例词56:新词:蹦迪*:动词:跳迪斯科舞

例词57:新词:动真格:动词:来真的

3.1.2 粤语源词。由于广东,特别是珠江三角洲,在改革开放中起过领头羊的作用,一些粤语词曾经在20世纪80年代以后风行一时,并逐渐成为共同语词汇系统的一个组成部分。

例词58:新词:埋单*〈方〉:动词:付钱、结账

例词59:新词:留医*:动词:住院

例词60:新词:入围*:动词:入选

例词61:新词:手袋*〈方〉:名词:手包

例词62:新词:花心*:形容词:指感情上不专一

例词63:新词:离谱*:形容词:(说话或做事)不合公认的准则

例词64:新词:爆棚*〈方〉:形容词:爆满

例词65:新词:写字楼*〈方〉:名词:办公楼

3.1.2 沪语源词。由于上海,尤其是长江三角洲,在改革开放的经济建设大潮中发挥了引擎的作用,一些沪语词汇也开始活跃并进入普通话词汇系统,成为全国通用语的一部分。

例词66:新词:套牢*:动词:套住。指投资者买入股票等政权后,因价格下跌而无法卖出

例词67:新词:穿帮*〈方〉:动词:露馅,露出破绽;被揭穿

例词68:新词:动迁*:动词:因原建筑物拆除或翻建而迁移到

---

① 本文标注的"新词义"是相对于三十年前,即1978年以前而言所出现的新词。下同。

别处

例词69:新词:敲定＊:动词:确定下来;决定

例词70:新词:搞定＊〈方〉:动词:把事情办妥;把问题解决好

例词71:新词:摆平＊〈方〉:动词:(1)放平,比喻公平处理使各方面平衡;(2)惩治、收拾

例词72:新词:档次＊:名词:按一定标准分成的不同等级

3.2 限于一贯的语言政策,以往方言词是很难进入普通话的,更遑论是权威的《现代汉语词典》系列。但是过往三十年中处于改革开放前沿的珠江三角洲与长江三角洲,凭借其经济方面的影响力以及开风气之先的社会作用,使粤、沪方言中某些词语迅速活跃起来,并逐渐进入普通话,因而成为新时期普通话新词语的一个来源。这些称之为"方源词"的方言词语,虽然在词典上有的尚标有〈方〉,即方言词,或者〈口〉,即口语词,但是已经具有了准共同语词语的资格。当然如果这些词语没有与之相竞争的另一些词语的话,它们的地位及作用会逐渐地得到巩固并进一步发挥出有利于社会交际的作用。

4. 区域词与共同语词的竞争及势力消长

4.1 所谓"区域词"。也可称之为"华语地区词",是指相对于中国大陆华语主体——共同语而言的流行在香港、台湾、新加坡等华语区域,具有指称当地特质、特性的概念或者事物的那部分词语。[①] 在过往三十年里,由于开放政策的持续执行,以及开放范围的不断扩大,华语不同区域之间在经济、文化、人员等各方面的交流不断加强,而代表不同质与物部分的词语,则通过交际,广为流传,进而互相吸收、融合。

这些"区域词",根据不同区域可大致分为华语"香港词(包括澳门)"、"台湾词"和"新加坡词(包括马来西亚)"。其中影响比较大的主要是"香港词"和"台湾词"。

---

① 汤志祥:《论华语区域特有词语》,《语言文字应用》2005年第二期。

4.1.1 "香港词"。虽然香港很小,人口也不算多,但是由于它在世界经济、金融、信息、航运等方面的重要地位,其经济、文化以及习俗诸方面对华语世界的影响是很大的。具体表现为,反映香港各方面特质的词语给华语共同语提供一大批特色词,其汇总一部分最后成为共同语词汇系统中的有机部分。

例词73:新词:楼花*:名词:指预售的尚未竣工的楼房

例词74:新词:货柜*〈方〉:名词:集装箱

例词75:新词:物业*:名词:通常指建成并投入使用的各类房屋

例词76:新词:按揭*:名词:一种购房或者购物的贷款方式,以所购房屋或物品为抵押向银行贷款,然后分期偿还

例词77:新词:案底*:名词:治安机关指某人过去违法或犯罪行为的记录

例词78:新词:连手*:动词:联合;彼此合作

例词79:新词:贺岁*:动词:贺年

例词80:新词:卧底*:动词:埋伏下来做内应

例词81:新词:搞笑*〈方〉:动词:制造笑料,逗人发笑

例词82:新词:担纲*:动词:指在艺术表演或体育比赛中担任主角或主力,泛指在工作中承担重任

4.1.2 台湾词。由于大陆与台湾在政治、经济、社会、文化、历史、习俗等多方面有差异,再加上两岸的长期隔绝,所以台湾华语有着一大批具有本身特点的词语而不同于大陆的词语。这些称之为"台湾词"的词语在过往三十年间,也随着两岸的交流而流传开来,逐渐被理解、使用,并吸收到共同语的词汇系统中来。不少"台湾词"也就成为全国通用词的一个有机组成部分。

例词83:新词:管道*〈方〉:名词:途径;渠道

例词84:新词:理念*:名词:理想;信念;思想观念

例词85:新词:随身听*:名词:指体积很小,可以随身携带使用的具有播放、收听或录音功能的收音机

例词86:新词:残障*:名词:残疾

例词 81:新词:凸显＊:动词:清楚地显露

例词 87:新词:诉求＊:动词:愿望、要求

例词 88:新词:锁定＊:动词:使固定不动;最终决定

例词 89:新词:打拼＊〈方〉:动词:努力去干;拼搏

例词 90:新词:封杀＊:动词:用封禁或封锁的方法,使人或事物在某一领域不能存在

例词 91:新词:期盼:动词:期待;盼望

4.2 由于区域词语都是反应所在地的社会、经济、文化、社会、观念等各方面的特质,一般与共同语词语的互补性较强。所以一旦进入华语词汇系统后,其生存能力以及表现能力都十分强。

有的词语,譬如:香港词中的"贺岁、赛事、饮品、餐饮、艺员"与共同语的"贺年、比赛、饮料、演员"等概念大致相同;台湾词中的"品牌、播报、相关、插播、心态"与共同语的"牌子、播送、有关、插话、心理"等概念也大致相同,那就形成了一对对近义词的竞争关系,这类词语的势力消长就得观察社会的"约定俗成"的结果了。

5. 行业词、专业词与普通语词的竞争及势力消长

5.1 所谓"行业词"、"专业词",分别指的是社会各行各业专门的用词以及各学科所使用的术语。以前这些"行业词"和"专业词"与社会生活词语的分野很清晰,一般不会混用。但是在过往的三十年,由于整个社会受教育的程度极大的提高以及各行业、各专业的大流通与大交流,不少"行业词"和"专业词"纷纷出现在各类报刊杂志上,它们逐步走进社会大众的日常生活,日渐变为社会大众语言。反过来,有些一般社会用词也应用在某些行业与专业上。这种双向的交替换用就让"行业词"和"专业词"与一般社会用词之间出现了竞争的局面。

5.1.1 行业词与专业词用语用于一般社会生活

例词 92:新词义:并轨＊（交通业）:动词:比喻将并行的体制、措

施等合二为一

例词93:新词义:井喷(采矿业):比喻突然大量地出现、涌出

例词94:新词义:回炉*(冶炼业):比喻重新回学校学习

例词95:新词义:擦边球*(体育业):比喻做在规定的界限内边缘而不违反规定的事

例词96:新词义:解套(金融业):比喻从困境中解放出来

例词97:新词义:定格*(电影业):泛指确定在某种状态

例词98:新词义:包装*(商业):比喻对人或事物从形象上装扮、美化,使其具吸引力或商业价值

例词99:新词义:充电*(物理学):比喻通过学习补充知识,提高技能等

例词100:新词义:置换(化学):比喻交换(房屋等)

例词101:新词义:遥控(电子学):比喻在一定距离外指挥、控制

例词102:新词义:近亲繁殖*(生物学):比喻在人员培养或使用中,亲属关系或师承关系近的人集中的现象

例词102:新词义:低谷*(地理学):比喻事物运行过程中低落或低迷的阶段

例词103:新词义:焦点*(光学):比喻事情或道理引人注意的集中点

例词104:新词义:盲点:(医学):比喻认识不到的或被忽略的地方

5.1.2　一般社会生活词语用于行业词或专业词。

例词105:新词义:宝贝:指代担当形象代表的漂亮姑娘。用于广告业,例如:"足球宝贝"

例词106:新词义:菜单*:指代用于供人挑选的单子。用于计算机业,例如:"计算机菜单"

例词107:新词义:窗口*:比喻反映或展示精神上、物质上各种现象或状态的地方。用于商业,例如:"窗口行业"

例词108:新词义:出台*:指代(政策、措施等)公布或予以实施。

用于政治方面,例如"出台政策"

例词 109:新词义:大鳄＊:比喻实力强或势力大的人或事物。用于经济方面,例如"经济大鳄"

例词 110:新词义:联姻＊:比喻双方或多方联合和合作。用于工商业,例如"企业与科技联姻"

例词 111:新词义:漫游＊:指代移动电话离开注册登记的区域到另一个区域后,通过网络通信联系的功能。用于通信业,例如"手机电话漫游"

例词 112:新词义:下课＊:指代辞职或被撤换。用于体育业,例如:"主教练下课"

5.2 以上所述的"行业词"和"专业词"与社会生活词语的互相借用或者移用,主要体现的是新词义及新词用的产生与流行。从词汇系统角度观察,它们所反映出来的是不同词汇层之间的交流、交错与交融。从修辞角度观察,所反映出来的是,从表层的词汇的借用——修辞用法向深层的词义——修辞义转化的过程。

这种新词用与新词义的产生以及发展在语言发展过程中是自然的和必然的,它是语言表现力日益丰富化及多样化的趋势与结果。可以预见,随着我们的社会生活中教育普遍化、科技普及化的程度越来越高,越来越多的"行业词"和"专业词"会继续与社会生活词语互相借用或移用。这样我们的语言——华语词汇就会向着高水平、高表达力的方向发展。

6. 启示与讨论

6.1 外部社会形态转型与词汇系统内部关系变动。① 社会语言学告诉我们:社会与语言有着密不可分的相互关系。两者之间,社会是第一性的,语言是第二性的。当我们考察过往短短三十年华语各类

---

① 徐大明等:《当代社会语言学》,北京:中国社会科学出版社,1997 年。

词语之间的竞争与势力消长,不难发现的是:这个时期华语词汇系统内部关系的巨大而明显的变动所反映出来的是中国社会在各方面的长足进步及复杂变化。词语的功能之一是指称社会的每一样事物与概念,因而每一个新词,每一项新义都是概括并表达社会变化的新进程、新轨迹的每一个新迹点。因此研究词汇,研究词汇系统,研究词语变化无疑是研究社会肌体(整体)乃至其中每一个细胞的(个体)的宏观与微观的演变过程。[①]

6.2 新词语与旧有词语的竞争及新词语势力的成长。社会总是要进步的,词语也必然会不断更新。新词语代表着的是新观念、新思想、新事物,当然指示着新方向。就这点而言,"完全同义词"的出现有其正当性,事实证明:人们更喜欢用新的词语去代替旧有的词语,因此词语的规范化必须是动态的,必须要不断"与时俱进"。而"部分同义词"的出现更是时代的需要与社会的必须,它们的出现丰富了词汇系统,增进了词汇的表现力,是语言自然健康发展的体现。随着社会的演进,相信更多的同义词会产生并流行。语言研究者应该继续关注新词语,尤其是与旧有词语相关联的新词语的成长情况。

6.3 外源词与本族词的竞争及外源词的增长。社会的开放是条不归路。当今的世界已经是一个"地球村",每一个国家都不能置身其外,每一个民族的语言都不能脱身其间。因此华语与世界性语言,尤其是英语的相通、相连、相关是必然的。随着华、英语之间这种联系及交流的进行性加深、加快,华语中的英语借词,不论是英语词语的直接借入,还是外来概念的间接引入,其数量之增加,其速度之增快,都是不可逆转的,不可阻挡的。当然随着中国国力的不断增强,华语正在极大地影响着世界的未来。因此,关注中外语言交流,尤其是词汇层面的交换与借用是一个极有价值的课题。当然现阶段以及今后很长一个历史阶段还主要是英语对华语的影响。

6.4 方源词与共同语词的竞争及势力消长互见。无论是普通话

[①] 郭熙:《中国社会语言学》(增订本),杭州:浙江大学出版社,2004年。

词语还是方言词语,它们都是华语的宝贵资源。各方言都是普通话的基础,而普通话则是超方言的发展结果,这两者之间是源与流的关系,存在着语言历史与现实的连接。应该说方言与普通话应该永远是相辅相成的。有趣的是,中国的改革开放都是首先粤(广东)、吴(江浙)方言区里开始的,因此现今的主要方言会给普通话提供丰富的语料就是一个必然的结果。我们应该看到,普通话一直是一个开放的系统,从古到今凡是对语言发展有利的、有益的,普通话都"兼收并蓄"。国家的开放不仅是对外的,而且也是对内的。保持语言文化的丰富性与多样性是一条正确的道路。至于在某个历史时期普通话词汇如何吸收方言词汇,这是历史与社会的选择。而对"方源词"的规范化问题讨论应该与时俱进的。

6.5 区域词与共同语词的竞争及互为补充。华语已经而且正在大步的走向世界,今天的华语也已经是一个世界级的语言。因此我们也必须从全球的角度去考察整个华语的现状及发展趋势。承认有世界华语,承认华语有区域性语言分支,这不管从视野上,还是从理论上都是一大开拓与进步。事实上,华语各区域性语言对华语的发展不啻是一个丰富而宝贵的资源,我们不仅不应该把它们看作是"规范的对象",反而应该好好地去挖掘、去研究,使之成为全球华语生存、发展的有机养料。这其中,香港词、台湾词、新加坡词都是中华文化圈里重要的区域词,是大陆词语的直接而丰富的词源。当然这些词语的认可、吸收与扬弃都应遵循约定俗成的社会法则,因而区域词与共同语词之间的竞争及互为补充的关系是值得肯定的。

6.6 行业词、专业词与普通语词的竞争及相互交流。在一个发展、变动的大时代,各类词语的彼此交叉、互换使用是极为自然的。原因是社会复杂多样化使得语言的表达必须给与多层面、多角度的响应。这种词语系统内部语用层次的变换以及修辞手法的运用,是语言丰富、多元的直接表现。我们可以把它们看作是社会各阶层在文化、知识、表述、需求等各方面的交流,这种交流一定是多向的,多层的,多用途的。而由此而引致的语义变化以及修辞手法的发展则应该看作是语言正常的演进过程。当然其趋势似乎是行业词、专业词汇更多地走向普通化,一般化的语言层面。而这种原先仅仅是临时修辞手法的运用最终成为某些词汇固定修辞义的过程可以看作是普遍的自然的结果。

6.7 小结。语言是社会的载体,语言变化的内因是语言本身,外因则是社会的演变。过往三十年中国社会的巨大变迁使得华语的主体——大陆华语的词汇及其系统内部都发生了多方面的变化。而这种变化还将继续下去,我们有必要保有一个持续的研究的心态,继续观察、记录、对照、分析各种变化,并分析、推测其演变规律,以利于语言教学与语言研究。①

汤志祥(1947—),男,广州花都人,哲学博士,深圳大学文学院中文系教授,主要从事汉语方言学、词汇学、社会语言学和对外汉语教学的研究。

---

① 徐国庆:《现代汉语词汇系统论》,北京:北京大学出版社,1999 年;汤志祥:《当代汉语词语的共时状况及其嬗变——90 年代中国大陆、香港、台湾汉语词语现状研究》,上海:复旦大学出版社,2001 年;汤志祥:《汉语词汇的"移用"和"借用"及其深层社会意义》,《语言教学与研究》2003 年第五期;汤志祥:《过往二十年社会变迁对词语的催生与筛选》,《中国社会语言学》2004 年第一期(总第二期);汤志祥:《当代汉语词汇的"移用"现象及其对词汇系统的影响》,《词汇学·理论和应用》(二),北京:商务印书馆,2004 年。

论华语区域特有词语

汤志祥

导 言

中国话,本文称之为"华语",是全球除了英语之外,分布区域最广的语言。它主要通行于中国大陆(以下简称"大陆")、中国台湾、香港以及新加坡等地。而全世界凡是有华人的地方华语都通行无阻。

众所周知,华语内部的差异分布的特点是其明显的地域(地区)性。操各地华语的人一般不仅能从口音上而且更能词汇和词义的层面上被人觉察出其所代表不同区域(地区)来。华语这种差异不是以国度为区分点,而是以不同的流行区域(地区)为其分野。

限于篇幅,本文将不涉及华语内部的语音方面的差异,而仅仅着眼于近期不少语言研究者特别关注的词汇系统内部的差异。这类具有差异性的词语本文称之为"华语区域特有词语",或者简称为"华语区域词语"。所谓"华语区域特有词语"实际上是指存在于华语的母体(以大陆为代表的主体性语言)与它的子体(流行于港澳台新等分体性语言)聚合而成的整个语言集团里那部分带有明显地区特征的差异性词语。

1. "华语区域特有词语"的定义、外延和分类

存在于全球整个华语区的所谓"华语区域特有词语"(可以简称为"华语区域词"),从总体上说,具有以下四个特征:

1. 从语源看,它们是由某一个通行华语区域的人们根据该地区的社会特点首先创造出来的;2. 从空间上看,它们是流行于某一个特定的区域的词语,为该地区的人们所理解并使用;3. 从时间上看,它们涵盖了产生那些词语的特定的区域的历时和共时范畴;4. 从内容来看,它们反映该地区政治、经济、科学、文化和生活方面的特有事物。

如果深入地去观察,这种"华语区域词"的定义主要可以分为广义和狭义两类。

1.1 狭义的"华语区域特有词语"

从狭义来看,只有那些仅在或者主要在某一特有的区域内流行,代表该地区某一特有概念或者某种特定事物的词语,才叫做"华语区域特有词语"。这些词语不仅表层词形有所不同,而且深层语义也很独特甚至独有。这类词语也可以看做是"特义异形异音"词语。譬如(以双个音节的词语为例):

大陆:大腕、黑哨、呼死、驴友、团购、禁摩、考级、私宰、减负、双规;[1]

台湾:拜票、桩脚、黑金、求刑、飚车、软体、国宅、公保、情治、研拟;

香港:清吧、金禧、卖旗、团契、拍丸、大圈、鸭店、差饷、笼屋、凤阁;

澳门:电兔、云古、坛野、积妹、砌砖、雀精、摆尾、度颈、吸四、踩线;

新加坡:峇峇、浆绿、必甲、卜基、扯购、大万、二司、购兴、鸠收、康联。[2]

---

[1] 中国社会科学院语言研究所词典编辑室:《现代汉语词典(增补本)》,北京:商务印书馆,2002年。

[2] 汪惠迪编:《新加坡特有词语词典》(*Times Dictionary of Singapore Chinese*),新加坡:联邦出版社,1999年。

这类某区域(地区)词语特有的词语可以称之为"××华语特有词语",例如:"大陆华语特有词语"、"台湾华语特有词语"等。也可以简称为"××特有词语",例如"香港特有词语"、"新加坡特有词语"等。

1.2 广义的"华语区域特有词语"

从广义上看,除了上述(§1.1)那些"特义异形异音"词语外,凡是华语区内不同说法的词语都可以称之为"华语区域特有词语"。它们包括以下两小类:

(1)"同义异形异音"词语。

这是一些表层词形不一而深层所指相同的词语。即同一事物在不同地区有不同说法。它包括:

a. 外来词语或者外来概念词语在不同地区的不同翻译。譬如 taxi,大陆叫"出租汽车",台湾叫"计程车",香港叫"的士",新加坡叫做"德士";"严重急性呼吸系统综合症"(Severe Acute Respiratory Syndrome,即 SARS)在不同地区分别被叫做"非典"或者"沙士",另外还有叫做"沙示"、"萨斯"、"沙斯"、"撒肆"等等的,不一而足。

b. 同一种事物在不同地区的叫法。譬如:大陆的"人际关系",台湾叫"人脉";大陆的"期房",香港叫"楼花";大陆的"赌博",澳门叫"博彩";大陆的"药方";新加坡叫"配药单";大陆的"外国人",马来西亚叫做"红毛人"等等。它们词义深层所指是几乎同一事物(不包括语义色彩)。这些词语之间的关系可以看作是"完全同义词"[①]。

(2)"近义异形异音"词语

这是指那些词形不一而语义大致相近,但是在某些方面都不尽相等的词语。譬如:台湾的"背书",大陆相应只能叫做"签署同意";香港的"凤阁",大陆大致叫做"窑子";澳门的"监场",大陆可以翻成"现场监督":新加坡的"卫生所",大陆对应的只能是"太平间"等等。这些词语之间的关系只能是"部分同义词",即"近义词"的关系。

---

① 邱质朴主编:《大陆和台湾词语差别词典》,南京:南京大学出版社,1990年。

以上两小类词语我们认为可以明确地叫做"华语异称词语"。对这些"华语异称词语"以及"华语特有词语"并不是所有学者都加以区分。他们甚至认为不如一律简称"大陆词"、"台湾词"、"香港词"、"澳门词"和"新加坡词"更为直截了当。本人则认为细分两类词语对深入研究大有裨益。

2. "华语区域特有词"的构成成分

由于所谓"华语区域特有词语"的定义有广义和狭义两种,而广义的"区域词语"外延是包含了狭义的"区域词语"的,所以前者的构成也就自然地包括了后者。因此我们宜先从狭义的"华语区域特有词语"起剖析其构成成分。

2.1. 狭义的"华语区域特有词"的构成成分

从构成成分来看,狭义的"华语区域特有词"应包含三个小类:1. 各地华语的本土词语;2. 各地华语的特指方言词语;3. 各地华语的特用外语借词。

（1）狭义的"华语区域特有词"之一:各地华语本土词语

从理论上说,一个特有词语的产生是当地人对本土的存在着的某种特有事物或者特定的观念,以一种独特的语音外壳和文字形式固定下来的认知和认定过程。这种以新的语言"符号"所指称的事物有其"本土"的特有性。因此我们可以说:一个本土的词语具有一种代表着不同于共有语言词汇系统的"共性"的"个性"。所以狭义的"华语区域特有词"首先应该指各地华语特有的本土词语。譬如:

大陆的本土词语:"导厕"（指引外来人寻找厕所的工作）、"陪泳"（陪伴和伺候游泳的色情活动）、"双开"（对涉嫌贪污腐化的官员做出同时开除党籍和开除公职的决定）、"婚托"（以介绍婚姻为幌子去骗钱的人）、"黑心棉"（昧着良心以劣品充正品的假棉花）。

台湾的本土词语:"贿选"（候选人在选举中用金钱贿赂投票者以非法获得选票）、"飙车"（一些青年非法进行的摩托车赛车）、"吃案"

(情治部门隐瞒罪行数字)、"牛肉场"(上演色情歌舞表演的场所)、"槟榔西施"(在路边以卖槟榔营生的女孩)。

香港的本土词语:"赌船"(停留在公海里供人进行赌博活动的船只)、"瞥伯"(喜欢偷窥女性隐私生活的人)、"综援"(为无依无靠的老人、残疾人和失业者所提供的经济援助)、"生果金"(政府逐月发给老年人的生活津贴)、"狗仔队"(专门跟踪社会明星以取得独家新闻素材的记者队)。

新加坡的本土词语:"按通"(供缴付罚款的电子终端机)、"组屋"(政府建造的居民住宅)、"奎龙"(搭建在浅海上的捕鱼设施)、"度岁金"(政府在农历岁末发给贫苦老人的慰问金)、"合家网络"(屏蔽色情网站适合全家观看的互联网)。

另外值得一提的还有在华语某种区域存在着某种特殊行业,例如香港有发达的赛马业、耍乐业,澳门有著名的博彩业。这些行业都有着特别发达的"行业词语"或者是"行业隐语"。这类词语理所当然地也应该属于华语的"本土词语"的范畴。譬如:

香港的赛马用语:"谷赛"(在快活谷进行的比赛)、"彩池"(显示派彩结果的显示屏)、"单 Q"(取得单独一场的连赢)、"三 T"(三场特定的三重彩组成的特大派彩)、"短头位"(马匹在比赛中得胜或者落败的距离)。

香港的麻将用语:"番子"(包括东、南、西、北、中、发、白等牌)、"雀精"(打麻将技法高超的人)、"暗杠"(自己摸入四张相同的牌)、"食糊"(得胜)、"清幺九"(包括一筒、一索、一万、九筒、九索、九万的组合)、"做对对"(手中所持的牌全部是一对)。

澳门的博彩用语。"丁办"(一万)、"闲家"(赌客)、"宝子"(牌九按大小排列出的十六对派)、"爆牌"(所得牌点数超过二十一点)、"穿火龙"(正常没有作弊的骰子)。[1]

---

[1] 莫倩仪:《澳门博彩业用语研究》,暨南大学硕士学位论文,2000 年;邵朝阳:《澳门博彩语研究》,北京语言大学博士学位论文,2003 年。

以上各地华语的本土词语所指代的是当地社会特有的事物。这种反映不同社会的特征的词语有人称之为"社区词"或者是"文化词"。不难看出,这类词语不管其表层词形怎么样,如果从构词法角度去看,它们都是根据华语的构词法创造出来的。

(2) 狭义的"华语区域特有词"之二:各地华语特指的方言词语

由于中国是一个方言大国。而全球华人社会都流行着多种方言,因此有的"华语区域特有词语"是以当地的通行方言指称的。我们认为,那些已经有方言书面形式的表达当地特有事物的特指词语也应该属于"区域特有词语"的范畴。譬如:

大陆特指方言词语:"倒爷"(京语:专门从事倒买倒卖活动以获利的人)、"托儿"(京语:从旁引诱别人受骗去进行某种行动以从中获利的人)、"猫儿腻"(京语:隐秘的或者不可告人的事)、"生猛"(粤语:生机勃勃的、富有朝气和活力)、焗油(粤语:一种染发和烫发的工艺)、"发烧友"(粤语:狂热的爱好者)。

台湾特指方言词语:"死当"(闽语:没有补考的不及格)、"歌仔戏"(闽语:一种民间戏曲)、"在来米"(闽语:一种稻米)、"穿帮"(沪语:露出破绽,被揭穿)、"姊妹淘"(沪语:姐妹关系)、"大荷苞"(客语:赌博时负责开宝的女人)。

香港特指方言词语:"蛇头"(粤语:专门从事组织偷渡的头目)、"鸭店"(粤语:专给富婆介绍男妓的公司)、"警花"(粤语:年轻女警或警校女学员)、"大牌档"(粤语:领有政府公示牌照的大型饮食摊)、"包二奶"(粤语:在家外包养情妇)。

新加坡特指方言词语:"阿官"(闽语:女性化男人)、"财库"(闽语:一种书记员)、"大衣"(闽语:特指一种男性西服)、"豆爽"(闽语:一种绿豆腐)、"山龟"(闽语:没见过世面)、"肉骨茶"(闽语:排骨汤和功夫茶)。

这一类词语大多暂时未被比较权威的辞书确认为公认的书面(普通话)的词语,但它们已经在报刊书籍中使用,有其书面的形式。

(3) 狭义的"华语区域特有词"之三：各地华语特指外语借词

由于所处区域(地区)的关系,各地华语,尤其是中国台湾和新加坡的华语中都有一些借自与当地的历史、地域和文化有关系的其他民族的具有特指义外语借词。这些词语反映的也是独特的事物。譬如：

台湾的特指外语借词主要借自日语。其中包括音译词语和形义借词两种。譬如：

a. 音译借词：妈妈桑(夜总会或妓院女领班ままさん)、华沙卑(芥末わさび)、甜不辣(炸虾てんぷら)、帕青哥(一种赌博游戏ぱちんこ)、撒西米(生鱼片さしみ)、榻榻米(草垫たたみ)；

b. 形义借词：町(区まち)、坪(地积单位つぼ)、原住民(土著居民げんじゅうみん)、金权(金钱带来的权利きんけん)、七宝烧(一种烧酒しっぽうやき)、人形(玩偶にんぎょう)、玄关(房间进门处げんかん)。

新加坡特指的外语借词主要借自马来语。譬如：阿渣(一种开胃小菜achar)、峇峇(汉族男人和马来女人的男性后代baba)、娘惹(汉族男人和马来女人的女性后代nonya)、峇迪(蜡染的花布和衣服batik)、巴冷刀(一种马来刀parang)。

2.2 广义的"华语区域特有词"的构成成分

广义的"华语区域特有词"除了§2.1所列外,还包括以下两种构成成分：1. 华语异称词语；2. 各地华语的特用的外语借词。

2.2.1 广义的"华语区域特有词"之一：华语异称词语

正如前文所述,所谓"华语异称词语"是各地华语对同一事物或者近义事物的不同称说。这类词语包括1. 和大陆母体不同的台、港、新"华语异称词语"；2. 各地华语之间不尽相同的"华语异称词语"[①]。

(1) 和大陆母体不同的台、港、新"异称词语"

有一部分事物在台、港、新华语里用来指称的构词的词素是和大陆是不太相同的。按照区域,它们分别是a."台湾异称词语"、b."香

[①] 汤志祥：《中港台新汉语词汇差异举隅》,《徐州师范学院学报》1995年第一期。

港异称词语"和 c."新加坡异称词语"。这三小类词语分别举例如下：

a."台湾异称词语"

	大陆词语	台湾词语	构词特点
1.	冷饮	冰品	完全异素、字数相同
2.	压缩板	合成木	完全异素、字数相同
3.	盲人	视障者	完全异素、字数不同
4.	演出合同	秀约	完全异素、字数不同
5.	打印机	印表机	部分异素、字数相同
6.	保证书	切结书	部分异素、字数相同
7.	人际关系	人脉	部分异素、字数不同
8.	健康舞	有氧舞蹈	部分异素、字数不同

b."香港异称词语"

	大陆词语	香港词语	构词特点
1.	裁判	球证	完全异素、字数相同
2.	俯卧撑	掌上压	完全异素、字数相同
3.	光棍	王老五	完全异素、字数不同
4.	娱乐节目主持人	唱片骑师、DJ	完全异素、字数不同
5.	首脑	主脑	部分异素、字数相同
6.	招生	收生	部分异素、字数相同
7.	饮食店	食肆	部分异素、字数不同
8.	溜旱冰	滚轴溜冰	部分异素、字数不同

c."新加坡异称词语"[①]

	大陆词语	新加坡词语	构词特点
1.	过户	割名	完全异素、字数相同
2.	迪斯科	踢死狗	完全异素、字数相同
3.	假唱	罐头歌	完全异素、字数不同
4.	高发地段	黑区	完全异素、字数不同
5.	频道	波道	部分异素、字数相同
6.	超车	割车	部分异素、字数相同
7.	航天飞机	太空穿梭机	部分异素、字数不同
8.	敬老院	安老居院	部分异素、字数不同

---

① 郭熙：《普通话词汇和新马华语词汇的协调与规范问题》，苏新春、苏宝荣编：《词汇学理论与应用（二）》，北京：商务印书馆，2004 年。

(2) 各地华语之间不尽相同的"华语异称词语"

有些词语在各个不同的华语地区说法不尽相同,反映出各地华人对同一事物的不同的认知,不同的指称习惯和不同的文化。譬如:

	大陆词语	台湾词语	香港词语	新加坡词语
1.	出租汽车/的士	计程车	的士	德士/计程车
2.	摩托车	机车	电单车	电单车/摩托车
3.	袖珍收音机	随身听	耳筒机	耳筒机/随身听
4.	电子计算器	电算器	计数机	电子计算器
5.	集成电路	积体电路	IC	IC
6.	领导	主管/上司	波士	上司
7.	出生证	出生纸	出世纸	报生纸/出生纸
8.	方便面	快餐面	即食面	快熟面/即食面

2.2.2 广义的"华语区域特有词"之二:各地华语特用外语借词

华语在全世界广阔的地域分布以及各国文化交流的日益频繁使得华语和英语以及其他语言的互相影响和接触不断得以加强。这种交流和接触的必然结果之一就是华语里的外来借词不断增多。但由于各地华语与英语以及其他语言的交流层次和接触面有所不同,所以在引进外语借词方面也就自然出现了差异,从而形成了彼此之间相异的语言面貌。各地华语比较常见的特用的外语借词举例如下(词例包括借词中的纯音译词、意译加音译词、音意兼译词以及英文加中文的自创词):

(1) 各地华语中特用的英语借词

大陆特用的英语借词:BP机(无线寻呼机 beeper)、闪客(一套软件 flasher)、IP卡(IP电话卡 internet protocol)、黑客(精通电脑,可能会通过互联网侵入别人电脑的人 hacker)、欧佩克(石油输出国组织 OPEC)、万维网(全球网络 www)、雅飞士(西方国家的一种青年人 yuffies)。

台湾特用的英语借词:宝特瓶(塑料瓶 potable)马杀鸡(按摩 message)、脱口秀(清谈节目 talk show)、三温暖(桑拿浴 sauna)、迷思(神话/荒诞的说法 myth)、秀(表演 show)、幽浮(不明飞行物 UFO)、A拷

(原版 copy A)、A 片(成人录像带 adult only)。

香港特用的英语借词:嘉年华(狂欢活动 carnival)、快劳(文件夹 file)、甫士(姿势 pose)、book 位(预定座位)、复 call(回电话)、行 cat-walk(走台步)、CID(便衣警察)、DJ(音乐节目主持人)、做 facial(做脸部美容)、PA(制作助理)、货 van(小型货车)。

新加坡特用的英语借词:巴仙(百分点 percent)、必甲(小货车 pick-up)、羔丕店(咖啡店 coffee)、固打(配额 quota)、罗厘(卡车 lor-ry)、P 准证(具有专业资格的外国人工作许可证 P work passes)、司诺克(台球 snooker)、亚细安(东盟 ASIAN)。

(2) 各地华语中来自其他语言的特用借词

除了来自英语的借词外,各地华语中还有一些很有特色的来自其他语中的借词。其中以台湾的日语借词和新加坡的马来语借词最有特色。

台湾特用的日语借词包括音译词语和形义借词两种。譬如:

a. 音译借词:欧巴桑(老太太おばあさん)、欧吉桑(叔叔、伯伯おじさん)、欧古桑(太太おくさん)、阿莎力(干脆、爽快あっさり)、撒哟娜拉(再见さようなら)、巴克野鹿(詈语ばかやろう);

b. 形义借词:便当(盒饭べんとう)、车掌(售票员しゃしょう)、广告牌(告示牌、展示牌かんぼん)、统合(统一、联合とうごう)、艺能(文艺、演艺げいのう)、整合(整顿、重组せいごう)、职场(车间、工作场所しょくば)。

新加坡特用的马来语借词:巴刹(市场 pasar)、多隆(求助、帮忙 tolong)、甘榜(乡村、村落 kampung)、加龙古尼(旧货收购人 karung gu-ni)、隆帮(搭脚儿;寄居;捎带;委托 tumpang)、惹兰(街道、道路 ja-lan)。

3. "华语区域特有词"的发展和变化

"华语区域特有词语"是一个处于经常性变化着的动态的词语群。

作为一个华语词汇系统中的一个子系统,它们具有如下显著的特征:

A. 新质"区域特有词"在不断地产生;旧质"区域特有词"也在不断淘汰,乃至走向消亡;

B. 不同区域之间原来仅在单区存在的"区域特有词"会发生相互之间的交流、碰撞和吸收,从而成为"双区"或者"三区"共享的词语;

C. 一部分"区域特有词"因不断升格,最终进入全球华语流通语词语的范畴。

3.1 新质"特有词"的不断产生和旧质"特有词"逐步消亡

语言是和社会共生、共存和共变的,"华语区域特有词语"作为某个区域的词语系统里的一部分也必然会随着那个地区社会的变化而发生变化。这种变化主要是两种形式:一是反映新事物的新质"特有词"不断地在产生,二是反映旧有事物的旧质"特有词"会逐渐地被淘汰,乃至消亡。这都是不争的事实。以下以"大陆特有词"以往二十年的兴衰为例来描述这种发展变化的轨迹。

纵观这二十年不少以往没有的"新词"在不断地产生,同时也有不少流行过一段时间的"新词"在逐步消失。这是一种社会对词语的自然的筛选。为说明这种变化,现在以 2000 年为界,对大陆的新词语——特有词语进行一个断代的动态描述。

(1) 大陆新质"特有词"的不断产生

进入 2000 年,大陆特有词语又大量地涌现出来。其特点是:某些义类的词语成批地出现。最突出的是健康、美容类和房地产类。它们反映出大陆社会在全面走向小康的道路上人们生活上的变化。

a. 健康美容类:(以下例词按音节数—音序排列,下同)

抽脂、丰胸、护足、换肤、减脂、健臀、净肠、绝毛、蓝眉、美白、美肤、美甲、美体、美胸、美牙、嫩肤、排毒、排脂、漂绣、祛脂、清痘、润白、瘦臂、瘦腹、瘦腰、水疗、塑身、塑形、推油、吸脂、洗肠、洗眉、靓肤、纤美、纤面、纤体、修臂、消脂、绣眉、药浴、造眉、造唇、彩甲、增肥、整形、足摩、足浴、足饰、惰性脂、防晒霜、护发素、减肥霜、健胸霜、洁面乳、睫毛膏、睫毛液、矿泥浴、美颜霜、清肠道、润肤霜、森林浴、收腹霜、褪黑素、

洗发水、洗面奶、洗手液、羊胎素、游离子、光子嫩肤、洗浴中心

b. 房地产类

板楼、错层、动区、房市、个盘、豪装、红盘、净价、明间、区位、套型、卫浴、优价、跃层、跃式、招包、主区、总价、组团、安居房、超高层、成品房、纯现楼、出租屋、大户型、大社区、得房率、低密度、福利房、高密度、解困房、经济房、精装修、毛坯房、微利房、握手楼、小复式、小高层、小户型、小跃式、玄关化、跃复式、准现楼、白金住宅、超大社区、成熟小区、单体住宅、电子巡更、独院住宅、高质低价、健康住宅、康居工程、门禁系统、商务公寓、商住两用、生态住宅、十足品牌、示范小区、完整配套、园林景观、中庭公园、装修套餐、可视对讲系统

这两类新质"特有词"的大量产生当然得益于这两个行业（包括广告业）的飞速发展。它们从侧面反射出进入 2000 年以来这两个新兴行业兴旺发达的景象。当然大陆新词语的变化远不止这么些，但是光从这两类的词语的飞速发展就可以窥探到进入 21 世纪后日渐富裕的大陆人民的生活正大步迈向现代化的史实。

（2）大陆旧质"特有词"的逐步淘汰和消亡

与此同时，一些自 80 年代初期产生的"新词语"也随着社会的前进而走向消亡。我们不妨以《1991 汉语新词语》、《1992 汉语新词语》、《1993 汉语新词语》、《1994 汉语新词语》四本以及一本断代的《精选汉语新词词典》为例，考察一下它们当年所收的一些的"新词语"已经被淘汰而走向消亡的情况。譬如：

窃券、洋道、义录、文罚、虚业、慧芳服、形状书、十星户、大锅债、无烟校、电红娘、行业病、托牛所、换位体验

(摘自《1991 汉语新词语》)[①]；

舍徽、他费、外才、坏评、廉商、内事、态度款、电影茶座、游山会、大三产、含铁量、老年法庭、帮忙公司、两条腿凳子

(摘自《1992 汉语新词语》)[②]；

[①] 于根元主编：《1991 汉语新词语》，北京：北京语言学院出版社，1992 年。
[②] 于根元主编：《1992 汉语新词语》，北京：北京语言学院出版社，1993 年。

奖订、公钓、民标、官心、病德、黄条、堵盲、学星、搭车药、人造节、广告药、无忧卡、生态时装、阳光投资　　（摘自《1993汉语新词语》）①；

汽奶、犬口、公访、监销、赚心、频调、私片、电烦恼、季谈会、人情车、有色食品、娃娃教授、抬头广告、新闻早茶、婚补消费

（摘自《1994汉语新词语》）②；

布标、中观、市策、冷线、卧谈、甜活、二哥大、二全民、大白边、公费书、计划饭、平价生、口号农业、鞭炮夫妻、茶杯子工程

（摘自《精选汉语新词词典》）③

其实台湾、香港、新加坡三地的"特有词语"也存在着类似的现象，不过没有大陆"特有词语"的变化幅度那么大，程度那么明显罢了。

3.2　"区域特有词"之间的相互之间交流和吸收

由于世界华语圈之间的政治、经济、科技、文化和人员方面的频繁交流，一些原来仅仅是用于某一华语区的"区域特有词语"会通过相互借用而相互吸收，从而使得原来单一区域内使用的"区域特有词语"逐渐变为"双区通用"甚至"多区通用"的词语。这是语言的交流，也是文化的交流，更是社会的交流。下面分别例举并考察一些原先是单区的"特有词语"后来被别的地区吸收从而变为"双区通用"词语或者"多区通用词语"的情况。

(1) 单区"特有词语"变为"双区通用"

根据已有的资料，各个华语区域之间互相吸收的词语的情况是不太相等的。一般来说，如果某两地的经济、文化和人员等的交往多，两地之间的"区域特有词语"借用情况无论从数量比较多或者层面相对比较高。反之亦然。

以下为相互借用其他"区域特有词语"的事例，所列举的是相对数量比较多的地区。譬如：

a. 大陆华语吸收的台湾词

播报、残障、操控、车程、撤资、传人、打拼、打压、动因、封杀、公信

---

① 刘一玲主编：《1993汉语新词语》，北京：北京语言学院出版社，1994年。
② 刘一玲主编：《1994汉语新词语》，北京：北京语言学院出版社，1996年。
③ 周洪波主编：《精选汉语新词语词典》，成都：四川人民出版社，1997年。

力、关爱、管道、黑金、互动、贿选、绩效、考虑、理念、农人、品牌、企盼、亲子、受众、诉求、双赢、锁定、台海、凸显、心路历程、延揽、分析、彰显、掌控、整合、主打、主因、资讯、族群、作秀、做爱

b. 大陆华语吸收的香港词

按揭、案底、吧台、冰毒、博彩、菜品、餐饮、担纲、档期、灯饰、对手戏、房车、非礼、封镜、高企、搞笑、个案、柜员、豪宅、贺岁、红筹股、货柜、即食、挤提、家居、劲升、劲舞、警花、警讯、拒载、开镜、蓝筹股、联手、楼花、牛仔裤、面巾纸、纳税人、派发、皮草、曝光、抢手、抢眼、球员、人蛇、肉感、入住、赛季、赛事、赛制、色狼、煽情、上镜、蛇头、涉案、升班马、胜出、失婚、时蔬、手袋、水货、索偿、投诉、旺市、卧底、西兰花、洗钱、线报、线人、写字楼、雪藏、饮品、赢面、泳装、原装、扎啤、斩获、找赎、纸巾、自动柜员机

c. 台湾华语吸收的香港词

吧女、标参、白金唱片、摆乌龙、泊车、成数、吃软饭、抽佣、磁盘、出炉、大牌、打女、大跌眼镜、得主、跌破眼镜、赌片、恶补、发烧友、坊间、封镜、风生水起、肥嘟嘟、告白、狗仔队、光盘、光盘机、胡天胡帝、花心、荷包、火爆、货柜、货柜车、货柜船、鸡同鸭讲、金曲、金饰、接单、巨无霸、开镜、老千、离谱、六合彩、漏夜、露台、买单、拍拖、平价、旗下、抢手、抢眼、人小(细)鬼大、入围、水货、饰物、蔬果、王老五、物超所值、乌鸦嘴、洗钱、心知肚明、雪藏、眼睛吃冰激凌、一头雾水、泳装、原汁原味、有型有款、中规中矩、转行、走光

d. 香港华语吸收的台湾词

变局、变数、变局、车程、重整、初阶、程序、程序员、传人、刺青、党魁、飞弹、封杀、副署、复康、高阶、公干、公权力、公信力、管道、归化、国父、黑箱作业、互动、华府、回应、贿选、架构、家政、教席、教宗、金权、军售、厘定、厘清、历练、打印、打印机、理念、连(联)署、遴选、灵媒、民生、默剧、牛郎、歧见、亲子、侨领、取向、上游工业、双赢、诉求、烫手山芋、提升、洗脑、夕阳工业、下游工业、心仪、异数、分析、研习、演艺、业界、因应、引领、银弹、朝阳工业、整合

e. 新加坡华语吸收的台湾词

阿兵哥、矮化、飙车、残障、车程、党鞭、共识、管道、互动、交集、凯子、泡妞、人脉、视障、双赢、诉求、随身听、提升、锁定、凸显、脱口秀、嫌犯、秀场、修理、银发族、整合、智障、主催、状况、资深、族群、作秀

f. 新加坡华语吸收的香港词

暗疮、案底、霸王车、摆乌龙、波霸、唱片骑师、抄牌、晨运、冲凉、出炉、出位、船民、雌威、大耳窿、得直、灯饰、抵步、电单车、恶补、非礼、非女、菲佣、搞笑、个案、光盘、黑马、红豆冰、欢场、挥春、货柜、鸡同鸭讲、机位、嘉年华、降头、酒廊、垃圾虫、烂尾、妈咪、猛男、拍拖、瞥伯、骑劫、入围、色狼、师奶杀手、食水、收银员、索偿、踢死兔、贴士、投诉、T恤、王老五、伟哥、谐星、鸭店、艳舞、银鸡、影碟、鱼生、造马、走光

以上资料告诉我们下面四点：1. 在世界华语圈的四个主要区域里，相比较而言，大陆华语在改革开放以后对台港华语词语的吸收比较宽松，借用这两个区域的特有词语的数量也相对比较多；2. 新加坡华语也是如此，借用的其他地区华语词语的态度相对开放，只是它吸收香港词语相对台湾为多；3. 港台两地一向交流比较频繁，所以容易相互吸收对方的词语；4. 不难看出在四地"区域特有词语"中以香港词被各地吸收得数量为最多。因此可以说，香港词在整个华语区相对比较活跃，辐射能力也较为强劲。

(2) 单区"区域特有词语"变为"多区通用"

随着世界华语圈内交流的日益频繁，一部分原来属于单一区域的某些词语，因其本身所反映的社会生活面日渐宽广而逐步提高了自身的交际能力。随着其使用范围逐渐向其他区域延伸，这部分词语慢慢地会变为"双区词语"，然后再变为"多区词语"，其中的佼佼者还最终上升为全华语区的共通词语。目前看来这些已经称得上是"华语共同词语"的词例有：

T恤、飙车、播报、残障、操控、车程、撤资、出炉、传人、打工、打拼、打压、大跌眼睛、大牌、动因、发烧友、封杀、个案、公信力、共识、狗仔队、关爱、光盘、光盘机、黑金、互动、花心、回应、贿选、绩效、理念、理念、买单、民生、农人、拍拖、品牌、企盼、亲子、入围、受众、双赢、水货、

诉求、锁定、投诉、洗钱、心路历程、分析、研习、一头雾水、原汁原味、彰显、整合、主打、资深、资讯、走光、族群、作秀、做爱

4. 余 论

4.1 全球华语区"区域特有词语"的存在反映了世界华语文化圈除了整体性以外还有各自差异性的存在。根据90年代末研究的成果,"华语区域特有词语"在华语整个词汇系统中所占的比例大约是百分之十。也就是说,全球华语圈内的词语有百分之九十是相同的。这也就说明了为什么说华语的人相互之间基本上没有交际的困难和很大的语言障碍。

4.2 全球华语区"区域特有词语"的发展和变化是整个华语发展变化的一个局部。推动某些"华语区域特有词语"逐步通过使用和传播,由单区走向双区和多区,最后成为华语词汇系统的一个有机组成部分的历史进程主要是整个华语圈在经济、科技、文化和人员方面的交流和交融。可以预期,随着大陆经济的日渐发展壮大,随着全球华语圈内政治、经济、科技、文化等层面的交流不断加快、加深、加扩和加厚,整个华语的整体性还会不断加强。

4.3 世界是多样的,语言也总是存在着差异性,这是自然的,合理的和必然的。只要华语圈内的社会和文化呈现出多样化的发展趋势,那么华语区内"区域特有词语"还有继续存在并且不断产生新的词语来,永不停息,永不枯竭。[1]

---

[1] 汤志祥:《当代汉语词语的共时状况及其嬗变——90年代中国大陆、香港、台湾汉语词语现状研究》,上海:复旦大学出版社,2001年;陈瑞端、汤志祥:《九十年代汉语词汇定地域分布的定量研究》,《语言文字应用》1999年第三期;汤志祥:《新词语:仿拟类推和词缀化——当代汉语词汇变化的特点和能产性探讨》,《第七届世界华语文教学研讨会论文集》第三册,台北:世界华语文教育学会,2003年;汤志祥:《过往二十年社会变迁对词语的催生与筛选》,《中国社会语言学》2004年第一期(总第二期)。

甲骨刻辞的形式美及其与《诗经》的联系

曹兆兰

甲骨刻辞与文学的联系,特别是与诗歌的联系,很早就是学者们关注的问题及争论的焦点。

1932年,郑振铎在其《插图本中国文学史》①中开始把甲骨刻辞列入文学的范畴加以论述。1936年,唐兰发表了《卜辞时代的文学和卜辞文学》②,这是较早研究卜辞与文学关系的长篇论文。1958年,谭丕模《中国文学史纲要》③在论及殷商时代的散文时,列举了两片甲骨刻辞。此后,文学史的编著者更加关注甲骨刻辞,至近年袁行霈《中国文学史》④则多达五处论及甲骨刻辞。他认为:甲骨卜辞"为口耳相传的文学发展成为书面文学提供了条件,标志着中国书面文学的萌芽","宗教颂赞祷祝诗如甲骨卜辞中的韵文……奠定了中国诗歌发展的方向","其中有些作品,句法简单整齐,偶尔协韵,是早期诗歌创作的萌芽。"认为《合》⑤12870"在句式上就很有民歌风味"。

甲骨刻辞与散文的联系,历史考古学与文学史的学者们看法较为一致。但对甲骨刻辞与诗歌的联系,学者们分歧较大。如姚孝遂《论甲骨刻辞文学》⑥说:"各家对甲骨刻辞之所以属于文学的范畴,在认

---

① 郑振铎:《插图本中国文学史》,北平:北平朴社出版部,1932年。
② 唐兰:《卜辞时代的文学和卜辞文学》,《清华学报》1936年第11卷第3期。
③ 谭丕模:《中国文学史纲要》,北京:人民文学出版社,1958年。
④ 袁行霈主编:《中国文学史》,北京:高等教育出版社,1999年。
⑤ 郭沫若主编:《甲骨文合集》,北京:中华书局,1978—1982年。
⑥ 姚孝遂:《论甲骨刻辞文学》,《吉林大学社会科学学报》1963年第2期。

识上存在很大的分歧。"他归纳大体有三种看法:略具文学的雏形;不是文学作品;已具素朴的诗歌形式。他赞同"略具文学的雏形"的看法。又说:"迄至目前为止,我们在甲骨刻辞中只见到有散文的形式。虽然在商代应该有了诗歌形式的出现,但绝不能因此就说甲骨刻辞中已经具有了诗歌的形式。"姚孝遂断然否定甲骨刻辞中有诗歌的形式。

麻守中《中国古代诗歌体裁概论》①说,"一般地说,艺术具有双重的形式,一是指内形式,一是指外形式",外形式"指艺术作品存在的现象形式方面,它包括两个相关的内容,即色、线、形、音等感性物质,及其在时间、空间排列组合上的形式规律。"笔者考虑,我们姑且抛开某几条甲骨刻辞"是诗歌?非诗歌?"这种停留在表层的争议,而切实地来探讨一下甲骨刻辞中是否存在诗歌或类似诗歌的外在形式规律,存在哪些外在形式规律。这样,甲骨刻辞与诗歌之间的渊源及联系究竟如何,方可得到进一步深入的认识。

一、甲骨槽穴形态的形式美

槽穴,一般称"钻凿"。正式卜贞前,时人往往预先在甲骨上刻斜画和小圈作记号,再用刀、钻、轮等工具在记号上挖出槽穴。武丁时期大多数槽穴并用,形状成为"侧视帽子状"。《合》456 反是龟腹甲(见下左图),《合》15396 反是牛肩胛骨(见下右图)。显而易见,甲骨上的槽穴井然有序,一定经过精心安排,决非随意而为,显示出时人对槽穴形态形式美的追求。这种形态形式美其实包含两个侧面:一是形状整齐美,二是排列规则美。

槽穴的形状整齐划一、排列规则有序,并非初始如此,而是随着时代的推移,卜贞的进步逐渐形成的。目前所知最早的卜骨,是河南省丹江一带淅川下王岗遗址出土的仰韶文化羊肩胛骨,不加整治,无槽无穴,上有烧灼痕,距今约 6000 年左右。较早的卜龟,出自山东省泗

---

① 麻守中:《中国古代诗歌体裁概论》,长春:吉林大学出版社,1988 年。

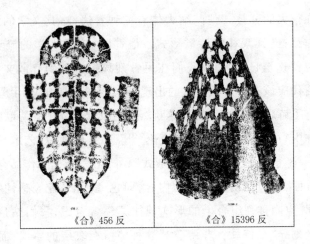

《合》456 反　　　《合》15396 反

水县尹家城遗址龙山文化层,为龟腹甲,无槽无穴,有火灼痕,距今约 3900 年左右。山东济南大辛庄出土了商代甲骨,卜骨上的槽穴布局"密集无序"。刘渊临《卜用甲骨上攻治技术的痕迹之研究》①一书中,"表七 136 片卜骨所见攻治技术痕迹资料统计表",上列的槽穴形状达 18 种,真可谓奇形怪状,五花八门。

殷墟时期从事卜贞的人数众多,分工细致,刀、钻、轮工具进步,技术成熟。槽穴大多形状划一,大小一致,排列纵横有致,组合整齐,颇为规整,已摆脱了原始杂乱无章的现象。每块甲骨上槽穴数量不定,组合有序而又变化各异,使人联想到舞蹈的各种编队组合形式。如《小屯南地甲骨》②(以下简称《屯南》)2264 是一版牛肩胛骨,上有十个"侧视帽子状"的槽穴,一般大小,一溜排队,紧凑整齐,像一长列舞者一字摆开。《屯南》2309 也是牛肩胛骨,上有九个"侧视帽子状"的槽穴,方向一致,三行三列,像一个三三方阵。《合》6032 反是龟腹甲,中甲内仅有一个单独的槽穴,像一人领舞,众人围舞。《合》456 反是一版龟腹甲,中甲内有两个相向的槽穴,像双人对舞,左右男女列队而

---

① 刘渊临:《卜用甲骨上攻治技术的痕迹之研究》,台北:中华丛书编审委员会,1984 年。

② 中国社会科学院考古研究所:《小屯南地甲骨·小屯南地甲骨的钻凿形态》,北京:中华书局,1983 年。

舞。《合》15396反槽穴近似宝塔式,上下对空排列。《合》17493是龟背甲,槽穴排列好似现代舞台,后边半圈围合呈半包围式,中央三行排列。等等。

形如"侧视帽子状",目的是为了能按照时人的预设,控制兆纹,以便解释吉凶。排列整齐,目的可能是为了"因料制宜",充分利用龟骨材料。除这些实用性的原因外,不可否认,槽穴形态的整齐,融入了时人对形式美的追求。

二、甲骨刻辞形态的形式美

这里我们需要先讨论一下刻辞的某些步骤。①

首先,多日多条卜辞的契刻问题。时人在预先挖好的槽穴上燋灼,甲骨遇热爆裂,正面显示"卜"形兆纹,即将燋灼的顺序用"一二三……"记于兆干兆枝间。一版甲骨上常有记着不同日期的卜辞,卜贞类型复杂多样,有一事一贞、一事三贞、一事多贞,有正反对贞、多项选贞、对贞选贞错综等。那么,多日多条的卜辞,是卜贞当日当时一一分别契刻的呢?还是该版使命完成之后一次性契刻的呢?这两种情况都有。笔者认为尤其要关注后一种情况。如《合》16846,该版中下部刻有七行(六条)卜旬卜辞,贞人均为"永",历时至少四十一天,辞句排列整齐,字体风格统一,行气一贯,应为同一刻手一次性连续完成。简单的、时距近的卜辞,可能靠大脑追忆而多条一并契刻。复杂的、时距久的卜辞,很可能"另纸记录"备忘,之后多条一并契刻。唐兰《卜辞时代的文学和卜辞文学》认为:"卜辞彝铭所以简短而质朴,只是实用的关系,而寻常长篇文字,是应该写在竹帛上的。"李济《安阳》②也认为:"到目前为止,尚未发现较早的书写文字。可能因其写在易坏的物质上,如木简、贝壳或石头上。这些材料上的墨写字,和刻

---

① 曹兆兰:《殷墟龟甲占卜的某些步骤试探》,《考古与文物》2004年第3期。
② 李济:《李济传·安阳》,石家庄:河北教育出版社,1996年。

的字不一样,易被磨损或与材料本身一起毁掉。"笔者所谓"另纸记录",指的是可能写在竹木帛石之类材料上的墨写记录。

其次,验辞的契刻问题。一条完整的卜辞有前辞、命辞、占辞、验辞四部分构成。验辞是所问之事的结局,结局是在若干天后出现的。那么,是前辞、命辞、占辞即时所刻,验辞于若干天后再补刻呢?还是前辞、命辞、占辞即时未刻,待若干天结局出现后,再将前辞、命辞、占辞、验辞一起契刻呢?这两种情况都有。笔者认为尤其要关注后一种情况。如《合》6057正,四次卜旬是否分四次所刻尚待研究,但其中有的前辞、命辞、占辞、验辞紧接密合,而字体与风格分明为一个刻手一次性契刻完成。所记事件历时较久,版面复杂,字数很多,定经特意安排。

所问各事之刻辞,必须紧附于各自相应的槽穴(甲骨反面)与卜兆(甲骨正面)附近,即"守兆"。甲骨版面非常有限,由"另纸"转录到甲骨,自然需要语言提炼和编辑排版。当时的刻辞者就是语言提炼和编辑排版的作家编辑。

甲骨材料的天然对称,是槽穴形态形式美的物质基础。槽穴形态的形式美,又成为甲骨刻辞形态形式美的先决条件。甲骨刻辞形态的形式美包括二个侧面:排列形式美及组合形式美。

1. 甲骨刻辞排列形式美。

(一)甲骨刻辞排列整齐美。

一是同版的整齐。殷人有时一事一贞,即一件事在反面灼一个槽穴,即在正面的兆干与兆枝之间,刻兆序数字"一",记一条卜辞。但殷人往往一事多贞,反反复复向神灵祈求启示,其结果是在同一版上记兆序数字若干,记相同的卜辞若干条。如《合》9693,三条卜辞词句字数行数完全相同,刻于同版:

贞:呼妇好往,若?/贞:呼妇好往,若?/贞:呼妇好往,若?

有时一件事甚至灼用二十多个槽穴,只刻一条卜辞。可见,一条卜辞也可能是多条卜辞的省略。如《合》812正反,两面刻辞互相衔接:

(兆序 812正):一二三

（前辞 812 反）:癸巳卜,争。
（命辞 812 正）:贞:翌甲午用多屯?
（验辞 812 反）:允用。

"一二三"的兆序表明,该事灼用了三个槽穴。如果每次施灼命龟都刻辞,应刻三遍。因版面有限及节省人力等,按惯例只刻了一遍(兆序的刻写在先,卜辞的刻写在后。据此,笔者将兆序包括卜数置于卜辞之前,下同)。

二是多版的整齐。即所谓"成套卜辞"。如:

一 己亥卜,争,贞:王勿立中。（欧美亚 200①）
二 己亥卜,争,贞:王勿立中。（合 7367）
三 己亥卜,争,贞:王勿立中。（合 7368）

以上三条卜辞分别刻于三版牛肩胛骨,所刻位置相同,字体一致,分别有卜数"一""二""三",显然为同时同事所卜,同时同人所刻。

2. 甲骨刻辞排列对称美。

殷墟时期,大量的龟甲由外地贡入,龟版左右对称,比起肩胛骨和肋骨,更容易激发贞卜官们对称的构思,今人也更容易由同版而看出其排列状态。时人以龟腹甲的中缝为界,往往左右对贞,刻辞也是左右开弓,显得平衡对称。如《合》1657 正是龟腹甲,共刻有十条卜辞,稍有残损,今补齐如下(补字用黑体,下同):

（右）一 丙寅卜,贞:父乙宾于祖乙?
（左）一 **丙寅卜,贞**:父乙**不**宾于祖乙?
（右）二 贞:父乙宾于祖乙?
（左）二 父乙不宾于祖乙?
（右）三 **父乙宾于祖乙?**
（左）三 父乙不宾于祖乙?
（右）四 父乙宾于祖乙?
（左）四 父乙不宾于祖乙?

---

① 饶宗颐:《欧美亚所见甲骨录存》,密歇根大学出版社,1970 年。

（右）五 父乙宾于祖乙？

（左）五 父乙不宾于祖乙？

兆序右边一二三四五，左边一二三四五。卜辞右边全为"父乙宾于祖乙"，左边全为"父乙不宾于祖乙"。排列非常整齐。

3. 甲骨刻辞排列错综美。如《合》2132：

（最下辞）贞：**侑于父**甲？／（倒二辞）贞：侑于父庚？

（倒三辞）贞：勿侑于父甲？／（倒四辞）勿侑于父庚？

再复杂一点的如《合》6483 反。八辞既构成对贞，又构成选贞，对立统一，交叉错综。我们用 A B……表示选贞（并列或排比）关系，用 + － 表示对贞（对立或对偶）关系。《合》6483 反八条卜辞形成的错综交叉关系，即：

A + 惟父甲	A － 不惟父甲	对贞（对立）
B + 惟父庚	B － 不惟父庚	对贞（对立）
C + 惟父辛	C － 不惟父辛	对贞（对立）
D + 惟父乙	D － 不惟父乙	对贞（对立）
选贞（排比）	选贞（排比）	

在传世器物及考古发现中，有不少"数字卦"，殷墟甲骨上"数字卦"如：六七七六（合 29076）、十六五（屯南 4352）等。可知殷商是卜筮并用的，并可推知殷商知识阶层即贞卜者有筮数的知识结构，具有易卦中所蕴含的原始哲学思维方式。试比较八卦卦形及其思维方式：

A + ☰ 乾天父	A － ☷ 坤地母	对立（对偶）
B + ☳ 震雷长男	B － ☴ 巽风长女	对立（对偶）
C + ☵ 坎水中男	C － ☲ 离火中女	对立（对偶）
D + ☶ 艮山少男	D － ☱ 兑泽少女	对立（对偶）
阳性事项排比	阴性事项排比	

在同一性质中有若干事项 ABCD 的排比，在每一事项中又有阳阴 + －（肯定否定）的对立对偶。"一阴一阳之谓道"（《周易·系辞》），对事物多样性的认识及辩证的逻辑思维，不可能不影响卜辞的形式。

或者反过来说,卜辞的对称排比错综,不可能不影响易卦原始哲学思维方式的演进。

2. 甲骨刻辞组合形式美。

麻守中《中国古代诗歌体裁概论》所列《诗经》的章法结构,在卜辞中几乎都可以见到类似的踪影。

(一)重句复沓的组合。

一是单纯的重句复沓。如《合》9055、《合》14559、《合》9693。已见上。

二是排比的重句复沓。排比的重句复沓主要体现在选贞卜辞。

例1. 唯新醴用?唯旧醴用?(合32536)

例2. 贞呼田从西?贞呼田从北?贞呼田从东?贞呼田从南?(合10903)

例1在新醴、旧醴二者之间选贞。例2在西、北、东、南四方之间选贞。

对比《楚辞·卜居》:"吾宁悃悃款款朴以忠乎?将送往劳来斯无穷乎?宁诛锄草茅以力耕乎?将游大人以成名乎?"上一"宁"字问句,下一"将"字问句,两两对照,孰凶孰吉,须在两种人生态度上作出选择。《卜居》时代词汇更丰富,思想更繁杂,但对偶排比的卜问组合形式乃一脉相承。

三是进层的重句复沓。《诗经·桃夭》三章,各章基本重句,只变换少数字词,用桃景变化伴随时序推移,从而推动人事的演进、情节的发展。类似的卜辞有:

例1.《合》13126:

翌丁卯不其启?翌戊辰不其启?翌己巳不其启?翌辛未不其启?

卜问在丁卯、戊辰、己巳、辛未这几个日子"不其启",四个日子一天比一天推进,显得非常焦急。

例2.《合》33208:

(右第一辞)甲子卜:王从东戈,兴侯灾?

(右第二辞)乙丑卜:王从南戈,兴侯灾?

（右第三辞）丙寅卜：王从西戈，㞢侯灾？
（左第一辞）丁卯卜：王从北戈，㞢侯灾？

对此片的契刻大体有两种意见：一种认为是仿辞之刻及习字之刻（四条刻辞是仿辞之刻，下部三个兕字是习字之刻）；另一种认为是正式卜辞。笔者认为有一点是确定无疑的：四条刻辞字体大小一致，行气一贯，风格统一，前辞虽分属四个干支日，但非四天契刻，而是一次性契刻的。

姚孝遂《论甲骨刻辞文学》说："把类似的刻辞（笔者按：包括《合》33208）说成是诗歌的形式那是有问题的。""它们虽然契刻在同一甲骨片上，但都是自成段落，是在不同的时间、从不同的角度去卜问同一件事情。不能把它作为一个完整的'篇章'来加以看待。"《合》33208"仿辞之刻"说成立的话，更加说明存在一条由实用卜辞到完整"篇章"的"刻读链条"：异日异条卜贞→"另纸记录"→一次性（或多次性）刻辞→学徒整片阅读→学徒一次性仿刻→时人与今人整片阅读。不可否认，例1、例2等，的确是不同的日子卜贞，自成多个"段落"。但既然经过了由"另纸"转录时的语言提炼、编辑排版及契刻的一次成型，已表现为一个版面上的句组、段落、"篇章"，时人在重读时，特别是后人在重读时，就不妨作为一个完整的"篇章"甚至作品来加以看待。即便是今天，读者手中的一个完整的篇章，何尝不是作者多日多月多年才完成的呢！

（二）类似序曲与正歌组合。

先看《诗经·行露》：

第一章（序曲）	厌浥行露，岂不夙夜？谓行多露。
第二章（正歌）	谁谓雀无角？何以穿我屋？ 谁谓女无家？何以速我狱？ 虽速我狱，室家不足。
第三章（正歌）	谁谓鼠无牙？何以穿我墉？ 谁谓女无家？何以速我讼？ 虽速我讼，亦不女从。

甲骨刻辞也有类似组合。

例1.《合》12870甲乙：

(最上辞　类似序曲)癸卯卜：今日雨？

(右下辞　类似正歌)其自东来雨？

(左下辞　类似正歌)其自南来雨？

(右中辞　类似正歌)其自西来雨？

(左上辞　类似正歌)其自北来雨？

许多论著引用这片卜辞，来分析卜辞的修辞，或分析卜辞的诗歌形式，并联想到其与汉乐府无名氏《江南》的类似韵味。笔者这里重点用来分析五条卜辞的组合结构关系。本版首先卜问"今日雨"，类似总叙。在"今日雨"的前提下，再分别卜问是自四方(东、南、西、北)的哪一方"来雨"，四辞是四个平列的关系，类似分叙。由于王首先关注"今日雨"；又由于卜辞惯例，第一辞最详，而以后四辞承前省了"癸卯卜"。因此从形式看来，最上辞有类序曲，而另四辞有类正歌。并且从该版的排序来看，序曲首先独立排在最上，另四辞排在四角，颇有序曲与正歌的效果。

例2.《合》36975，从形式看来，最下辞有类序曲，而另四辞有类正歌的效果：

(最下辞　类似序曲)己巳王卜，贞：**今岁商受年**？王占曰：吉。

(倒二辞　类似正歌)东土受年？

(倒三辞　类似正歌)南土受年？吉。

(倒四辞　类似正歌)西土受年？吉。

(倒五辞　类似正歌)北土受年？吉。

(三) 类似正歌与副歌的组合。《诗经·殷其雷》：

前四句(正歌)	后二句(副歌)
第一章：殷其雷，在南山之阳。 　　　何斯违斯，莫敢或遑。	振振君子，归哉归哉！
第二章：殷其雷，在南山之侧。 　　　何斯违斯，莫敢遑息。	振振君子，归哉归哉！
第三章：殷其雷，在南山之下。 　　　何斯违斯，莫或遑处。	振振君子，归哉归哉！

《合》3945 正反、《合》3946 正反、《合》3947 正反,有类似组合。现将三版卜辞列为下表:

前辞和命辞(类似正歌)	占辞(类似副歌)
合 3945 正: 二戊寅卜,殻,贞:沚啟其来? 二贞:沚啟不其来? 二戊寅卜,殻,贞:雷风其来? 二雷风不其来?	合 3945 反: 王占曰:啟其出,惟庚。先啟至。 王占曰:风其出,其惟丁。丁不出,其有疾。
合 3946 正: 三戊寅卜,殻,贞:沚啟其来? 三贞:啟不其来? 三戊寅卜,殻,贞:雷其来? 三:雷不其来?	合 3946 反: 王占曰:啟其出,惟庚。其先啟至。 王占曰:风其出,其惟丁。丁不出,风其有疾,弗其凡。
合 3947 正: 四戊寅卜,殻,贞:沚啟其来? 四沚啟不其来? 四戊寅卜,殻,贞:雷风其来? 四贞:风不其来?	合 3947 反: 王占曰:啟其出,惟庚。其先啟至。 王占曰:风其出,其惟丁。不出,其有疾,弗其凡。

此番卜贞及刻辞颇为繁复。① 合 3945、合 3946、合 3947 共三版,龟之大小相若,其卜数分别为"二""三""四"。可以肯定,当时所用龟至少四版,卜数为"一"的未见。② 卜贞事项完全相同,仅有少数词句稍异,如人名"沚啟"有时省作"啟","雷风"有时省作"雷"或"风"。合 3945 反少"弗其凡"一句。③ "沚啟其来""雷风其来"二辞构成选贞;而"沚啟不其来""雷风不其来"又分别与肯定句构成对贞。④ 验辞也不是简单的"吉""出",而是先判断二人"出",又判断"出"的日子是"庚"与"丁",最后又判断风如果"丁不出,其有疾。"此事刻辞至少四遍,如同一首歌有四段歌词,而每段歌词可分为主副两部分,各版正面前辞和命辞类正歌;而反面占辞类副歌。

(四)类似正歌与尾声的组合。《诗经·九罭》:

第一章(序曲)	九罭之鱼,鳟鲂。 我觏之子,衮衣绣裳。

(续表)

第二章(正歌)	鸿飞遵渚,公归无所,于女信处。
第三章(正歌)	鸿飞遵陆,公归不复,于女信宿。
第四章(尾声)	是以有衮衣兮,无以我公归兮,无使我心悲兮。

前辞、命辞、占辞、验辞完备的卜辞如《合》14138:

前辞　类似序曲	戊子卜,殻,
命辞　类似正歌	贞:帝及今四月令雨? 贞:帝弗其及今四月令雨?
占辞验辞　类似尾声	王占曰:丁雨,不惟辛。旬丁酉允雨。

占辞验辞"王占曰:丁雨,不惟辛。旬丁酉允雨。"类似尾声。

（五）类似联曲的组合。《诗经·丰》中有二章章三句为第一调;有二章章四句为第二调。《诗经·大明》有四章章六句为第一调;有四章章八句为第二调。两个调式有规则地交叉联结。卜辞如《合》8724,两个调式交叉联结:

第一调	呼师般取?
第二调	贞方告于东西?
第一调	呼师般取?
第二调	贞方告于东西?
第一调	呼师般取?

又如《合》1402正,是一版较为完整的龟腹甲,共刻有十一条卜辞:

第一调	侑父乙		右最上	一二三　甲辰卜,殻,贞:翌乙巳侑于父乙宰?用。
第二调		宾于帝	a + 上中右 a - 右倒第四	二贞:咸宾于帝? 二贞:咸不宾于帝?
			b + 右倒第二 b - 右边最下	二贞:大甲宾于帝? 二贞:大甲不宾于帝?
			c + 左倒第二 c - 左边最下	二贞:下乙宾于帝? 二贞:下乙不宾于帝?
		宾于咸	a + 上中左 a - 左倒第四	二贞:大甲宾于咸? 二贞:大甲不宾于咸?
			b + 右倒三 b - 左倒三	二甲辰卜,殻贞:下乙宾于咸? 二贞:下乙不宾于咸?

全版出现两次"甲辰卜,殻"的前辞,十一条卜辞又全是有关祭祀的,可以认为这是在同一天为同一内容而作。在同一内容中可以分为两个调式:第一调式"侑父乙",第二调式"宾于帝""宾于咸"。在 a 咸、b 大甲、c 下乙三位祖先中选出宾(宾,配享)于帝的。在 a 大甲、b 下乙二位祖先中选出宾于咸的。每次选贞又用肯定句(+)与否定句(-)对贞。这样就形成了比较复杂的组合形式。我们还注意到,除第一调(右最上辞)的兆序是一二三之外,其他各辞的卜数均是"二",表明这可能是"成套卜辞",与该版相同的也许本有卜数是"一"及"三"的龟甲。我们又还注意到,该版的反面还有刻辞,只是模糊残损不易辨识。如果加上这些,那么它的组合形式就更为丰富可观了。

三、甲骨刻辞句式的形式美

卜辞因为实用的性质,主要采用简朴的散文句式,其中也不乏整齐的句式。甚至采用多种手段如用省略、虚词来调节,从而形成整齐句式。这也许并非刻意的追求,但无论如何,它是诗歌整齐句式的演练,值得我们重视。

1. 整齐句式举例。因前辞是套语,笔者略去,重点看命辞及占辞的句式。

往于夔,有从雨。(合 14375)

燎于土,燎于岳。(合 14399 正)

曰羌甲,曰南庚。于妣己,于妣庚。(合 1820)

帝于东,埋□豕,燎三宰,卯黄牛。(合 14313)

王有作祸?王无作祸?(合 536)

我伐马方,帝受我佑?(合 6664 正)

燎四羊四豚?卯四牛四羊?(合 15638)

呼妇往有得?呼妇往无得?(合 2652 正)

2. 调节后的整齐句式举例。

对贞由一个肯定句、一个否定句构成。否定句中必须有"不"

"勿""弗"等否定词。这样一来,否定句多了一个字,对贞的两边字数就不整齐了。如(肯定句与否定句之间用"‖"标记):

例1. 侑于妣己‖勿侑于妣己(合248正)

例2. 贞多羌获‖贞多羌不其获(合156)

例3. 翌乙亥启‖翌乙亥不其启(合376正)

通过对比,可以看出许多句式通过各种手段调节后,而由不整齐变为整齐句式:

二二言句:

例1. 王鱼‖勿鱼(合667反)

例2. 取丙‖勿取

取为‖勿取(合2953正)

例1否定句省主语"王",例2否定句省宾语"丙""为",从而二二言整齐。

三三言句:

例1. 贞蒸黍‖勿蒸黍(合235正)

例2. 雍其囚‖雍不囚(合2002反)

例3. 贞无祸‖其有祸(合698正)

例1否定句省贞,成三三言。例2肯定句有"其",否定句有"不",将"不其"二字拆开,分属否定肯定,即成三三言。例3,人们祈盼"无祸",故先贞,人们害怕"有祸",故后贞。"其有祸"省"贞"字,多"其"字,而成三三言。

四四言句:

例1. 贞戍获羌‖不其获羌(合176)

例2. 贞帝于条‖勿帝于条(合368)

例3. 于翌庚奏‖勿于庚奏(合9177正)

例1肯定句有"贞"、有主语"戍",否定句省"贞戍"而用"不其",成四四言。例2否定句省"贞",成四四言。例3否定句省"翌"字,成四四言。

五五言句：

例1. 贞雍刍于秋 ‖ 雍刍勿于秋（合150正）

例2. 翌辛丑其雨 ‖ 翌辛丑不雨（合423）

例3. 贞吴载王事 ‖ 贞吴弗其载（合177）

例4. 贞咸允佐王 ‖ 贞咸弗佐王（合248）

例5. 今来羌率用 ‖ 今来羌勿用（合248）

例1是否定句省"贞"，成五五言句。例2将"不其"二字拆开，分属否定肯定，肯定句用"其"，否定句用"不"，成五五言。例3否定句多了"弗其"，但却省略宾语"王事"，仍成五五言。例4肯定句用肯定副词"允"，否定句用否定副词"弗"，成五五言整齐。例5肯定句用范围副词"率"，否定句用"勿"，成五五言。

六六言句：

例1. 贞王梦启惟祸 ‖ 王梦启不惟祸（合122）。

例2. 贞方其灾我史 ‖ 贞方弗灾我史（合9472正）

例1否定句省贞，成六六言。例2将"弗其"二字拆开，分属否定肯定，肯定句用"其"，否定句用"弗"，成六六言。

以上可知，卜辞的一事多贞、对贞、选贞，往往第一条卜辞较详，其余则用简式。尤其在对贞中，通过省略及用副词、助词的调节达到既不损伤语意又节省版面，同时又具句式整齐的效果。这也是诗歌常用的手段。

如用省略调节：《诗经·大车》"岂不尔思，畏子不敢。""岂不尔思，畏子不奔。"其实"畏子不敢"承下省"奔"；"畏子不奔"承上省"敢"。又《诗经·关雎》"左右流之""左右采之"，上下二章均四四言，文意其实是"左右流之并采之"，采用"重章互奏"手段而互相补足文意。如用副词调节：《诗经·褰裳》"子惠思我，褰裳涉溱。子不我思，岂无他人。"肯定句用副词"惠"，从而与否定句构成四四言。如用助词调节：《诗经·北风》"北风其凉，雨雪其雱。"插进助词"其"，以便构成四四言。

白兆麟《衬音助词再论》①认为"有、其、言、于、斯、思、然、若、如、尔"等,"作用是衬音","是增足音节,调谐节奏,舒缓语气"。张仁立《诗经中的衬音助词研究》②所分析的此类助词达 38 个之多。但卜辞中此类助词尚不多。陈炜湛在《商代甲骨文金文词汇与〈诗·商颂〉的比较》③中"推测《商颂》的原始记录不是四言诗而是三言诗,其四言形式是后世添加虚词、副词、叠音词等的结果。"谭丕模《中国文学史纲要》认为:《候人歌》的"候人兮猗","只是在'兮''猗'的呼声上添了两个词,然而这种表意的语言一旦同具有节奏性的呼声或叹声结合时,便成为有意义的诗歌。"

　　甲骨刻辞准备了向《诗经》章法结构转化的形式条件,并且准备了向《诗经》整齐句式转化的调节手段,复音词(包括重言、双声叠韵等)及虚词(助词、语气词、拟声词、副词等)④更进一步发展,《诗经》的时代也就到来了。那么《合》14294 中的七言句就可能是(笔者臆补之字为黑体):

　　东方曰析,**其**风曰协。南方曰夹,**其**风曰微。
　　西方曰夷,**其**风曰彝。北方曰宛,**其**风曰伇。
或者是:
　　东方曰析,风曰协**兮**。南方曰夹,风曰微**兮**。
　　西方曰夷,风曰彝**兮**。北方曰宛,风曰伇**兮**。

四、本文小结

　　本文认为,甲骨槽穴形态、甲骨刻辞形态、甲骨刻辞句式,存在多种形式美,甲骨刻辞形式与八卦思维方式之间有密切联系的痕迹,特

---

① 白兆麟:《衬音助词再论》,《中国语文》1991 年第 2 期。
② 张仁立:《〈诗经〉中的衬音助词研究》,《语文研究》1999 年第 3 期。
③ 陈炜湛:《商代甲骨文金文词汇与〈诗·商颂〉的比较》,《中山大学学报》2002 年第 1 期。
④ 张玉金:《甲骨文虚词词典》,北京:中华书局,1994 年。

别是甲骨刻辞准备了向《诗经》章法结构转化的形式条件及准备了向《诗经》整齐句式转化的调节手段。也就是说,甲骨刻辞为《诗经》的产生准备了多种形式元素,迎接着《诗经》时代的到来。

  曹兆兰(1953—),女,湖北随州人,深圳大学文学院中文系教授,主要从事文字学及考古文献研究。

《金瓶梅》语言中见系精组字同读现象试释

宫钦第

引　言

很多学者认为《金瓶梅》(约成书于16世纪中后期)的语言里含有山东方言现象。① 张鸿魁(1996:190—192)根据书中的二三四等见系字同音和"许多三四等精组字跟二三(四)等喉牙音字同音"等现象,认为"《金瓶梅》时代,细音韵母前的精组和见系声母变成了舌面音声母"。理由是:"以上例子都是精组字跟见系字同音。精组声母 z、c、s 跟见系声母 g、k、h 截然不同,无法直接转换。这类同音现象只能有一种解释,那就是上述字的声母,读成了舌面音 j、q、x。"为方便观察,我们把他的部分举例改成表格如下:

表1　《金瓶梅》三四等精组字读同二三四等见系字举例

精组	读同见系	例词	见系	读同精组	例词
济精母荠韵	给见母缉韵	周济＝周给	晓晓母筱韵	消心母宵韵	晓他出来＝消他出来
进精母震韵	近群母隐韵	进的利钱＝近的利钱	器溪母至韵	缉清母缉韵	成器＝成缉
缉从母缉韵	讥机见母微韵	缉察＝机察＝讥察	希晓母微韵	西心母齐韵	韩希尧＝韩西桥
席邪母昔韵	畦晓母齐韵	入席＝入畦	群群母文韵	蛆清母鱼韵	咬群儿＝咬蛆儿

---

① 张鸿魁:《金瓶梅语音研究》,济南:齐鲁书社,1996年。

(续表)

精组	读同见系	例词	见系	读同精组	例词
蒋精母养韵	姜见母阳韵	蒋聪＝姜葱	歇晓母月韵	些心母麻韵	一歇＝一些
取清母麌韵	去溪母御韵	叫我来取＝叫我来去	缺溪母屑韵	劈精母薛韵	缺着刑房＝劈着行房

蒋绍愚(2005:90)提出了第二种解释:"……谐音也可以是音近而不一定是音相同,如果当时见组细音已变为 tɕi,而精组细音仍为 tsi,那也不妨碍两组字相谐,因为 tɕi 和 tsi 在听感上还是比较接近。"①从音理上看,蒋先生的说法是有道理的,然而从文献来看,有很多材料与此相悖,这一问题似乎仍有重新讨论的必要。

第一,《金瓶梅》中的谐音现象主要有两种情况:一种是作者(或世人)故意为之,如人名"韩希尧"谐音为"韩西桥","蒋聪"谐音为"姜葱"。另一种是作者无意中写出的别字,如"周济"误写成"周给","晓他出来"误写成"消他出来"。前一种情况与现代人故意给他人起绰号类似——起绰号有不同的方式,其中一种就是利用某人名字的谐音字。这种谐音方式要求并不严格,有时候声母或者韵母相差很远也可以将就,声调当然也可以不同。后一种情况则不同,其性质类似现代人写别字。邵荣芬(1963:195)对别字异文调查研究的结果表明,"同声不同韵或同韵不同声的……只占全部音误例子的百分之二点七",音近而误的例子"绝大多数集中在异调互代上"。②

第二,蒋先生所说的"当时见组细音已变为 tɕi"和"精组细音仍为 tsi",都只是假设之词,还有待证明。从明代的相关文献来看,说《金瓶梅》的见系细音已经腭化为 tɕ-组似嫌尚早。我们同意蒋先生"精组细音仍为 tsi"的看法,下文将作出补证。

这里我们提出第三种解释:《金瓶梅》中的三四等精组字之所以跟二三四等见系字同音,很可能是因为那时山东方言里的见系字另有一套精组白读音。

---

① 蒋绍愚:《近代汉语研究概要》,北京:北京大学出版社,2005 年。
② 邵荣芬:《敦煌俗文学中的别字异文和唐五代西北方音》,《中国语文》1963 年第 3 期。

一 《金瓶梅》的见系字不是舌面前音

首先我们来看《金瓶梅》的语言背景。《金瓶梅》作者署名兰陵笑笑生,兰陵是古峄县的名称,古峄县即今鲁西南枣庄市峄城区。从故事地点的安排上来看,作者似乎是有意以山东为背景的。《金瓶梅》故事拟定的地理背景为冀、鲁两省交界处的清河县和临清县,清河县今属河北省,与山东省临清县西境相接。据《嘉庆东昌府志》和《嘉靖广平府志》①,自北宋以来,临清县一直隶于山东东昌府,清河县沿革虽然比较复杂,但有宋以来一直隶于河北省。武松在河北清河县误杀李外传一案,却要到山东内陆的东平府(在东昌府东南)终审定谳(《金瓶梅》初刻本第十回),而不是到河北的州府去,这是很耐人寻味的。张鸿魁(1996:3)更指出了两条重要证据:

"其一,小说中提到的临清、清河的地名地物,多数为临清历史上实有,不少至今犹存。其二,小说人物中山东地方官吏,凡明代史料可查实有其人的,多数确是山东籍或有过在山东为官的经历。"其结论是:"《金瓶梅》的作者即使不是山东人,也应长期在山东生活,熟悉山东特别是鲁西临清一带的地理风俗语言","《金瓶梅》的语言反映了当时鲁西方言的特点"。如果抛开有争议的第53回—57回不论,其说不误。

以此为基础,我们来讨论《金瓶梅》的见系声母问题。

张鸿魁(1996)认为:鲁中、鲁西大部分现代方言见系细音字都读舌面音 tɕ-组,而《金瓶梅》的见系二三四等字音混同,这表明见系已经分化出一套舌面音 tɕ-组声母。例如:

(1) "杏花梢见着梨花雪"当作"杏花梢间着梨花雪",是二等的"间"误写成四等的"见"。

---

① "中国地方志集成":《(嘉庆)东昌府志》、《(嘉靖)广平府志》,南京:江苏古籍出版社,2004年。

（2）"话絮叨、不得见"分别谐指"刀、剑"，是三等的"剑"和四等的"见"同音。

（3）"王十九，只吃酒，且把散话革起"，同语"革起"又作"揭起"，是二等的"革"为三等的"揭"的同音别字。

蒋绍愚（2005）似乎对此也持赞同的观点。然而从语音演变的角度来看，见系二三四等字音的混同现象，大约只能确证一点——见系二四等字已经腭化，都产生了-i-介音，但似不能作为k-组演变为tɕ-组的确证。从ki-演变为tɕi-，中间似乎还需要一个过程：ki- > ci- > tɕi-。而且，记录当时方言的其他文献也不支持tɕ-组的说法。

与《金瓶梅》时代大致相若的《元韵谱》，书成于万历辛亥（1611年）。作者乔中和，河北南部内丘（与清河相近）人，大致可以反映《金瓶梅》时代鲁西临清、清河一带的方言状况。《元韵谱》以见系细音字和洪音字同隶于"光孔外怀翁"五母下，耿振生（1992：179）认为其声母仍为k-组，而非tɕ-组。

二百年后，清乾隆初年鲁中历城人刘振统作《万韵书》（现存传本为《万韵新书》），见系细音字的声母仍为舌根音tɕ-组。张鸿魁（2005：100—101）指出，《万韵书》"声母19种，跟普通话相比，只缺少三个舌面音。但'心、晓'两母排在一起，透露出舌面音产生的消息"。又指出，"《万韵书》应是作者方音音系的真实反映"。① 《万韵书》仅把"心、晓"两母排在一起，似乎说明舌面音刚刚产生。

从现代方言来看，临清及其以东各地方言细音韵母前的精组和见系声母，确实已合并为一套tɕ-组声母，似乎可以作为舌面音的证据，然而移民史的资料却不支持这一点。张鸿魁（1990：2）指出，"据史料、族谱，（临清）现有家族大部分是洪武、永乐年间从山西泽、潞二州迁来，少部分是从山东登州迁来。"②

古泽州府治在今晋城，今晋城一带方言属晋语区获济小片，其见

---

① 张鸿魁：《明清山东韵书研究》，济南：齐鲁书社，2005年。
② 张鸿魁：《临清方言志》，北京：中国展望书社，1990年。

系细音字声母已经演变为 tɕ-组,但古潞州府的情况与此不同。古潞州府治上党(今长治)一带方言属晋语区上党片,李荣、熊正辉等(1988:B7)指出,"上党片的多数县市也分尖团,不过上党片古精组字今读[ts ts's],古见晓组今读[c c'ç]"。① 古登州府治在今蓬莱,今蓬莱一带方言属胶辽官话区东莱片,东莱片古登州府辖区内都分尖团音,古见系今都读 c-组,其中沿海地区古精组字今都读 ts-组,这与古潞州府的情况相同。如此我们至少可以说《金瓶梅》时代,古潞州府和古登州府见系细音字声母是 k-组或者 c-组,那么迁移到临清、清河一带的移民方言应该与此相同。k-组和 c-组都是塞音,与 ts-组、tɕ-组的塞擦音性质不同,说听感上接近似乎很难。

据钱曾怡、张树铮等(2001:121)②,山东省不分尖团音的舌面音声母,主要出现在山东中、西部内陆地区。其核心地带,北起德州,经济南、兖州,南至枣庄,这一线路既是南北交通大动脉京沪铁路经过之处,更是元代以来贯通南北的主要官道干线之一,而且贯通南北的京杭大运河恰好在临清、清河境内通过。那么临清一带今方言的 tɕ-组声母,是否可能是受明代官话共同语影响、在明代就形成的呢?

官话见系的腭化问题,前辈学者多有研究,丁邦新(1998:222—223)对此做过深刻检讨:"郑锦全(1980)对北音颚化的源流做过相当彻底的研究。……结论是:'北方音系见晓精系字颚化大约全面形成于十六七世纪。到了十八世纪前半叶,《圆音正考》(1743)对尖团音的分析,正表示颚化已经完成。'"③ 而"据姜信沆(1980)的研究,在 17 世纪《老乞大谚解》、《朴通事谚解》两书中,完全没有反映颚化的现象",到 18 世纪《朴通事新释谚解》(1763)见系细音字才有了 k-组和 tɕ-组并存的现象,如,tɕi 鸡,ki 吉;tɕ'iao 桥,k'iao 巧;çi 喜,xi 稀。"可见在 18 世纪中叶,北方方言的见系字确实有显著的颚化现象……只

---

① 李荣、熊正辉等:《中国语言地图集》,香港:朗文出版(远东)有限公司,1988 年。
② 钱曾怡、张树铮等:《山东方言研究》,济南:齐鲁书社,2001 年。
③ 丁邦新:《论官话方言研究中的几个问题》,《丁邦新语言学论文集》,北京:商务印书馆,1998 年。

是这种颚化音形成的上限不得早过 17 世纪的中叶,跟郑锦全的结论有出入。"对这种分歧,丁邦新(1998)认为,"语音演变发生的实际年代总是早于见于著录的年代。郑氏根据赵荫棠(1936)研究明隆庆间(1570 左右)云南人本悟禅师所著《韵略易通》所得的推论还是可以采信的。"

然而现代方言中,仅河北省就有邯郸、邢台、石家庄等 56 县市分尖团音(《河北方言概况》①:河北方言声母图八);从文献看,明末清初樊腾凤著《五方元音》,仍然以"京坚根干"同隶于见母之下,又杨亦鸣(1992:52)指出②,代表 18 世纪北京音的《李氏音鉴》也分尖团音(ts-组: k-组),黄笑山(1996:100)指出③,利玛窦所记的明末官话声母系统里,"见系细音字的声母尚未腭化成/tɕ/等",这都与郑锦全"见晓精系字颚化"的说法不符。如果单就具体某些方言点来说,丁邦新的结论仍然是可以接受的,但说到共同语,姜信沅的结论似乎更为可信。

这也就是说,《金瓶梅》时代的文献典籍中,当地方言和官话共同语里的见系字都还不是舌面前音,临清一带今方言见系的 tɕ-组声母很可能是后来产生的。

二 《金瓶梅》的精组细音字仍然是 ts-组声母

张鸿魁(1996)认为《金瓶梅》精组细音已经是 tɕ-组,蒋绍愚(2005)则认为仍为 ts-组。那么精组到底是怎样一种情形呢?从《金瓶梅》的语言背景、现代方言和文献来看,精组细音似应仍为 ts-组。

《金瓶梅》作者的地望——今枣庄峄城区的方言材料我们无缘得见,今枣庄市区方言已不分尖团音,但峄城区东邻苍山县今方言仍然分尖团音,精组细音为 ts-组(钱曾怡、张树铮等 2001:121)。我们据此

---

① 河北北京师范学院:《河北方言概况》,天津:河北人民出版社,1961 年。
② 杨亦鸣:《李氏音鉴音系研究》,西安:陕西人民出版社,1992 年。
③ 黄笑山:《利玛窦所记的明末官话声母系统》,《新疆大学学报(哲学社会科学版)》1996 年。

可以推测,当时作者方言里的精组细音字声母似应也是 ts-组。故事发生地清河方言至今仍然分尖团音(《河北方言概况》),精组细音今读 ts-组声母,临清今方言虽然已不分尖团音,但临清的南邻冠县方言和西邻丘县方言今也分尖团音,精组细音今读 ts-组声母(钱曾怡、张树铮等 2001:121,《河北方言概况》)。这就不能不令我们怀疑,临清一带的舌面音声母很可能是相当晚近才有的现象。上文我们已经指出,山东省不分尖团音的区域处于南北交通大动脉经过之处,我们似乎可以推断,山东境内不分尖团音的舌面音声母大约是沿着官道干线或京沪铁路向两侧扩散的,而临清则是这种扩散刚刚到达的最后一站。也就是说,临清不分尖团音的舌面音声母的出现,很可能最多不过是二三百年间以来的事情。

方言文献、共同语文献和移民史的材料也支持精组细音仍为 ts-组。移民史的材料已见于上节,不赘。方言文献《元韵谱》以精组洪音和细音字同隶于"钻、存、损"三母之下,《万韵书》(参张鸿魁 2005)精组洪音和细音字同隶于"精、清、心"三母,他们的精组细音显然仍为 tɕ-组。与《金瓶梅》创作时代相当的共同语文献《韵略易通》里,"早从雪"三个声母拼细音的时候,张玉来(1999:21—22)认为,"仍然是 tsi、ts'i、si 或 tsy、ts'y、sy 的形式。"①《韵略易通》一书问世后,备受山东人青睐,毕拱宸改订为《韵略汇通》,其序云:"正统中,兰止庵先生编《韵略易通》一书,汰繁归简,披览如列眉,嘉惠后学甚殷。……二东人士家购而户诵之。见南中亦有刻本,谓之《山东韵略》。"《韵略易通》既有《山东韵略》之称,足见其在山东流布之深广,这更可以说明临清一带今精组细音字的 tɕ-组声母大约是后起的现象。

上述理由似乎已足以使我们断定,约五百年以前,明代中期《金瓶梅》语言里的精组细音字很可能仍然是 ts-组声母。

---

① 张玉来:《韵略易通研究》,天津:天津古籍出版社,1999 年。

三 《金瓶梅》的见系字有 ts-组白读音

既然《金瓶梅》里的精组细音字仍然是 ts-组声母,见系细音字仍然是 k-组(或 c-组)声母,所谓 tɕi 和 tsi 音近相谐就无从说起了,而 ts-组和 k-组(或 c-组)截然不同,似乎无法直接转换,那么《金瓶梅》精组与见系细音同音字的声母就有可能会出现两种情况:

1. 精组与见系都读 ts-组声母。2. 精组与见系都读 k-组声母。

精组与见系都读 k-组声母的现代汉语方言,我们目前尚未见到。精组与见系声母都有 ts-组读音的却不罕见,现代胶东官话和晋方言里都可以见到,其性质都是相同的,即见系细音字都有一套 ts-组的白读音。

王临惠(2003:29)指出,"(山西)古交、文水、祁县蟹摄开口三四等、止摄开口三等、梗摄开口三四等的见晓组声母白读不是 tɕ、tɕʻ、ɕ,而是归入精组,读 ts、tsʻ、s。"① 例见表2(材料录自王临惠 2003:183,190)。

表 2 晋语里的见系精组白读举例

	鸡	喜	镜	
古交	₋tɕi	ᶜsɿ	tɕiŋᶜ	tsɿᶜ
文水	₋tsɿ	ᶜsɿ	tɕiəŋᶜ	tsɿᶜ
祁县	₋tsɿ	ᶜsɿ	tɕiə̃ᶜ	tsɿᶜ

从张卫东(1984:36—49)②到钱曾怡、张树铮等(2001),很多学者都记录了这样一种现象:在今胶东方言里,很多方言点见系细音字同时具备 c-组声母和 ts-组声母(参表3。表3里给出的例字选自王淑霞(1995:61)③,第一个注音是白读音,第二个是文读音)。在这样的方

---

① 王临惠:《汾河流域方言的语音特点及其流变》,北京:中国社会科学出版社,2003年。
② 张卫东:《文登、荣成方言中古见系部分字的文白异读》,《语言学论丛》1984年第十二辑。
③ 王淑霞:《荣成方言志》,北京:语文出版社,1995年。

言里,精组字与见系字混同是很正常的现象。问题是《金瓶梅》时代的方言是否也是这样的情况呢?

表3　山东荣成方言见系文白异读举例

古声母	见	溪	群	晓	匣
例字	港 ᶜtsiaŋ ᶜkaŋ 见 tsian cian	苘 ᶜtsʻiŋ ᶜcʻiŋ 跷 ₌tsʻiao 高跷 ₌cʻiao	翘 tsʻiaoᶜ cʻiaoᶜ 穷 ₌tsioŋ ₌cioŋ	瞎 ₌sia ₌çia 希 si çi	咸 ₌sian ₌çian 眭 ₌si ₌çi

钱曾怡、张树铮等(2001:52—54)指出,山东东潍片和东莱片的这种见系文白异读在部分地方志里已有记录,如民国年间的《莱阳县志》、《牟平县志》、《胶澳志》以及修于道光乙巳年(1845)的《胶州志》等。下面举几个《胶州志》里的例子:"近海曰港沟。港,音蒋。""虹曰酱"。"谢降曰谢酱。""胶河曰焦河。"

明·陆容(1436—1494)《菽园杂记》提供了如下材料:"又如去字,山西人为库,山东人为趣……"陆容所记录的"山东人(以去)为趣",与《金瓶梅》相同。(参见表1)从陆容所记各地方音特点来看,在明代,这种现象似乎不大可能仅局限于胶东一隅。所指就算不能涵盖全省各地,至少也似应涵盖一个省较大面积的区域。从陆容所处的时代我们可以说,这种现象大约在15世纪上半叶山东方言里就有了,就算依从郑锦全(1980)、丁邦新(1998)的结论,腭化最早也不过上推到16世纪,那么说"山东人(以去)为趣"的"趣"字声母是"tsʻ-"大约应该没有问题,即"去"字也有"tsʻ-"声母的读法。

徐明轩、朴炯春(1997:138)指出:"宋代天圣五年(1027),宋仁宗敕赐'望浆院'匾额于荣成望港山下佛教寺院,以'浆'为'港',是'港'的白读音(见表3)与'浆'相同,至今土音仍然这样读。"①如果这一文献记载属实的话,这种现象可能早在宋代就已存在。

见系读为精组在音理上也能够得到合理的解释:在方言史上白读

---

① 徐明轩、朴炯春:《威海方言志》,韩国:学古房,1997年。

层的见系很可能经历过腭化(ki- > ci- > tɕi-)阶段,后来很快又被类化为精组了(或许是受了尚未腭化的强势方言如共同语、区域性通语等的影响),即在精组(tsi-)未变时,白读层的见系经历了这样的演变过程:ki- > ci- > tɕi- ——[类化]→tsi-,于是形成了白读层见系细音字读为精组 ts-的现象。

现在能见到的 tɕi-类化为 tsi-的典型实例是"女国音"(胡明扬2003:84—96)①——普通话已有的腭化音 tɕi-组又被"女国音"说话人读成了 tsi-组,结果就好像见系细音也读同精组 tsi 了。"女国音"的语音基础(精见合流)虽然与本文所讨论的方言基础(尖团有别)不同,但音变链"ki- > ci- > tɕi- ——[类化]→tsi-"确实存在则是不容置疑的。

综上所述,我们已经有足够的勇气做出这样的推测:《金瓶梅》语言里的见系字应该也另有一套 ts-组声母的读法,是他们造成了《金瓶梅》语言里三四等精组字跟二三四等喉牙音字同音或谐音的现象。

宫钦第(1970—   ),男,山东莱阳人,文学博士,深圳大学文学院中文系副教授,主要从事汉语史、方言研究。

---

① 胡明扬:《北京话女国音调查》,《胡明扬语言学论文集》,北京:商务印书馆,2003年。

论《切韵指掌图》宕江摄入声的性质

宫钦第

一

与早期韵图《韵镜》、《七音略》等不同,宋代《切韵指掌图》(成书于约 1176—1203 年间,以下简称《指掌图》)重韵合并、三四并等,简化 16 摄 43 转为 13 摄 20 图,入声韵由仅配阳声韵改为阴阳同配,已非中古语音面貌之旧。本文讨论宕江摄入声。《指掌图》宕江摄已经同图,入声铎药觉三韵分配本摄阳声韵和阴声韵效摄(见表1),显示了新的语音变化,然而前辈学者对这种变化的性质却有不同的认识:

表 1 《指掌图》宕江摄入声匹配各摄结构简表(举平以赅上去)

图序	开合	舒声					入声				
		一等	二等	三等	四等	摄	摄	一等	二等	三等	四等
一	开	豪	肴	宵	宵萧	效	宕江	铎	觉	药	药
十三	开	唐	阳	阳	阳	宕	宕江	铎	觉(庄组)	药	药
十四	合	唐	江	阳	○	宕江	宕江	铎	觉	药	○

姚荣松(1975:179)①承认"宋代之入声韵尾及调值,均已起变化",但"仍保存理论上之音读,假定其尚未消失",为宕江摄入声字构拟了-ak 类音,与董同龢(1948)②结论相同。

---

① 姚荣松:《切韵指掌图研究》,《台湾师范大学国文研究所集刊》1975 第十八号。
② 董同龢:《切韵指掌图中的几个问题》,《历史语言研究所集刊》第十七本,1948 年。

同样承认入声已经发生变化，许绍早(1994:89—101)①为之构拟了-aʔ类音。这种处理办法不免令人生疑：许文为山摄入声字也构拟了同样的-aʔ类音，如此一来，山摄入声似乎与宕江摄入声已经混并，然而文献事实是：今本《四声等子》虽然铎韵、辖韵同图，但在《指掌图》里却见不到这种混并的证据——《指掌图》入配效摄的仅限于宕江摄入声字——未见山摄入声字。邵雍(1011—1077)《皇极经世·声音唱和图》(以下简称《唱和图》)也是如此。

从本质上看，董文、姚文的拟音倾向于接近早期韵图，而周世箴(1986)②可能是以靠近《中原音韵》为则。周世箴(1986:40)指出：《指掌图》的宕江摄入声字"或者真的已失去入声韵尾"如《中原音韵》那样读同"鸣尾韵"，或者古入声字"只是原不同性质的入声韵尾之间失去对比，弱化成一个类似喉塞音的短促收音"。然而配效摄的入声字既然还列在入声名目下，那么入声是否"真的已失去入声韵尾"而完全演变为舒声也还可以再讨论；如果"只是原不同性质的入声韵尾之间失去对比"，那么人为造成宕江摄入声与山摄入声混并的情况依然存在。

周文运用层次观点分析《指掌图》宕江摄入声的阴阳两配，完全可以接受。《指掌图》列图框架承袭早期韵图，在阳入相配部分，除第九图以德韵配臻摄一等舒声外，其馀各摄仍然保持了中古音"-m:-p、-n:-t、-ŋ:-k"的结构格局，这一层次可以看作是读书音。

读书音由经师学子代代口耳相传，受时音影响出现变化，本为意料中事。据赵荫棠(1957:94—107)③、董同龢(1948)的研究，《指掌图》的作者很可能是南方人，结合同时代朱熹反切以及现代客、赣、粤、闽方言的入声韵尾"-p、-t、-k"尚存的情况来看，这种读书音与南方时人口语音可能差别不大，显然不可能仅仅是"理论上之音读"，可拟定为-ak类音。

---

① 许绍早：《〈切韵指掌图〉试析》，《音韵学研究》1994年第三辑。
② 周世箴：《论〈切韵指掌图〉中的入声》，《语言研究》1986年第2期。
③ 赵荫棠：《切韵指掌图》撰述年代考，《等韵源流》，商务印书馆，1934/1957年。

宕江摄入声字配舒声效摄可看作是共同语口语音层次——即中古的-k尾已经发生了变化。推源逐流,我们发现陆德明(约555—630)《经典释文》(以下简称《释文》)、陆法言《切韵》(成书于601年)的宕江摄入声字已经有了效摄的异读。

二

《释文》、《切韵》问世不久就定于一尊,并行于世。《释文》"在唐代即已家弦户诵,故上自帝王,下至士夫,莫不竞相称引,以见指归。"(王利器1997:60)①而"《切韵》一出现,影响很大,'惟陆生《切韵》盛行于世'(孙愐《唐韵》序),其他各种韵书就逐渐被淘汰了。"(唐作藩2002:79)②(案:《切韵》原本已佚,增订本《广韵》成书于1008年。下文讨论均据《广韵》。)

《释文》随文注音,意在读经,其"条例"云:

> 前儒作音,多不依注,注者自读,亦未兼通。今之所撰,微加斟酌。若典籍常用,会理合时,便即遵承,标之于首。其音堪互用,义可并行,或字有多音,众家别读,苟有所取,靡不毕书,各题姓氏,以相甄识。义乖于经,亦不悉记。其或音、一音者,盖出于浅近,示传闻见,览者察其衷焉。

参考现代学者王力(1982:135—211)③、邵荣芬(1996)④等的研究成果,我们对这段文字的理解如下:《释文》首音属于"典籍常用,会理合时"的正音,所谓"合时"指的似应是当时的时音;首音之外的异读,除"或音、一音"外,多数都属于"音堪互用"、宜"有所取"的正音性质;正如邵荣芬(1996:7)所指出的:"音注中存在着势均力敌的两派或几

---

① 王利器:《〈经典释文〉考》,《晓传书斋集》,上海:华东师范大学出版社,1997年。
② 唐作藩:《音韵学教程》(第三版),北京:北京大学出版社,2002年。
③ 王力:《〈经典释文〉反切考》,《龙虫并雕斋文集》(第三册),北京:中华书局,1982年。
④ 邵荣芬:《〈经典释文〉音系》,台北:学海出版社,1996年。

派,陆德明一时拿不出抉择的主意来,于是采取了并列录存的办法"。从总体上来看,这些异读的性质大约近似于现代汉语及其方言的文白异读。

源于上古、中古材料的《广韵》又音,多数在另外的小韵中重出。按我们的理解,又音只要在另外的小韵中重出,就已经具备了当时的正音地位。

《释文》、《广韵》的异读,学者多据以研究中、上古语音,很少有人据以研究近代音。这些异读中无疑有很多研究上古音的重要材料,同时其中很多材料也反映了中古语音的新变化。我们似乎很难否认:《释文》、《广韵》等典籍,作为科举考试的重要参考书,很可能也会对近代音产生影响——大约跟普通话对现代汉语方言的影响类似。因为唐、宋人使用的科举考试参考书,与现代人使用的汉语字典、词典,在地位和性质上似已殊无二致。例如"鹤"字,上古音属入声药部,《广韵》有舒入二音:"白鹤鸟。直角切。""鹤雉,今白雉也。都教切。"对当时的普通学子来说,"鹤"可以读成觉韵字、也可以读成效韵字,这就意味着时音中已经有了宕江摄入声字配效摄的现象。这一现象大致相当于《中原音韵》的入派萧豪,以下行文时或简称"入配效摄"。①

三

据初步统计,《广韵》里宕江摄入声字有阴声又读的共 82 字,其中又读属于效摄的有 47 字,属于果假摄的有 8 字,属于遇摄的有 17 字,属于流摄的有 8 字,属于止摄的有 2 字。从统计数据看,《广韵》异读似乎暗示了这样一条演变规律——入配效摄或许代表了入声舒化后进入正音系统的主流演变方向。宕江摄入声有效摄又读的字,《释文》里有 33 个。这些异读字大致可以分为六类(见表 2):

---

① 黄坤尧、邓仕梁:《新校索引〈经典释文〉》,台北:学海出版社,1989 年;余乃永:《新校互注宋本广韵(定稿本)》,上海:上海人民出版社,2008 年。

表 2　宕江摄入声有效摄异读字表

类别	释文 入	释文 舒	广韵 入	广韵 舒	异读字
一	+	+	+	+	觉部：觉$_{觉效}$，药部：学$_{觉效}$ 约$_{药笑}$ 杓$_{药宵}$ 乐$_{觉效/铎}$ 溺$_{觉啸/药笑}$ 嗝$_{铎肴效}$ 爝$_{药笑}$ 鹟$_{觉效}$ 濯$_{觉药}$ 鷚（鷚）$_{觉沃号}$ 藐$_{小效}$ 犖$_{觉看/觉效}$，宵部：鄗$_{释沃号/铎肴晧}$ 缴$_{药啸/药筱}$ 筲$_{觉效/觉号}$ 燋$_{觉宵宵}$ 蹻$_{药宵小}$
二	+	+	-	+	药部：淖$_{药药/效}$ 耀（耀）$_{药笑/笑}$ 暴$_{铎号/屋号}$，宵部：敩$_{觉肴/肴效}$ 薮$_{觉号/肴}$ 磝$_{觉效/肴}$
三	-	+	+	+	药部：芍$_{筱/药筱}$ 掉$_{啸效/觉筱啸}$ 燿$_{笑萧啸}$，宵部：眊$_{号/觉号}$ 鮉$_{晧/铎晧}$，幽部：舳$_{肴巧/觉巧效}$
四	+	+	-	+	药部：削$_{药小笑/药}$ 勺$_{药笑/药}$ 湘$_{觉笑/觉}$
五	+	-	+	+	觉部：叒$_{觉沃/觉巧}$，药部：爆$_{觉/铎觉效}$ 豹$_{觉/觉效}$ 箹$_{觉药/效}$ 药/药效，幽部：靤$_{觉屋/觉肴巧效}$
六	未收		+	+	药部：趠（逴）$_{觉笑}$ 踔$_{觉效}$ 药药笑 嚼$_{药笑}$ 臄$_{笑}$ 虦$_{药笑}$ 爝$_{铎笑}$，宵部：兜$_{觉沃}$ 滈$_{觉晧}$ 颮$_{觉肴}$，后起字：跑$_{觉肴}$

注：表中异读字按上古韵部分列（依《王力古汉语字典》①）。每个单字后注《广韵》韵目，如果某字在《释文》、《广韵》里的音韵地位不同，则以"—（《释文》）／—（《广韵》）"的形式标注。

从表 2 里可以看出，这些异读字在与声母的拼合关系和等次上，都没有条件限制。它们音义之间的关系，在性质上与现代汉语的文白异读字似乎没有什么差别，这些异读字来源复杂，很多在上古本属"因声别义"性质，但值得注意的是，其中很多异读字在《释文》、《广韵》里已经不再是这种别义性质。例如：

1. 鷚：《释文》：郭音驳$_{觉}$，《字林》方沃$_{沃}$反，孙音暴$_{号}$。（30-19b-10）

《广韵》作"鷚"：四觉：乌鷚鸟。北角切，又博沃切。三十七号：鸟名。薄报切，又博木切。

2. 鹟：《释文》：吕、郭音罩$_{效}$，陟孝$_{效}$反，又音卓$_{觉}$。（30-22b-3）

《广韵》：四觉：白鹟鸟。直角切。三十六效：鹟雉，今白雉也。都教切。

---

① 王力：《王力古汉语字典》，北京：中华书局，2000 年。

3. 爝:《释文》:本亦作燋。音嚼_药,郭徂缴_药反。《字林》子召_笑反。(26-3b-3)

《广韵》:十八药:炬火。即略切,又音嚼。三十五笑:火。子肖切。

4. 挈:《释文》:色交_肴反,又音萧_萧,刘音朔_觉。(9-22a-10)

《广韵》:四觉:纤也,又臂长皃。所角切,又相邀切。四宵:(臂)长皃。相邀切,又色交、色角二切。三十六效:所教切。

5. 濯:《释文》:直孝_效反(10-24b-8)大角_觉反,(10-24b-7)

《广韵》:四觉:潹濯。直角切。三十六效:浣衣。直教切,又直角切。

6. 覤:《广韵》:十八药:视不定也。以灼切。三十五笑:视误也。弋照切。

异读字的性质,"不外方俗语音之异"。(葛信益 1993:6)①很多异读字不再是"因声别义"的性质,似乎暗示了上古晚期到中古前期以来的某些方言里,宕江摄入声字已经出现了舒化现象。一些上古本为入声韵的字,例如上古药部的"淖耀",在《广韵》里已经丧失了入声的读音,而仅有效摄一读,则更可以证明这一点。

7. 淖:《释文》:奴孝_效反,又丈卓_觉反。(29-13a-3)

《广韵》:三十六效:泥淖。奴教切。四觉:未收。

8. 耀:《释文》:以照_笑反,又以灼_药反。(6-7b-5)

《广韵》作"燿":三十五笑:光耀。弋照切。十八药:未收。

表2里这些异读字既有源于上古入声韵的,又有来自上古阴声韵的。与入声舒化方向相反的是,一部分来自上古阴声韵的字,如"鰝眊骲敲磝"等,在《广韵》或《释文》里出现了入声的读法。例如:

9. 鰝:《释文》:郭音鄗,户老_皓反。(30-17a-3)

《广韵》:十九铎:《尔雅》云:大鰕也。呵各切。三十二皓:大鰕。胡老切。

10. 眊:《释文》:莫报_号反。(9-12b-11)

---

① 葛信益:《广韵丛考》,北京:北京师范大学出版社,1993 年。

《广韵》:四觉:目少精。莫角切。三十七号:目少睛。莫报切。

11. 骲:《释文》:火交_肴反。《埤仓》云:骨镞也。沉五爪_巧反,顾蒲交_肴反。(29-22b-4)

《广韵》:四觉:骲箭。蒲角切。三十一巧:骨镞。薄巧切。三十六效:手击。防教切。

12. 蹻:《释文》:郭居夭_宵反。案:《诗·小雅》:小子蹻蹻,音巨虐_药反,今依诗读。(29-14b-2) 蹻蹻,居表_小反。(7-29a-7)

《广韵》:十八药:举足高。其虐切,又居勺切。四宵:举足高。去遥切,又其略切。‖骄也,慢也。巨娇切,又巨虐切。三十小:骄也。居夭切,又其虐切。

13. 敲:《释文》:苦孝_效反,又苦学_觉反。……又口交_肴反,又口卓_觉反。(20-6b-1)

《广韵》:五肴:击头也。口交切。三十六效:击也。苦教切,又苦交切。

14. 硞:《释文》:口交_肴反,郭五交_肴、五角_觉二反。(29-32a-3)

《广韵》:五肴:硞硞。五交切。

这种舒声入化现象,同样也不是"因声别义"性质,这似乎暗示了另有一个更权威的保存入声的方言,对这些有入声舒化现象的方言施加了影响,引发了舒入声字之间的激烈竞争,从而导致上古阴声韵字因类化而出现了入声的读法。

这类进入了《释文》、《广韵》所代表的正音系统的异读字,虽然数量相对较少、且不是以小韵为单位的变化因而不成体系,但《释文》、《广韵》的重要社会地位,决定了它们很容易在共时平面上形成引导作用,导致类化现象的发生。

隋代诗歌叶韵,根据李荣(1982:135—209)[①]的研究,尚未见入配效摄的用例。黎新第(1991)[②]指出,唐代王梵志(卫州黎阳人,今河南

---

① 李荣:《隋韵谱》,《音韵存稿》,北京:商务印书馆,1982年。
② 黎新第:《北纬37°以南的古-k尾字与二合元音》,《语言研究》1991年第2期。

浚县人)的通俗语体诗中已经有了宕江摄入声字与效摄字叶韵的现象;沈锺伟(2006:586—588)①发现契丹文字的汉语借词音译材料里,有宕江摄入声 5 字读同效摄字;敦煌曲子词《鱼歌子》叶"悄寞铎祷少"、敦煌变文《丑女缘起》叶"窕小小笑脚药",也是宕摄入声字与效摄字叶韵;北宋邵雍的《唱和图》"声四"以"刀豪早晧孝效岳觉,毛豪宝晧报号霍铎"四声相承展示入配效摄的特点;郑樵(1104—1162)《通志·七音略》以宕摄入声字配效摄;廖珣英(1964)②发现,金代《董解元西厢记诸宫调》(约 12—13 世纪)里已有宕江摄入声 31 字与效摄字叶韵。

从上述材料可以看出,在《释文》、《广韵》异读的引导下,入配效摄经历了一个较长的演变过程,最终不仅进入了代表北宋时期北方口语音的《唱和图》,而且也出现在南宋福建人郑樵所编撰的《通志·七音略》里,"编制韵图的语言基础却是制图时代之系统"(黄笑山 2003:340)③,这表明入配效摄已经成为共同语口语音的重要特征。顺便指出一点,唐代诗歌用韵里,入配效摄用例数量较少,可能与押韵习惯有关——"押韵习惯的改变比语音系统的变化相对滞后"。(黄笑山 2006:494)④

我们注意到:诗歌叶韵里,宕江摄入声字与效摄字叶韵的范围远远大于《广韵》,这也许暗示了《释文》、《广韵》所代表的正音系统对时音产生的影响。例如:

唐代王梵志的通俗语体诗——《富者办棺木》叶"角觉咎豪(古劳切)乐铎狱觉(疑音岳)觉觉袄晧调啸";《借贷不交通》叶"窖效薄铎着药莫铎"。(转录自黎新第 1991:98)其中"角薄莫"等字,《释文》、《广韵》异读里都没有效摄的读音,"调窖"二字,《释文》、《广韵》异读里都没有入声的读音。

金代《董解元西厢记诸宫调》以下列字与效摄字叶韵:"觉韵:剥

---

① 沈锺伟:《北方官话探源》,《语言暨语言学》专刊外编之六,台北:中研院语言研究所,2006 年。
② 廖珣英:《诸宫调的用韵》,《中国语文》1964 年第 1 期,第 19—27 页。
③ 黄笑山:《〈七音略校注〉跋》,《七音略校注》,上海:上海辞书出版社,2003 年。
④ 黄笑山:《切韵分韵和诗文用韵的关系问题》,《21 世纪的中国语言学》二,北京:商务印书馆,2006 年。

角觉壳岳捉搠槊学,药韵:著脚却虐削酌砾药掠略弱,铎韵:泊薄托铎度阁作错恶落乐"。(据廖珣英 1964:24)其中多数字,《释文》、《广韵》里都仅有入声而没有效摄的读音。

有意思的是,《指掌图》列在配效摄的入声名目下的"觉学约芍削逴"等字,在《释文》、《广韵》异读里已经有了效摄的读音,似乎可以大胆地认为——《指掌图》配效摄的宕江摄入声字已经完全舒化为-au类音。

然而问题并没有这样简单,如果宕江摄入声字已经完全舒化,为什么宋元时期的多种韵图都仍然把配效摄的宕江摄入声字列在入声名目之下?而且有的韵图在配列上还有很大差别?(见表3)

表3 宕江摄入声分配简表

	韵镜	唱和图	七音略	指掌图	四声等子	切韵指南	蒙古字韵	中原音韵
入配宕江	+	-	+	+	+	+	-	-
入配效摄	-	+	+铎药	+	+	+	+	+
入配果摄	-	-	-	-	+铎	+铎	-	+

从语音史的角度看,依据《释文》、《广韵》异读和《中原音韵》,说《指掌图》配效摄的宕江摄入声字已经演变为含-u尾二合元音,应该没有什么问题,要说这些入声字已经完全舒化,可能并不合适。因为:

一、《指掌图》配效摄的宕江摄入声字仍然列在入声名目下,即便是晚出的《中原音韵》也还把它们列在入声名目下(标作"入声作平声阳、入声作上声、入声作去声")。特别值得注意的是,《指掌图》虽然采用了《广韵》异读里有效摄异读的"觉学约芍削逴"等字,却没有像《释文》、《广韵》那样把它们直接纳入舒声韵,而是像同期韵图那样列在入声的位置;与此形成鲜明对比的是:"惹、縒"二字,《广韵》都有入声和果摄或假摄的异读,《指掌图》直接把它们列在歌摄(包括《广韵》果假摄)舒声韵里。(参见下节)这表明,《指掌图》列在效摄入声位置的字可能仍然带有某种入声特质。

二、科举考试允许韵书部分邻韵同用,韵目的分合变化得到了官方的认可。古四声则不同,科举考试自始至终都严格讲究"平上去入"

四声结构的做法,无疑限制了入声发展演变的空间,由于中古读书音和口语音"在语音系统上没有大的出入"(李新魁 1980:46)①,因而不论是读书音还是口语音,入声字演化总会受入声观念的制约。

更为重要的是,入声字的完全舒化可能需要一个过程。从表 3 可以看出,在《韵镜》、《七音略》、《指掌图》三图中,入配效摄确实表现为一个从无到有、从局部(限于宕摄)到整体(宕江摄)的逐步扩散的发展过程。

可能的情形是:虽然《释文》、《广韵》异读的入配效摄字已经完全舒化为阴声韵,但由于入声观念的制约,加上当时南方方音的影响,类化的过程可能是渐变的、扩散式的,类化初期还会保存有某种入声特质。在现代方言里我们还可以见到这种状态:现代厦门方言的白读层 auʔ 类音(如:觉 ak 文 auʔ 白。材料据《汉语方音字汇》)大约就属于这种情况,而其中的入声特质,也许正如袁家骅等(2001:243)所指出的那样,"(厦门方言的)-ʔ发音更是轻微,连读中常常失落"。②

综合上述情况,我们推测类化后的入声特质,可能类似黎新第(1991:100)所说的"读得比效摄韵母的二合元音短促一些",或者仅仅保存独立的入声调。如此则宕江摄入声字大致经历了如下的演变过程:"-ak 类音 > -auʔ类音(> -au 类音)"。

因此,《指掌图》里配效摄的宕江摄入声字的音值可以拟定为-auʔ类音。

四

在入声名目下,《指掌图》不以宕江摄入声字配果假摄,这与同期韵图今本《四声等子》不同。宕江摄入声字配果假摄,在《释文》、《广韵》异读里也有少量例证,移录如下:

---

① 李新魁:《论近代汉语共同语的标准音》,《语文研究》1980 年第 1 期。
② 袁家骅等:《汉语方言概要》(第二版),北京:语文出版社,2001 年。

15. 縛：《释文》：扶略_药_反，旧扶卧_过_反。（15-14b-9）

《广韵》：十八药：系也。符钁切。三十九过：符卧切。

16. 䇶：《释文》：丑略_药_反。（22-26a-2）

《广韵》：十八药：丑略切。九麻：羌西域国名。人赊切。

17. 椁：《释文》：户郭_铎_反。（30-10b-7）

《广韵》：十九铎：椁落，木名。胡郭切。四十祃：木名。胡化切，又胡郭切。

18. 笮：《释文》：侧格_陌_反。（6-22a-4）

《广韵》：十九铎：竹索。在各切。四十祃：笮酒器也。侧驾切。

19. 若：《广韵》：十八药：而灼切。九麻：蜀地名。人赊切，又惹弱二音。三十五马：干草，又般若。人者切，又人勺切。

20. 惹：《广韵》：十八药：諵惹。而灼切。三十五马：乱也。人者切。

21. 遳：《广韵》：十九铎：遳综，乱也。仓各切。三十三哿：鲜洁皃也。苏可切，又楚宜切。

这些例证表明，在《释文》、《广韵》的宕、江摄入声舒化过程中，入声配效摄有一个来自不同方言的竞争对手——入声配果假摄。只是入声配果假摄的地位在早期可能还不够强大，因而仅在《释文》、《广韵》里留下了一点痕迹。在日释遍照金刚（774—835）《文镜秘府论》所录《调四声谱》代表的方言里，宕摄一等入声字兼配本摄阳声韵与果摄：

皇晃璜　镬　禾祸和　　　滂旁傍　薄　婆泼跛
光广珖　郭　戈果过　　　荒恍怳　霍　和火货

这表明入声配果摄的势力正在崛起，到了今本《四声等子》、《中原音韵》等方言里，宕江摄入声既配效摄，又配果摄（假摄后来发生分化），这两个演变方向可能已经近乎势均力敌了。而《指掌图》里，虽然在入声名目下，宕江摄入声字不配果假摄，但上举"惹、遳"二字已经在《指掌图》第十一图歌摄（包括《广韵》果假摄）舒声韵里出现，也许就是《释文》、《广韵》的权威影响造成的。

《释文》、《广韵》异读里,宕江摄入声舒化还有另两个演变方向——宕江摄入声配遇摄和流摄。或许当初这两个演变方向也具备一定的影响力,只是在很久以前已经被迫中断了。配遇摄的材料共有十几条,移录数条如下:

22. 簿:《释文》:步古_姥反,徐步各_铎反。(11-32b-11)

《广韵》:十九铎:蚕具。傍各切。十姥:簿籍。裴古切。

23. 捕:《释文》:音步_暮,本又作搏_铎,音博_铎,又音付遇。(21-6a-7)

《广韵》:十一暮:捉也。薄故切。

24. 度:《释文》:执度度地:上如字_暮,丈尺也,下大各_铎反,量也。(11-25a-9)

《广韵》:十九铎:度量也。徒落切,又音渡。十一暮:法度。徒故切,又徒各切。

25. 搏:《释文》:逋莫_铎反,郭音付遇。(29-16b-10)

《广韵》:十九铎:手击。补各切。‖击也。匹各切。十遇:击也。方遇切,又布莫切。

26. 垩:《释文》:乌路_暮反,或乌洛_铎反。(22-24b-3)

《广韵》:十九铎:白土。乌各切,又乌故切。

27. 鷽:《释文》:郭音握_觉,又音学,又才五姥反。(30-20a-4)

《广韵》:四觉:山雀。于角切,又音学。‖山雀。胡觉切。

配流摄的材料不足十条,移录数条如下:

28. 嗽:《释文》:西豆_候反,本亦作欶。(8-7a-5)

《广韵》:四觉:口噏也。所角切。五十候:欬嗽。苏奏切。一屋:吮也。桑谷切。

29. 㖞:《释文》:直角_觉反,又音昼宥,本又作浊觉。(6-38a-5)

《广韵》:四觉:鸟生子能自食。竹角切。四十九宥:鸟口。陟救切。五十候:鸟口,或作咮。都豆切,又丁救切。三烛:㖞鵅,鸟名。之欲切。

30. 㲉:《广韵》:四觉:鸟卵。苦角切。五十候:鸟子。苦候切。

一屋:卵也。空谷切。

31. 豰(《说文》段注认为当作"㺃"):《广韵》:四觉:豕声。许角切。五十候:豕声。呼漏切。

32. 齱:《广韵》:四觉:《汉书》云:握齱,急促也。测角切。十八尤:齱齵,齿偏。侧鸠切。

上举例中"簿、捕、度"等字的遇摄读音、"嗽"字的流摄读音在《指掌图》(仅见于舒声韵位置)、今本《四声等子》、《中原音韵》乃至现代普通话里都依然存在,可见当初这两个演变方向也具备一定的影响力。这些读音能够保存至今似乎也是《释文》、《广韵》的权威影响造成的。

宕江摄入声字在《经典释文》、《广韵》的异读里分配效、果、遇、流等摄的现象,似乎是古代方言影响共同语所留下的不同痕迹,也许它们代表了宕江摄入声字演变发展的不同阶段。从主流演变路线来看,或许某些方言里会有这样的演变过程:-ak > -aʔ > -a > -ɔ > -o > әu > au。更有意思的是,这些不同的方言异读是按照什么样的时间顺序进入共同语的?总之,舒入声字之间这种复杂的交叉关系,如果进一步追本溯源,可能会更好的解释上古音里的阴入对转关系,这也许值得我们展开深入研究。

五

我们的结论是:《指掌图》宕江摄入声配本摄阳声韵,是读书音层次,可以拟定为-ak类音。宕江摄入声配效摄,代表了共同语口语音入声舒化的新变化,可以拟定为-auʔ类音。

在宕江摄入声舒化过程中,早期不同方言里可能有入配效摄、入配果假摄、入配遇摄等多种演变方向。反映这些演变方向的部分读音进入《释文》、《广韵》之后,由于科举参考书权威地位的影响,这几种演变方向在反映近代正音的韵图里都不同程度的保留着。在入配效摄占据优势地位的《指掌图》里,入配果假摄、入配遇摄、入配流摄也都留下了一些痕迹。此后,入配遇、流摄始终作为少数派存在着,入配果假摄却地位上升,与入配效摄并重。宕江摄入声字这种多配格局对汉民族共同语产生的深刻影响,一直延续到现代普通话。[①]

[①] 北京大学中文系:《汉语方音字汇》(第二版),北京:语文出版社,2003年。

论郭店楚简中的字形类化现象

张 静

郭店楚简系战国中晚期抄本,字形清晰,异体丰富,为我们归纳总结战国文字形体变化规律提供了珍贵材料。

类化现象在本质上属于讹变现象,因为从文字类化后的结果看,文字的部件都发生了讹变。类化,是指文字在发展演变中,形体趋相同的现象。趋同的原因或来自文字本身,或来自文字所处的具体的语言环境,或来自同一系统内其他文字[1]。根据这三种原因,本文将郭店楚简字形的类化现象划分为以下三种类型:自体类化、随文类化、群体类化[2]。

一、自 体 类 化

自体类化,是指一个字形内部,某个部件逐渐演变得与另一个部件相同或相似的现象。郭店楚简中,自体类化主要有以下几例:

---

[1] 刘钊:《古文字构形学》,福州:福建人民出版社,2011年,第95页。
[2] "类化"的分类、命名、概念综合参考了刘钊先生、林清源先生的观点,见刘钊:《古文字构形学》,福州:福建人民出版社,2011年,第95页;林清源:《楚国文字构形演变研究》,台湾东海大学博士论文,1997年,第155—156页。

1. 乐　甲骨文作🌿(后上 10.5)①,从丝(丝之初文),从木。西周金文作🌿(癲钟),附加日旁。郭店楚简作🌿(1.1.4)②,"木"讹为"矢",又作🌿(11.15),日形类化为"幺"形。

2. 能　甲骨文作🐻(合 19703),象熊之形。金文作🐻(毛公鼎),熊口讹为肉形,熊头讹为巳形,声化为从巳得声。郭店简作🐻(1.1.12)又作🐻(7.22),头部也类化为肉形。

3. 邑　甲骨文作🏙(菁 2.1),从丁(城之初文),从卩。西周金文作🏙(师酉簋)。楚简文字作🏙(包 164),郭店简中"邦"作🏙(10.24),所从"邑",上部象城邑之形类化为"阝"旁。

---

① 文中所引书刊简称依次对应如下：

后	《殷墟书契后编》	罗振玉
合	《甲骨文合集》	历史研究所
菁	《殷墟书契菁华》	罗振玉
包	《包山楚简》	湖北省荆沙铁路考古队
福	《福氏所藏甲骨文字》	商承祚
甲	《殷墟文字甲编》	董作宾
京津	《战后京津新获甲骨集》	胡厚宣
乙	《殷墟文字乙编》	董作宾
铁	《铁云藏龟》	刘鹗
粹	《殷契粹编》	郭沫若
前	《殷墟书契前编》	罗振玉
掇	《殷契拾掇》	郭若愚
续	《殷墟书契续编》	罗振玉
佚	《殷契佚存》	商承祚

② 荆门市博物馆《郭店楚墓竹简》《老子》甲篇第 4 号简,文物出版社,1998 年。本文凡出自《郭店楚墓竹简》字形,均用"篇名序号+简号"形式表示出处,篇名序号如下：

1.1	《老子》甲篇	1.2	《老子》乙篇
1.3	《老子》丙篇	2	《太一生水》
3	《缁衣》	4	《鲁穆公问子思》
5	《穷达以时》	6	《五行》
7	《唐虞之道》	8	《忠信之道》
9	《成之闻之》	10	《尊德义》
11	《性自命出》	12	《六德》
13	《语丛一》	14	《语丛二》
15	《语丛三》	16	《语丛四》

4. 易　甲骨文作🖹(前6.43.3)，从二益，会倾一皿之水注入另一皿中之意。或作🖹(福20)，截取右益之右半部分。金文作🖹(大篡)，于器皿銎手之内著一饰点。郭店简作🖹(14.23)，又作🖹(1.1.25)。象銎手之形类化为简化后的器皿之形。

5. 袁　金文作🖹(师遽方彝"瑗"从)，郭店简作🖹(12.48"遠"从)，"衣"之下半类化为"止"。

6. 事　甲骨文作🖹(甲40)，西周金文作🖹(盂鼎)，春秋金文🖹(秦公篡)。郭店简作🖹(13.41)，上部类化为"又"。

二、随文类化

随文类化，是指"一个字受上下文构形的影响，因而增添或更换一些部件"①。

郭店楚简中，随文类化主要有以下几例(为便于理解，引文中除关键字外，其他字均以通行字录出)：

1.《老子·甲》36号简："貴(得)与貶(亡)孰病？甚爱必大费，厚贕(藏)必多貶(亡)。""貴"，从贝，之声②。受其影响，"亡"、"臧"加"贝"类化。

2.《穷达以时》7号简："百里……为岐(伯)敄(牧)牛。"敄，从攴，墨声，读作"牧"③。受其影响，"白(伯)"加"攴"类化。

3.《穷达以时》10号简："骥(骥)豹(约)④张山。"骥，从马，幾声，读作"骥"。受其影响，"约"类化从"马"。

---

① 林清源：《楚国文字构形演变研究》，第168页。
② 荆门市博物馆：《郭店楚墓竹简》，北京：文物出版社，1998年，第117页注(73)。
③ 同上书，146页注(10)"裘按"。
④ "豹"同"约"，参综在国：《郭店楚简三考》，《简帛研究》第4辑，桂林：广西师范大学出版社，2001年；白于蓝：《郭店楚墓竹简考释(四篇)》，《简帛研究》第4辑。

4.《成之闻之》17号简:"福而贫贱"。在楚文字中,表"贫贱"意之"贱"一般写作"戋",此处受"贫"写法(从"贝")的影响,也加"贝"类化。

5.《性自命出》22号简:"币帛,所以为信与证也。"币作㡀,"巾"声化为"市"声(币,并纽;市,帮纽,同属唇音)。受其影响,帛写作帛,亦从"市"。

三、群体类化

群体类化,是指原本构形并不相同的一组部件,逐渐演化为同一种形体的现象①。为了更清晰地描述这种群体类化现象,我们先列出发生此类变化的每组字的最初形体,以明其构形本意,然后列出类化后的楚文字字形,这样就能更清楚地观察群体类化现象。

1. 刺、平、用、周、束、帚、沈等

上述诸字,在郭店楚简中,均类化为从一个相同部件"甲"。

(1) 刺 𣁋 (甲624) —— 𣁋 (11.30)

(2) 平 丂 (䜌公鼎) —— 丂 (1.3.4"坪"从)

(3) 用 ⺬ (京津3092) —— 用 (7.13)

(4) 周 ⿱ (保卣) —— ⿱ (5.5)

(5) 束 朿 (乙8723) —— 朿 (8.1"石束"从)

(6) 帚 帚 (京津2027"妇"从) —— 帚 (12.23"妇"从)

(7) 沈 沈 (沈子簋) —— 沈 (5.9)

2. 两、害、南、鬲、帝、鱼、执、章等

上述诸字,在战国楚文字中,均类化为从一个相同部件"羊"。

(1) 两 两 (宅簋) —— 两 (16.20)

---

① 林清源:《楚国文字构形演变研究》,第162页。

(2) 害 [字形] （伯盨） —— [字形] （16.21）

(3) 南 [字形] （铁240.1） —— [字形] （7.25）

(4) 鬲 [字形] （粹154.3） —— [字形] （5.2）

(5) 帝 [字形] （铁159.3） —— [字形] （7.9）

(6) 鱼 [字形] （前4.55.7） —— [字形] （13.5"鲦"从）

(7) 執 [字形] （前5.36.4） —— [字形] （1.3.11）

(8) 韋 [字形] （毛公鼎） —— [字形] （天19）

3. 史、貴、妻、克、厌、婁等

上述诸字，在郭店楚简中，均类化为从一个相同部件"占"。

(1) 史 [字形] （粹101） —— [字形] （10.22）

(2) 妻 [字形] （农卣） —— [字形] （12.29）

(3) 克 [字形] （缀2.468） —— [字形] （1.2.2）

(4) 厌 [字形] （毛公鼎） —— [字形] （3.46）

(5) 婁 [字形] （洹子孟姜壶"寠"从）—— [字形] （13.90）

4. 翏、光、疒、彔、叜、菁等

以上诸字，在楚文字中，均类化为从一个相同部件"火"。

(1) 翏 [字形] （无叀鼎） —— [字形] （5.9）

(2) 光 [字形] （续5.7.7） —— [字形] （1.1.27）

(3) 疒 [字形] （后下33.4） —— [字形] （5.4"瘴"从）

(4) 彔 [字形] （粹501） —— [字形] （4.7）

(5) 叜 [字形] （毛公鼎"寠"从） —— [字形] （3.22）

（6）苟 ▢ （前7.44.1） —— ▢ （包111"備"从）

5. 眚、事、祇、杀等

以上诸字，上部均类化为以"屮"

（1）眚 ▢ （甲5） —— ▢ （3.5）

（2）事 ▢ （甲40） —— ▢ （1.1.11）

（3）祇 ▢ （召伯簋） —— ▢ （1.2.12）

（4）杀 ▢ （鄦㚼比鼎） —— ▢ （4.5）

6. 贞、畐、壴、复、且、员、实、重、众、胃、畏、得、等

以上诸字，在郭店楚简中，均类化为从一个相同部件"目"。

（1）贞 ▢ （瘦鼎） —— ▢ （3.3）

（2）畐 ▢ （士父钟） —— ▢ （1.1.38"福"从）

（3）壴 ▢ （甲2770） —— ▢ （1.3.12）

（4）复 ▢ （前5.13.5） —— ▢ （1.1.1）

（5）且 ▢ （甲235） —— ▢ （7.5）

（6）员 ▢ （佚11） —— ▢ （7.19）

（7）实 ▢ （默簋） —— ▢ （8.8）

（8）重 ▢ （井侯簋） —— ▢ （9.10）

（9）众 ▢ （甲2291） —— ▢ （1.1.12）

（10）胃 ▢ （吉日剑） —— ▢ （13.94）

（11）畏 ▢ （乙669） —— ▢ （9.5）

（12）得 ▢ （铁203.1） —— ▢ （1.2.6）

战国文字中，楚简、秦简在数量上占有绝对优势，能充分反映战国

文字构形的变化规律。群体类化现象不仅存在于楚简中,也存在于秦简中,睡虎地秦简中也有这种现象,即来源不同的古文字形体类化为外形相同的部件①,这说明群体类化现象并不是孤立存在的。因此,群体类化可能是文字本身发展到一定程度之后,经过外力规范的结果。否则,难以解释如此众多来源不同的部件都趋于一致的现象。

揭示并研究群体类化现象有以下两方面的意义:第一,有利于进一步廓清战国文字中的字形讹变现象。群体类化的存在说明战国文字字形的变化不是盲目的、随意的,而是有意识地加以统一、规范过的,只是这种统一、规范具有很强的抽象性,单就个别字形,不易识破而已。如果排除掉这些大规模的群体类化,战国文字的讹变现象会更加面目清晰。第二,体现了汉字简化的发展趋势,群体类化很可能是文字规范后的结果,这种规范使文字形体中的不同部件趋同为简单、统一的符号。一方面,原字形体和构形理据遭到了破坏,字形与字义的联系更加疏远;另一方面,简单划一的符号简化了字形,规范了形体,使汉字更加易识易写,体现汉字简化的发展趋势。

张静(1973—),女,安徽淮南人,文学博士,深圳大学文学院中文系副教授,主要从事古文字研究。

---

① 黄文杰:《睡虎地秦简文字形体的特点》,《中山大学学报(社会科学版)》1994 年第 2 期。

《契文举例》研究述评

张 静

《契文举例》是第一部考释、研究甲骨文的著作,作者孙诒让在甲骨文研究上有"筚路褴褛"之功。后世学者对《契文举例》的评价不一,本文即以《契文举例》为研究对象,介绍其版本流传情况及研究概况,并根据对《契文举例》所释甲骨文字的校释结果,对其成就和不足作出客观评价。

一、《契文举例》的写作与流传

1899年,王懿荣率先认识到甲骨为古代遗物并开始求购收藏,王氏死后,所藏甲骨大多为刘鹗购得。1903年,刘鹗从所藏五千版甲骨中挑选出比较清楚的一千版甲骨,拓印出版,此即第一部收集甲骨材料的专著——《铁云藏龟》[①]。孙诒让"穷两月力校读之……乃略通其文字"[②],在《铁云藏龟》出版仅一年后,便写成了第一部考释甲骨文字的专著——《契文举例》。

孙诒让(1848—1908),字仲容,号籀庼,浙江瑞安人,是清末的经学家、校勘训诂学家、古文字学家,其治学的主要成就在于古籍整理和

[①] 刘鹗:《铁云藏龟》,鲍鼎辑释,上海:蟫隐庐石印本,1931年。
[②] 孙孟晋:《孙籀庼公年谱》(未刊),转引自楼学礼:《〈契文举例〉校点记》,收入孙诒让《契文举例》,济南:齐鲁书社,1993年。

古文字研究两方面,陈梦家先生曾评价说:"有清一代关于礼仪注疏与文字考释两事,甚为发达,孙氏最后出而贡献最大"①。他所撰著的《周礼正义》(1905)、《墨子间诂》(1894,定本1910)等书,为学术界所重视。古文字学的著作主要有《古籀拾遗》、《古籀馀论》、《契文举例》和《名原》。

根据有关著作记载,《契文举例》的版本流传及其出版情况大致如下②:1904年,孙氏写成《契文举例》后,除自留一个稿本外,分别送给罗振玉、刘鹗、端方稿本各一,送与罗、刘二人的稿本下落不明。端方"既死蜀中,其家藏书散出,乃入沪肆"③,其中便有孙氏所送的《契文举例》稿本,1916年冬王国维于上海蟫隐庐旧书店购得此书稿本,寄给当时居住在日本的罗振玉。1917年,罗氏将此稿编入《吉石庵丛书》石印出版,1927年蟫隐庐曾加以翻印。1963年台北艺术印书馆出版的《孙籀庼先生集》和1968年台北文华出版公司出版的《罗雪堂全集》均收此书。这个稿本同罗氏的一部分藏书于1928年售于燕京大学,1952年全国高等院校院系调整后,这个稿本入藏北京大学图书馆。孙氏对于自己保留的稿本,又作了一些修订,这个本子便是现藏于浙江大学图书馆的《孙仲容先生〈契文举例〉稿本》。1987年,楼学礼重新点校这个藏本,由齐鲁书社于1993年出版发行,此本共分十章,总目如下:释月日第一、释贞第二、释卜事第三、释鬼神第四、释人第五、释官第六、释地第七、释礼第八、释文字第九、杂例第十。

二、《契文举例》的研究概况

校读研究《契文举例》的著作可分为两大类:其一为研究校补类:

---

① 陈梦家:《殷虚卜辞综述》,北京:科学出版社,1956年。
② 楼学礼:《〈契文举例〉校点记》,收入孙诒让:《契文举例》,济南:齐鲁书社,1993年;裘锡圭:《谈谈孙诒让的〈契文举例〉》,《文史丛稿——上古思想、民俗与古文字学史》,上海:上海远东出版社,1996年。
③ 孙孟晋:《孙徵君籀庼公年谱》(未刊),转引自楼学礼:《〈契文举例〉校点记》,收入孙诒让《契文举例》。

曾昭燏《读〈契文举例〉》刊于 1936 年 3 月金陵大学文学院国学研究班《小学研究》专号。白玉峥《〈契文举例〉校读》(1—22)，发表在台北出版的古文字学刊物《中国文字》第 29—52 册上，《校读》录《契文举例》全文，逐段加注，注中对全书所引甲骨卜辞一一加以核对，并对有关甲骨文字加以考释。

其二为综述评价类，计有（按出版时间先后排列）：1. 陈梦家《殷墟卜辞综述》第 55—56 页"文字"章，科学出版社，1956 年第 1 版。2. 萧艾《第一部考释甲骨的专著—〈契文举例〉》，刊于《社会科学战线》1978 年第 2 期。3. 萧艾《甲骨文史话》，"孙诒让的《契文举例》"，文物出版社，1980 年第 1 版。4. 孟世凯《殷墟甲骨文简史》，"甲骨文研究的初期阶段"一节，文物出版社，1980 年第 1 版。5. 王宇信《建国以来甲骨文研究》，"从《契文举例》到《殷卜辞所见先公先王考》"，中国社会科学出版社，1981 年第 1 版。6. 胡朴安《中国文字学史》，"研究甲骨文之书"一节，北京市中国书店，1983 年第 1 版。7. 吴浩坤、潘悠《中国甲骨学史》，"孙诒让的筚路椎轮之功"，上海人民出版社，1985 年第 1 版。8. 陈炜湛《甲骨文简论》，"甲骨文考释的进展"一节，上海古籍出版社，1987 年第 1 版。9. 王宇信《甲骨学通论》，"甲骨文字考释的专书"，中国社会科学出版社，1989 年第 1 版。10. 黄德宽、陈秉新《汉语文字学史》，"甲骨研究概况"之"草创时期"一节，安徽教育出版社，1990 年第 1 版。11. 马如森《殷墟甲骨文引论》，"从事甲骨研究的几位学者"，东北师范大学出版社，1993 年第 1 版。12. 丁晓虹《现代科学文字学的先声：孙诒让文字学新论》，刊于《浙江师大学报》(社科版)1994 年第 3 期。13. 姚孝遂主编《中国文字学史》，"甲骨文考释"，吉林教育出版社，1995 年第 1 版。14. 裘锡圭《文史丛稿·孙诒让》《谈谈孙诒让的〈契文举例〉》，上海远东出版社，1996 年第 1 版。以上十四种著作介绍了《契文举例》的内容、体例，评价其在文字学史上的意义，肯定其在古文字考释上的先导之功。

三、关于《契文举例》的评价

《契文举例》自问世以后,评价不一。在甲骨学研究初期,罗振玉、王国维对其评价甚低。罗振玉在《殷墟书契前编·自序》中评论说:"仲容固深于《仓》、《雅》、《周官》之学者,然其札记(即《契文举例》)未能阐发宏旨",于《丙辰日记》十二月十一日亦记道:"静安寄孙徵君《契文举例》至……粗读一过,得者十一,而失者十九,盖此事之难,非徵君之疏也"。王国维于1916年12月20日与罗振玉信札中说"惟其书(指《契文举例》)实无可取,思欲选择数条为一书,恐不成卷帙也"①。随着甲骨学研究的深入,学者们逐渐认识到《契文举例》的重要价值,对其评价逐渐提高。1935年就有人认为《契文举例》"草创条例,审释殷文,在殷契著述中首具披荆斩棘之功,后贤有作,皆此书所启导也"②。又有评价说"自殷契出土以来,此(即《契文举例》)中国学术史上别创领域之作,其有裨于殷墟文字之学,尤未可估量也"③。胡朴安先生曾说:"据甲骨文为学术之研究者,当首(推)孙氏诒让。孙氏著《契文举例》一书……椎轮伊始,虽未能洞悉奥隐,然为研究甲骨文者之先导,孙氏之书,粗有发明,略辨文字,一也;略知卜法,二也;考知商礼,三也;论定官制,四也;考证商都方国,五也,正郑氏龟卜之误,六也。三十年前,有此甲骨文例之剙作,可谓难能矣"④。陈梦家先生认为"在甲骨文考释上,孙氏还是有他开山之功的,他是初步的较有系统的认识甲骨文字的第一人"⑤。裘锡圭先生把《契文举例》的价值提高到一个新的高度:"《举例》在释字方面的贡献应该说是相当大的","《举例》是甲骨文研究方面一部有重要价值的开创性著作,关于此书的评价,不但王国维所说的'实无可取''全无是处'明显不合事实,就

---

① 王国维:《王国维全集·书信》,北京:中华书局,1984年,第164页。
② 邵子风:《甲骨书录解题》,上海:商务印书馆石印本,1935年。
③ 钱南扬:《孙诒让传》,《浙江学报》1947年一卷一期。
④ 胡朴安:《中国文学学史》,北京:中国书店,1983年,第594页。
⑤ 陈梦家:《殷虚卜辞综述》。

是罗振玉所说的'得者十一,而失者十九'也是不公允的"[①]。

四、《契文举例》的主要成就

《契文举例》在古文字学上的成就是多方面的:首先,孙氏把所见甲骨按内容分为月日、贞卜、卜事、鬼神、卜人、官氏、方国、典礼、文字、杂例等十类加以研究,在甲骨学史上开创了分类研究的先例。

其次,孙诒让对甲骨学的一些基本问题提出了正确的看法。比如他论定甲骨为契刻(《序》P_1L_{15})[②],时代"必出于商、周之间"(《序》P_2L_7)。关于甲文性质方面,"盖卜官子第,应时记识,以备官成"(《序》$P_2L_{10}—L_{12}$),"龟文简略,纪日以外,间有及人名字者,多纪占卜之人,亦有为其人而卜"($P_{32}L_1$)。关于甲骨文体例方面,"其恒例纪月多著文中,或别以小字识于下方直下旁行,正书反书咸无定例,要皆不与正文相属"($P_6L_5—L_8$)。关于甲骨卜筮内容方面,如释"求年":"《诗·大雅·云汉》云'祈年孔夙',《周礼·籥章》'凡国祈年于田祖',郑注'祈年,祈丰年也'。'求年',即祈丰年之际,与《诗》、《礼》合"($P_{55}L_5—L_7$)。释"受年":"'受年',盖谓求年得吉,受此丰年之瑞,'弗受吉'则不得吉也"($P_{55}L_{13}—L_{14}$)。关于甲骨文字结构方面"龟文凡系三成字,皆以下一承上二,如'䇦'作'䇦',亦其比例"($P_{13}L_{11}—L_{12}$)。关于甲骨文"合书"方面:"金文纪数字多二文合书,龟文亦然,'三千'作'䇦'是也"($P_{134}L_1—L_3$),"又有非纪数而亦合文者……'且乙'字皆作'䇦'"($P_{134}L_4—L_6$)。在甲骨文发现初期,距第一部收录甲骨之书《铁云藏龟》出版仅一年,且资料十分有限的情况下,孙诒让能提出这些很有见地的观点,在当时确是难能可贵的。

---

① 裘锡圭:《谈谈孙诒让的〈契文举例〉》,收入《文史丛稿——上古思想、民俗与古文字学史》,上海:上海远东出版社,1996年。
② 孙诒让:《契文举例》,校点者楼学礼,济南:齐鲁书社,1993年。P代表页数,L代表行数,方向从右至左。

第三,根据笔者对《契文举例》所释甲骨文字的校释结果,孙氏首次全面考释了三百余甲骨文字,释字完全正确的达117个,这本身就是考释文字方面的巨大成果。同时,一些正确的考释,如干支字、先王名号字等为后来学者进一步辨认甲骨文字奠定了基础。

释"贞(P_8L_1—L_{17}—P_9L_1—L_8)",孙氏以为"此当即'贝'之古文……以义求之,当为'贞'之省……斯并贞卜之义也"。孙氏从释例出发,能"以义求之",谓字当为"贞"字之省,虽于字形分析不确,但说字为"贞"字,则确不可移。"贞"是卜辞中经常出现的关键字,孙氏把这个关键字释出,是较为重要的贡献。

释"祖($P_{27}L_4$—L_{18}—$P_{28}L_1$—L_3)",孙氏释"且"为"且",并谓"'祖'皆借'且'为之。"孙氏于此条下列祖乙、祖辛、祖丁等"以天干为名"之殷人,并明确指出他们即《史记·殷本纪》所见先王之号,并列出甲骨文中殷先王"且乙、且丁、且辛、父甲、父乙、父庚、父辛、父壬、兄甲、兄丁、兄戊",以及大甲、大丁、大戊、羌甲、南庚等与殷先王同号者,孙氏此说卓识独具。

此外,孙氏在《契文举例》中运用的考释方法,对甲骨文字的考释有重要的借鉴意义。现将其归纳总结如下:

一是偏旁分析法。偏旁分析法始于许慎在编撰《说文解字》时运用的"分别部居例",孙诒让将此运用于古文字研究上,此后唐兰先生将这种方法命名为"偏旁分析法",并加以阐释:把已识的古文字拆为若干单体(即偏旁),"再把每一个单体的各种不同形式集合起来,看它们的变化,等到遇到大众所不认识的字,也只要把来分析做若干单体,假使各个单体都认识了;再合起来认识那一个字。"[①]孙氏运用偏旁分析法考证甲骨文字的有释"岳"($P_{26}L_4$—L_{14}),释"雀"($P_{126}L_3$—L_{12})。

二是形体比较法,即将甲文与《说文》古籀、金文、石鼓文字形相互比较,得出异同,以考字形。在《契文举例》中,有将甲文与《说文》小

---

① 唐兰:《古文字学导论》,济南:齐鲁书社,1981年,第170页。

篆对勘的,如释"自"($P_{96}L_{12}-L_{18}$),释"妾"($P_{94}L_9-L_{11}$),释"姘"($P_{94}L_6-L_8$),释"泉"($P_{93}L_9-L_{11}$),释"帚"($P_{100}L_8-L_{13}$),释"册"($P_{113}L_{15}-L_{18}-P_{114}L_1$),释"隹"($P_{125}L_{18}-P_{126}L_1-L_2$);有将甲文与金文对勘的,如释"新"($P_{112}L_1-L_2$),释"由"($P_{114}L_{17}-L_{18}-P_{115}L_1-L_6$),释"车"($P_{115}L_{18}-P_{116}L_1-L_2$);有将甲文与小篆对勘的,如释"稟"($P_{97}L_{16}-L_{18}-P_{98}L_1$);有将甲文与小篆、石鼓文对勘的,如释"斿"($P_{111}L_{11}-L_{14}$);有将甲文与小篆、金文对勘的,这一类比较多,如释"辰"($P_2L_1-L_4$),释"降"($P_{76}L_3-L_6$),释"见"($P_{81}L_1-L_3$),释"册"($P_{83}L_5-L_7$),释"率"($P_{85}L_{18}-P_{86}L_1-L_3$),释"侯"($P_{97}L_1-L_7$),如释"射"($P_{116}L_{14}-L_{18}-P_{117}L_1-L_2$)等。

三是综合法,即将偏旁分析法与形体比较法综合运用,考释文字,如释"省"($P_{80}L_1-L_3$),释"得"($P_{90}L_4-L_8$)等。有时还引用文献资料,更加强了论证力度,如释"嗇"($P_{41}L_{15}-L_{18}-P_{42}L_1-L_4$),释"羌"($P_{51}L_{10}-L_{18}-P_{52}L_1$)。

孙诒让乃"深于《仓》、《雅》、《周官》之学者",[①]这使他对商周之史事、制度、文物都很熟悉。从《契文举例》中可看出他对《说文》的运用得心应手——或以《说文》小篆、古文、籀文与甲骨文进行字形对比,或正《说文》之误,或证《说文》之确,这说明他谙熟《说文》。"他所作《周礼正义》和《古籀拾遗》、《古籀余论》都是极有价值的著作,而尤以后两书推进了金文研究的方法",[②]孙氏在《契文举例·序》中说自己"蒙治古文大篆之学四十年,所见彝器款识逾二千种"。这一切使他具备了研治甲骨文的有利条件,加上他创造性地运用了一些考释古文字的正确方法,所以一旦涉足甲骨文考释,便取得了许多重要的成果。当然,因个人识见、时代局限,《契文举例》中也有较多的错误。姚孝遂先生针对这种情况曾指出:"此犹孙诒让初释殷墟文字,每多误解,讥议苛求,均非所宜"[③]。萧艾先生曾说:"至于《契文举例》中所考释的

---

① 罗振玉:《殷虚书契前编·自序》。
② 陈梦家:《殷虚卜辞综述》,第55—56页。
③ 于省吾主编:《甲骨文字诂林》,北京:中华书局,1996年,第2434页"我"字按语。

甲骨文字,多不如后来学者的精当,这也是合乎科学发展越到后来越趋精密的规律的。而且,甲骨文研究中,迄今还没有一个专家的任何立说从来未被推翻的事"①。总体看来,《契文举例》不仅是考释甲骨文字的第一部著作,更是具有重要价值的甲骨学研究奠基之作!

---

① 萧艾:《第一部考释甲骨文的专著——〈契文举例〉》,《社会科学战线》1978年第2期。

从许筠《闲情录》看明代出版业及典籍东传*

左 江

许筠(1569—1618),字端甫,号蛟山、惺所、白月居士等,为朝鲜朝中期著名文人、学者,一生著述丰富,流传至今的有《惺所覆瓿稿》二十六卷,《蛟山臆记诗》二卷,诗话《鹤山樵谈》一卷,以及用谚文写作的小说《洪吉童传》。在创作之外,许筠还编撰了大量典籍,现存世的有朝鲜诗选《国朝诗删》一种,中国诗选《唐绝选删》、《荆公二体诗钞》二种,及《闲情录》十七卷①。

《闲情录》的编撰开始于朝鲜光海君二年(明万历三十八年,1610),完成于光海君九年(万历四十五年,1617),正文共十六卷,分别为隐遁、高逸、闲适、退休、游兴、雅致、崇俭、任诞、旷怀、幽事、名训、静业、玄赏、清供、摄生、治农。另有附录两种,一是"诗赋杂文咏及于闲情者当粹为别集,附于录后云"。二是"吴宁野《书宪》,袁石公《瓶花史》、《觞政》,陈眉公《书画金汤》,俱是适性戏具,而闲情之不可废者,故附于录末,以资静玩云"(均页254),这里提到的四种著述为吴从先《书宪》、袁宏道《瓶花史》和《觞政》、陈继儒《书画金汤》。附录一在流传的过程中似已散佚不存,现所见《闲情录》只有附录二,并作为卷十七被收入书中。《闲情录》是在"闲"这一主题下,摘抄中国典籍中的

---

* 本文为广东省社会科学"十一五"规划2008年度后期资助项目成果之一。
① 本文所用《闲情录》出自李离和编:《许筠全集》,汉城:亚细亚文化社,1983年。下文引用《闲情录》内容,只在文中标明卷数与页码。

内容,以类相从编纂而成。对此书引用书目进行分析,不但可以考察许筠对中国典籍的接受情况,而且能更全面地了解明代的出版业及中朝两国之间典籍交流传播的状况。

一 从《闲情录》看中国典籍东传朝鲜

《闲情录》从中国的数十种典籍中摘抄内容编撰而成①,其中又以明代资料为主,如:高濂《遵生八笺》,何良俊《语林》、《四友斋丛说》,何良俊撰补、王世贞删定《世说新语补》,王世贞《苏长公外纪》、《明野史汇》、《艳异编》、《弇州四部稿》、《列仙传》(实指王世贞《列仙全传》),陈绛《金罍子》,郭良翰《问奇类林》,万表《灼艾集》,陆深《俨山集》、李绍文《皇明世说新语》,伍袁萃《林居漫录》,黄时耀《知非录》,吴从先《小窗清纪》,都穆《玉壶冰》,吕祖谦《卧游录》,潘埙《楮记室》,田汝成《西湖游览志》,《耳谈类林》(应指王同轨《耳谈类增》),《正学集》(应指方孝孺《逊志斋集》),王圻《稗史汇编》,周履靖《夷门广牍》,李如一《藏说小萃》(书中又有汤沐《公馀日录》,为《藏说小萃》中的一种),商浚《稗海》,胡文焕《寿养丛书》(书中又有《厚生训纂》,为《寿养全书》中的一种),陈继儒《眉公秘籍》(实指《宝颜堂秘籍》,书中另有陈继儒撰《岩栖幽事》、《读书镜》、《太平清话》、《眉公十集》②,黄

---

① 据韩国学者辛承云统计,《闲情录》中引用书目共96种(辛承云:《闲情录解题》,见《国译惺所覆瓿稿》Ⅳ,韩国民族文化推进社,1981年),但因为该书无论是引用书目的标注还是引文的摘抄都存在不少问题,实际上引用的典籍应不到96种。另一位韩国学者夫裕燮甚至认为:"《闲情录》中引用书目的错误,可以认为现行《闲情录》有非定本的可能。"并提出要对《闲情录》进行严格的校勘。参见夫裕燮:《许筠所选的中国诗(1)——唐绝选删》,载《文献与解释》2004年第27辑,第246页。笔者正进行《闲情录》点校的工作,希望能对此书的研究有所帮助。

② 许筠《闲情录》中有两条标明出自《眉公十部集》,当指《眉公十集》。据《四库全书总目》记载:"《眉公十集》四卷,明陈继儒撰。……是书名为十集,实十一种,曰读书镜,曰狂夫之言,曰续狂夫之言,曰安得长者言,曰笔记,曰书蕉,曰香案牍,曰读书十六观,曰群碎录,曰岩栖幽事,曰槐谈,皆在《宝颜堂秘籍》之内。惟《读书十六观》一种为秘籍所未收,简端各缀以评。其评每卷分属一人,而相其词气实出一手。刊板亦粗恶无比,盖继儒名盛时坊贾于秘籍中摘出翻刻又妄加批点也。"(《四库全书总目》卷一三四子部杂家存目一一,第1138页)其中《读书十六观》为《闲情录》所摘抄,收入卷十二《静业》中。

姬水《贫士传》,都收入《宝颜堂秘籍》中)。有些书名虽未出现在《闲情录》中,但肯定为许筠引用的尚有郭良翰《续问奇类林》、吴从先《小窗自纪》等。

以上典籍有些在《闲情录》编撰之前已传入朝鲜,它们是在什么时候以何种方式传入的,在此可以结合许筠的《惺所覆瓿稿》一一进行讨论。

《语林》三十卷,何良俊撰。许筠《惺所覆瓿稿》云:"余少日读何氏《语林》,即知中国有何元朗氏。"[1]《闲情录》中引用《语林》达130多条[2]。《语林》前有文徵明序,写于嘉靖三十年(1551)四月,是年此书由何良俊清森阁刊行。何良俊,字元朗,号柘湖,华亭(今上海)人。

《四友斋丛说》,何良俊撰。此书也较早传入朝鲜,《惺所覆瓿稿》有《四友丛说跋》,云:"顷因朝译,求所谓《东海集》则不能购,购其《四友斋说》者八卷而来。余窃观之,则古六经子史暨国朝掌故及禅官小乘所札,旁通于释道词曲家,靡不博综而该录之。其所见所论骘,具出人意表,可喜可惊可奇,真异书也。"[3]此书许筠因朝鲜使团翻译求购于明朝。在《闲情录》中,许筠引用《四友斋丛说》条目有五六条。

《世说新语补》四卷,何良俊撰,王世贞删定。据王世贞自序,是书成于嘉靖丙辰(1556),由张懋辰考订后于万历乙酉(1585)刊行。万历三十四年(1606),明朝使臣朱之蕃出使朝鲜时,将此书赠送给许筠,同时赠送的还有《玉壶冰》、《卧游录》等书。王世贞,字元美,号凤洲、弇州山人,江苏太仓人,是许筠最为推崇的明代文人,《惺所覆瓿稿》分成诗、赋、文、说四部,即是从王世贞《弇州四部稿》而来。可知《弇州四部稿》在《闲情录》编撰之前亦已传入朝鲜。

《耳谈类增》五十四卷,王同轨撰。许筠在光海君元年(万历三十七年,1609)正月寄书黄思叔云:"闻公得《耳谭》于上国,中有一款载

---

[1] 许筠:《惺所覆瓿稿》卷十三《四友丛说跋》,《韩国文集丛刊》第74册,汉城:韩国景仁文化社,1996年,第248页。

[2] 本文的统计数据根据笔者的《闲情录点校》(未刊稿)而来。

[3] 《惺所覆瓿稿》卷十三,第248页。

家姊事云,信否?顷观此书,幸州相许,则毋有此事,岂续撰添之否?以此再造门下不利,幸借示为祝,不悉。"①此处《耳谭》当指王同轨《耳谈类增》。王同轨先有《耳谈》十五卷,许筠已寓目,未有其姊许兰雪轩诗。其后王同轨将《耳谈》增订为《耳谈类增》,卷三十四有"朝鲜许姝氏诗"条。《耳谈类增》有王氏《自叙》,写于万历三十一年癸卯(1603),书成后"金陵人复索去锓梓"②,现所见万历三十一年刊本每卷都有"绣谷唐晟伯成、唐咏叔永梓"字样,则金陵人当指唐氏兄弟。明代"金陵书肆多在三山街及太学前"③,又以唐氏为最,可考者有十五家④,其中即有唐晟世德堂。⑤

《西湖游览志》二十四卷、《西湖游览志馀》二十六卷,田汝成撰。许筠早在宣祖二十九年(万历二十四年,1596)给郑述的信中即说道:"志之凡例,欲据田汝成《西湖志》,阁下不欲之,奚哉?"⑥《西湖志》当指《西湖游览志》及《西湖游览志馀》,可见许筠对田氏书很熟悉,甚至拟将其作为修府志的范本。田汝成,字叔禾,钱塘人。据田氏自序,是书首刊于嘉靖二十六年冬(1547)。又据范鸣谦序,此书重刊于万历十二年(1584)。范鸣谦,字贞夫,江阴人。

《留青日札》三十九卷,田艺衡撰。许筠早已寓目,与尹根寿书信云:"《留青日札》,乃田艺衡(蘅)所述,筠曾借于贾郎中,一览而还之,今无所储矣。"⑦《闲情录》中可能摘抄自此书的内容有数条。田艺蘅,

---

① 《惺所覆瓿稿》卷二十《奉黄思叔》,第 305 页。
② 《续修四库全书》第 1268 册,第 8 页。
③ 胡应麟:《少室山房笔丛·经籍会通四》,上海:上海书店出版社,2001 年,第 42 页。
④ 张秀民:《中国印刷史》,上海:上海人民出版社,1989 年,第 343 页。
⑤ 据杜信孚《明代版刻综录》(江苏广陵古籍刻印社出版,1983 年)所言,《耳谈类增》有明万历金陵书林唐富春世德堂刊本(第 1 册第 1 卷,第 38 页 b),及万历三十年(1602)顾春世德堂刊本(第 7 册第 8 卷,第 5 页 a)。金陵的十五家唐氏书肆中有唐对溪富春堂,又作三山街绣谷对溪书坊唐富春,又称金陵三山街唐氏富春堂,则唐富春、富春堂、唐对溪、对溪书坊应指一家。又有唐绣谷世德堂,而唐晟亦称世德堂。绣谷指江西金溪,金陵唐氏书商多来自该地,喜以此自称,以示不忘祖籍之意,唐富春、唐晟在他们所刻书籍中都曾注明"绣谷",所以唐绣谷世德堂或即是唐晟世德堂。《明代版刻综录》称"唐富春世德堂"、"顾春世德堂"疑有误。
⑥ 《惺所覆瓿稿》卷二十《与郑寒冈》,第 307 页。
⑦ 《惺所覆瓿稿》卷二十《上尹月汀丁未八月》,第 303 页。

字子艺,号品嵩子,钱塘人,田汝成之子。《留青日札》前有序数篇又有田氏自赞,则书完成于隆庆六年(1572),刊行于万历元年(1573)。许筠文中所言"贾郎中"指贾维钥。贾氏为苏州人,壬辰倭乱时以蓟辽按察使赴朝鲜抗倭,丁酉再乱又二次赴朝参战。贾维钥两次赴朝时,携带了大量书籍同行,所以许筠得以借阅《留青日札》,此时所见当为原刊本。至万历三十七年(1609)《留青日札》又有徐懋升重刊本。许筠编撰《闲情录》时所见或为徐氏重刊本。徐懋升,字元举,钱塘人。

《夷门广牍》,周履靖所编丛书,收书 107 种一五八卷。许筠云:"金澍事,曾于贾郎中维钥许见《夷门广牍》,载高中玄《病榻遗言》一卷,其中有本国事三条,一乃宗系事,一乃祁天使、徐四佳倡酬,而一即其事也。"①周履靖,字逸之,嘉兴人。《夷门广牍》编成后即于万历二十五年丁酉(1597)在周氏荆山书林刊行。同年,贾维钥入朝抗倭,将此丛书的全部或部分带入朝鲜。

以上几种书籍都出现在许筠的文集《惺所覆瓿稿》中。《惺所覆瓿稿》由许筠自己编定于光海君三年(万历三十九年,1611),所以这些书在《闲情录》编成之前即已传入朝鲜。其中《四友斋丛说》是许筠请朝鲜翻译购于明朝,《世说新语补》、《玉壶冰》、《卧游录》由明朝使臣带入朝鲜赠送给许筠,《留青日札》与《夷门广牍》则由明朝官员带入朝鲜后为许筠借阅。这些书籍传入朝鲜都与许筠相关,充分体现了中国典籍东传的多样性。

除了以上方式,许筠更多地是通过购买获得中国典籍。他曾于宣祖三十年(万历二十五年,1597)、光海君六年甲寅(万历四十二年,1614)、光海君七年乙卯(万历四十三年,1615)三次出使明朝,每次都是满载而归。特别是第二次与第三次,共购得书籍四千馀卷,"甲寅、乙卯两年,因事再赴帝都,斥家货购得书籍几四千馀卷,就其中事涉闲

---

① 《惺所覆瓿稿》卷二十《上尹月汀丙午八月》,第 303 页。但许筠所言内容却有问题,首先高中玄指高拱,其《病榻遗言》一卷并不见于《夷门广牍》;其次,金澍事、宗系事、祁顺与徐居正酬唱事,都不见于《病榻遗言》,不知许筠是误记,还是《夷门广牍》或《病榻遗言》有其他的版本。关于许筠文集中所及典籍问题,可参看许敬震《许筠诗研究》中的"《惺所覆瓿稿》的文献批判研究",延世大学校博士学位论文,1984 年。

情者,以浮帖帖其提头处以需杀青。"(《闲情录》凡例,页253)这些典籍为许筠编撰《闲情录》奠定了充分的资料基础。其中在《闲情录》中出现可断定为许筠带入朝鲜的典籍有如下数种:

《林居漫录》二十六卷,伍袁萃撰。伍袁萃,字圣起,吴县人。《林居漫录》有万历三十五年(1607)伍氏自刊本。许筠在甲寅(1614)出使明朝时,金中清为使行书状官,其《朝天录》十一月四日记载,朝鲜使团返程至通州,"使(许筠)以《林居漫录》示余,乃古吴伍袁萃所著,而原非印本,乃写本也。"①许筠回国后,即将此书进献朝廷。

除了《林居漫录》外,许筠此次带入朝鲜的典籍还有十一种,包括冯应京《经世实用编》、王世贞《弇山别集·史乘考误》、郑晓《吾学编》、王圻《续文献通考》、饶伸《学海》、黄光昇《昭代典则》、雷礼《皇明大政记》、万表《灼艾集》、李默《孤树裒谈》、叶向高《苍霞草》、黄洪宪《碧山集》。② 其中《灼艾集》书名在《闲情录》中亦曾出现。万表,字民望,号九沙山人、鹿园居士,鄞县(今浙江)人。《灼艾集》有嘉靖年间刻本,又有万历二十九年(1601)万邦孚刻本。万邦孚,万表之孙,字汝永,号瑞岩。

以上十二种典籍是许筠第二次使明带回国内上呈朝廷的,第三次出使时许筠亦购置了大量典籍,其中在《闲情录》中出现的亦有数种,如:陈绛编《金罍子》四十卷。据许筠此次使明所作《乙丙朝天录》,其中有一首诗题为《金罍子有沉杀西施事喜而赋之》③,可为明证。《金罍子》有陈昱万历丙午(1606)年刊本。陈绛,字用扬,上虞(今浙江上虞)人。陈昱,陈绛子。又如陆深著《俨山集》一百卷续集十卷。《乙丙朝天录》有诗题云:"偶阅陆俨山深集,《有人持元史至用二十陌得之》,诗云:'囊中恰减三旬用,架上新添一束书。但使典坟常在手,未

---

① 金中清:《朝天录》,林基中编:《燕行录全集》第十一册,汉城:东国大学校出版部,2001年,第539页。
② 《光海君日记》卷九十四光海君七年闰八月壬子(初八日):"进贺千秋陪臣许筠回自京师,又将各样书册通共十一种启来。"《朝鲜王朝实录》(32),第413页。
③ 许筠:《乙丙朝天录》,载林基中编:《燕行录全集》第七册,汉城:东国大学校出版部,2001年,第388页。

嫌茅舍食无鱼。'读之深协鄙愿,古人实获我心,遂步韵和之云。"①陆深此诗出自《俨山集》续集卷七。陆深,初名荣,字子渊,号俨山,上海人。《俨山集》有嘉靖二十四年(1545)陆楫刊本。楫,深子。

在中朝两国的交往中,中国的图书一直以多种方式输入东国,如中国朝廷赐书、东人在中国购书、中国人入东国献书及东人自中国还献书朝廷等②。《闲情录》所见典籍正是这多种方式的集中体现,对其进行分析,可以更清晰地勾勒出中国典籍东传朝鲜的状况。在以上方式中,个人购书又是更为重要更为活跃的途径,朴周锺《东国通志·艺文志》上云:"东人之好古书亦天性也,凡前后使价之入中国,伴行五六十人散出分掌,自先秦以下或旧典新书、稗官小说之在我所缺者,不惜重直购回乃已。"③许筠对于购书一事可谓不遗余力,如其诗中所云:"连岁赴朝虽太苦,只输多得古人书。倾囊罄箧人休笑,端欲将身作蠹鱼。""家山兵后无坟籍,欲得人间未见书。到此购藏几万卷,不妨灯下辨虫鱼。"④许筠购书是因为自己酷爱读书酷爱藏书,但其行为本身对壬辰倭乱后倍受摧残的东国书籍而言,有着更为重要的意义,不但丰富了东国的典籍收藏,也加强了两国之间文学、文化的交流。

二　从《闲情录》看明代出版业及书籍流通

笔者在上文讨论中国典籍东传朝鲜的过程中,不避繁冗,特别罗列了各书的作者或出版者的情况,以便对明代的出版业及书籍流通等进行更深入的分析。

明代的刻书业很发达,中后期与前期相比又发生了较大的变化,

---

① 《乙丙朝天录》,第395页。
② 详见《增补文献备考》卷二四二《艺文考一》总论"历代书籍",朝鲜研究会,1917年。
③ 张伯伟编:《朝鲜时代书目丛刊》第六册,北京:中华书局,2004年,第2688页。
④ 《乙丙朝天录》之《偶阅陆俨山深集,〈有人持元史至用二十陌得之〉诗云:"囊中恰减三旬用,架上新添一束书。但使典坟常在手,未嫌茅舍食无鱼。"读之深协鄙愿,古人实获我心,遂步韵和之云》,第395页。

刻书数量大量增加,刻书技艺大为提高,而刻书地点也发生了转移①,胡应麟《少室山房笔丛》云:"凡刻之地有三:吴、越、闽也。蜀本宋最称善,近世甚希。燕、粤、秦、楚今皆有刻,类自可观,而不若三方之盛。其精,吴为最;其多,闽为最;越皆次之。"②明代中叶后,全国刻书业已逐渐集中到江苏、浙江、福建三地,其中福建刻书最多,江苏刻书最精。虽然上文我们只是讨论了许筠《闲情录》中出现过的一部分典籍,却不难发现所有的典籍都是在江苏、浙江两地刻印的。这一现象似乎说明这两地的图书更易传入朝鲜,或者更为朝鲜使臣关注。如果再对《闲情录》中提及的其他典籍进行分析,这一现象就表现得更为突出。

《遵生八笺》十九卷,高濂撰。是书完成于万历十九年(1591),同年即有高濂雅尚斋自刊本。《闲情录》中引用此书内容有数十条。高濂,字深甫,号瑞南道人,钱塘人(一作仁和人,均在今浙江杭州)。

《皇明世说新语》八卷,李绍文撰。《闲情录》引用其中条目达 45 条。李绍文,字节之,华亭人。

《楮记室》十五卷,潘埙撰。《闲情录》中引用条目达 21 条。前有潘埙《楮记室叙》,写于嘉靖庚申(1560)春。潘埙,字伯和,号熙台,晚号平田野老,山阳(今江苏淮安)人。

《问奇类林》三十五卷、《续问奇类林》三十卷,郭良翰编撰。有万历三十七(1609)、三十八年(1610)黄吉士刊本。《闲情录》引用二书条目达 50 条。郭良翰,字道宪,莆田人,在《问奇类林》序中自称"栖淡畸人",当时似寓居在浙江境内。黄吉士,字叔相,号云蛟,繁阳(今属安徽)人,刻是书时任浙江道监察御史。

《知非录》二卷,黄时耀撰。《闲情录》引用此书达 20 多条。据《四库全书总目》所云:"知非录二卷,明黄时耀编。时耀字德韬,号我素,新都人。是书成于万历庚子。"新都,即今四川成都,书成于庚子(1600)年。

---

① 参见大木康:《明末江南の出版文化》第一章《明末江南における書籍出版の状況》,研文出版,2004 年,第 11—64 页。
② 《少室山房笔丛·经籍会通四》,第 43 页。

《小窗清纪》五卷、《小窗自纪》四卷,吴从先撰。《闲情录》引用二书内容超过130条。二书完成于明万历四十二年(1614),同年有吴从先霞漪阁自刊本。吴从先,字宁野,号小窗,江苏常州人。

《明野史汇》一百卷,王世贞撰,董复表汇次。是书即《弇州史料》,又称《弇州山人史料》。《闲情录》中有四条标明出自《明野史汇》,一条标明出自《明野史》,或亦指此书。是书前有陈继儒序,写于"万历甲寅花朝日",即1614年二月十五。又据李维桢序:"侍御史杨修龄,慨然文献之不足征。……而云间董章甫业已谋诸陈眉公,汇为史料。侍御得之,喜,亟下郡邑锓梓。"① 杨修龄即杨鹤,万历四十二甲寅(1614)在松江府刊印此书,当时一起参加刊印工作的尚有松江府、华亭县的多名官员。②

《稗史汇编》一百七十五卷,王圻编。《闲情录》中有五条注明出自此书。前有王圻《稗史汇编引》,交待编撰缘起,写于万历丁未(1607)。又有周孔教序,写于万历戊申(1608)。书成后由王圻的学生熊剑化捐资付梓,当刊印于此时。书中有"云间周有光刻"③的标识,云间,松江别称。

《寿养丛书》,收书十六种三十七卷,胡文焕编。《闲情录》卷十五《摄生》中注明出自此书的有数条。胡文焕,字通甫,号全庵,又号抱琴居士,钱塘人。《寿养丛书》编成后有万历年间胡文焕文会堂自刊本。

《稗海》,商浚所编丛书,收书七十四种四百四十八卷。《闲情录》中有四条注明出自稗海。商浚,字初阳,浙江会稽人。丛书编成后有商浚半野堂自刊本。

《宝颜堂秘籍》,陈继儒所编丛书,包括正集、续集、广集、普集、汇集及眉公杂著,编成后有自刊本。眉公杂著包括陈继儒著《岩栖幽事》、《读书镜》、《太平清话》等十五种作品。《闲情录》中引用《岩栖幽事》条目达25条,又有数条出自《太平清话》、《读书镜》等,但《闲情

---

① 《四库全书存目丛书》史部第112册,第236页。
② 《四库全书存目丛书》史部第112册,第243页。
③ 《四库全书存目丛书》子部第139册,第531页。

录》中对此丛书的标注颇为混乱,有时称《眉公秘籍》,有时称《眉公十部集》,有时又单独标明《岩栖幽事》、《太平清话》、《读书镜》。陈继儒,字仲醇,号眉公、麋公,华亭(今上海松江)人。

《藏说小萃》,李鹗翀辑。《闲情录》中标明出自此书的有9条。李鹗翀,字如一,江阴人。《藏说小萃》有明万历四十二年(1614)李铨前书楼刊本。李铨,字赤岸,如一子。

在上面讨论的明代笔记、丛书中,郭良翰虽为福建莆田人,但《问奇类林》、《续问奇类林》应刊印于浙江;黄时耀为四川新都人,《知非录》据四库所载为"浙江巡抚采进本",或许是在浙江刊行也未可知。其他典籍或丛书的编撰者都为江浙之人,刊印地也都在这两地。

除了以上典籍,在许筠第二次带回国内上呈朝廷的十二种典籍中,《林居漫录》刻于江苏,《灼艾集》刻于浙江。其他数种,《经世实用编》即《皇明经世实用编》,成书于万历三十一年癸卯(1603),同年有刊本。编者冯应京,字可大,号慕冈,南直隶盱眙(今属江苏)人。

王世贞撰《弇山堂别集》一百卷,《史乘考误》为卷二十至卷三十的内容。别集前有万历十八年(1590)陈文烛序及王世贞自序,王氏自序云:"编次成帙,凡一百卷,携来金陵署中,乃好事者见而异之,固请付剞劂。"① 是书有万历十八年(1590)翁良瑜雨金堂刊本。翁良瑜,自称"太末里人",太末今属浙江龙游,"雨金堂"为翁氏宗祠,后翁良瑜用作书肆名。翁又自称昆山人,则其书肆或在江苏苏州、南京一带。

《吾学编》,郑晓撰。隆庆元年(1567)其子郑履淳将是书付梓刊行,此为初刻本,有工部尚书雷礼序。又有万历二十七年(1599)重刻本,有李当泰跋。郑晓,字窒甫,号淡泉,浙江海盐人。

《续文献通考》,王圻撰。王圻,字符翰,上海人。《续文献通考》前有王圻所定《凡例》,写于万历十四年丙戌(1586),则是书当完成于此时。又据《刻续文献通考文移》,此书万历三十年(1602)由松江府

---

① 影印《文渊阁四库全书》第409册,第3页。

刊印。①

《苍霞草》,叶向高著。据叶氏《自叙》:"美命(指郭正域)教南雍,而余来贰秩宗,清署优闲。各衷其平生所作相质定,客有梓美命文者,因及余,余不欲出而美命故强之,然中常不自得也。又更数岁复成百馀篇,考功携李徐君、北海董君暨诸同曹请梓之署中,余益逊谢。然念业已布矣,何靳此,乃取旧刻汰其十之三,益近作十之四,合刻焉。"②南雍指南京国子监,秩宗指礼部,考功为吏部官职。结合诸人的仕履经历,则《苍霞草》初刻于郭正域任南京国子监祭酒、叶向高任南京礼部侍郎时,二刻于叶氏任南京吏部侍郎之时。

又据《明代分省分县刻书考》,《昭代典则》有万历二十五年(1597)江苏金陵三山街周曰校万卷楼刊本,《皇明大政记》有万历三十年江苏金陵书林周时泰博古堂刊本,《孤树裒谈》有万历二十九年(1601)福建建阳书林宗文书舍刊本。③则十二种图书中,除饶伸《学海》、黄洪宪《碧山学士集》刻印地不明,《孤树裒谈》刊刻于福建,其他同样也都刻印于江苏、浙江两地。

朝鲜使团出使明朝,一路上行走的路线是固定的,停留的地点是固定的。进入北京后,住宿地是固定的,活动也受到很多限制,但许筠却购得大量江苏、浙江两地的图书,这说明江浙的图书已大量传入北京。由此可见,明代不但刻书业发达,图书发行业也很发达,书籍流通范围广,流通速度快,如吴从先《小窗自纪》、《小窗清纪》及王世贞《明野史汇》、李鹗翀《藏说小萃》都刊印于1614年,许筠于是年及次年出使明,已在北京看到这些书,并购得后带入朝鲜。胡应麟云:"燕中刻本自希,然海内舟车辐辏,筐篚走趋,巨贾所携,故家之蓄错出其间,故特盛于他处。"④明代的图书发行已形成完整而严密的体系,图书发行

---

① 《元明史料丛编》第1辑第11种,台北:文海出版社,第40、31页。
② 《四库禁毁丛刊》集部第124册,第15页。
③ 杜信孚、杜同书:《明代分省分县刻书考》第1册"江苏省书林卷"第12页a、21页a,第5册"福建省卷"第24页a。线装书局,2001年。
④ 《少室山房笔丛·经籍会通四》,第41页。

的渠道有固定店铺、书摊、集市、考市、负贩、货担郎、书船等①。江浙一带水道发达,利用船只将书籍运往各地销售当是比较常见的手段。北京虽刻书少,却得以云集了天下典籍。

自清代中叶起,北京的书市主要集中在琉璃厂一带,甚至出现了主要经营江南典籍的书肆,李文藻《琉璃厂书肆记》云:"又西为五柳居陶氏,在路北,近来始开,而旧书甚多,与文粹堂皆每年购书于苏州,载船而来。"②而五柳居正是朝鲜使臣最喜欢流连的书店③。这是清代北京的书市及朝鲜使臣获取中国典籍的情况,虽不能作为明代的例证,却能给我们一定的启发。明代北京城内的书市已很兴盛,胡应麟云:"凡燕中书肆,多在大明门之右,及礼部门之外,及拱宸门之西。每会试举子,则书肆列于场前。每花朝后三日,则移于灯市。每朔望并下澣五日,则徙于城隍庙中。灯市极东,城隍庙极西,皆日中贸易所也。灯市岁三日,城隍庙月三日,至期百货萃焉,书其一也。"④北京城内书市甚多,书籍买卖的市场应该也很活跃,是否当时已出现专营江浙一带刊行典籍的书商,书商是否以江浙两地的人为多,因无材料求证,不敢妄断。但"在明代,一些大的刻印单位往往在外地设立销售处。……徽州书林在南京开设的有汪云鹏的玩虎轩、郑思鸣的奎璧斋、汪廷讷的环翠堂、胡正言的十竹斋等。在杭州刻书的胡文焕,用文会堂名义,在南京刻书则另取别的名称,在常州也开设销售处。福建建阳的慎独斋在北京也有营业处"。⑤ 由此可见明代图书的远途贩运、异地设店已很普通,所以不难想象在当时的北京城内或许已有专营江浙典籍的书店或江浙两地书商开设的书店,这样许筠才得以大量购得两地刊印的图书。

---

① 参见刘大军、喻爽爽:《明清时期的图书发行概览》,载《中国典籍与文化》1996 年第 1 期,第 116—120 页。
② 孙殿起:《琉璃厂小志》第三章《书肆变迁记》,北京:北京古籍出版社,1982 年,第 101 页。
③ 参见张伯伟:《清代诗话东传略论稿》,北京:中华书局,2007 年,第 88—93 页。
④ 《少室山房笔丛·经籍会通四》,第 42 页。
⑤ 缪咏禾:《中国出版通史 5·明代卷》第十章《明代图书的经营、流通和收藏》,北京:中国书籍出版社,2008 年,第 329 页。

胡应麟在《经籍会通》中介绍了明代的刻书业及各地的藏书地,是后人了解明代出版情况的重要资料,但其记载并非准确无误。如言书籍的流通情况云:"吴会、金陵,擅名文献,刻本至多,钜袠类书咸会萃焉。海内商贾所资,二方十七,闽中十三,燕、越弗与也。"①明代中后期书商贩卖的出版物中,苏州、南京占十分之七,福建占十分之三,北京、浙江很少,几可忽略不计。但由《闲情录》的引书情况来看,许筠所见、所购典籍,除苏州、南京的刻本外,松江府、华亭县刻印的书籍也很多②。即使胡应麟的"吴会"是将松江、华亭涵括其中,其所言仍不准确,由《闲情录》可发现当时浙江刊印的典籍在北京流通的情况几乎可与江苏平分秋色。相反,上面列举的书籍中,除《孤树裒谈》外,并无其他福建的刻本。由此可见,明中后期的北京城内,书籍流通应以江苏、浙江两地为主。

明代中后期,图书刻印业发达,官刻本、家刻本、坊刻本种类繁多;图书发行也已形成完备的体系,江浙两地的图书大量北上,充斥于北京的书市。明代活跃的书籍市场为许筠求购中国典籍提供了便利,《闲情录》中出现的数十种书目,似乎是明代书市具体而微的缩影,其中不乏官刻本,如《明野史汇》,亦有家刻本,如《何氏语林》,而坊刻本同样占据了很大比例,如《耳谈类增》等。其中大部分的图书都刊刻于江浙两地,足为明代图书发行业发达的明证。对《闲情录》进行个案分析,不但能澄清前人的错误,而且可以更清楚地了解明代的出版业及图书流通状况。

三 许筠求购中国典籍的途径

朝鲜使臣及其随行人员出使中国时常有"朝天录"或"燕行录"记

---

① 《少室山房笔丛·经籍会通四》,第 42 页。
② 明代的行政区划,南直隶下辖 14 府,治所应天府南京,14 府包括应天、淮安、扬州、苏州、松江、常州、镇江等,府下辖县,华亭即为松江所辖之县。参见王恢:《中国历史地理》下册,台北:学生书局,1984 年,第 1175—1176 页。

载使行过程及在中国的活动。其中与中国文人士大夫的交流及购书的情形是其中重要的内容,但这样的内容主要集中在朝鲜使臣出使清朝的"燕行录"中,如金昌业《老稼斋燕行日记》中的购书目录,又如李德懋《入燕记》中流连于琉璃厂买书交游的情形。① 相对于这一时期丰富的记载,朝鲜使臣在进入明朝后如何购书的情况资料阙如,要对这一时期个人购书的情况进行探讨就显得非常困难。但许筠《闲情录》中大量典籍的引用摘抄为我们提供了一个可供研究的个案,就此可略见朝鲜使臣入明购书的情况。

朝鲜使臣在进入北京后,一般住在会同馆内,会同馆建于玉河西堤,所以又称"玉河馆"。明代早期,使团成员尚可自由出入,自嘉靖元年(1522)开始,使臣的活动受到严格管制,不得随便出入玉河馆。② 但在使团逗留的约40天中,明政府允许在玉河馆内进行数天的开市贸易,"各处夷人朝贡领赏之后,许于会同馆开市三日或五日,惟朝鲜、琉球不拘期限。俱主司出给告示,于馆门内张挂。禁戢收买史书及玄黄、紫皂、大花西番莲段匹,并一应违禁器物。各铺行人等将物入馆,两平交易。"③规定开市时间为三到五天,史书、玄黄等违禁物品外,商铺、商人可以将货品带入玉河馆内交易。规定"朝鲜、琉球不拘期限",只是早期的情况,其后也同样只有三五天的开市时间,如许筠《朝天记》云:"中朝之制,许三日开市。"在其使行的万历二年甲戌(1574),开市日期为八月二十一日至二十三日。④

由于朝鲜使臣对中国典籍的需求,书籍交易当是其中重要的内容。据李恒福记载:"燕京有卖书人王姓者,每朝鲜使臣到馆,必出入卖书。"⑤可见书商在玉河馆内活跃的身影。通过与到玉河馆的书商

---

① 详见张伯伟:《清代诗话东传略论稿》第二章《清代诗话东传之途径》,第84—93页。
② 参见左江:《明代朝鲜燕行使臣"东国有人"的理想与现实》,载《域外汉籍研究集刊》第五辑,北京:中华书局,2009年。
③ 《大明会典》卷一〇八《朝贡四·朝贡通例》,《元明史料丛编》第2辑第19种,台北:文海出版社,第1625页。
④ 许筠:《荷谷集·朝天记中》,《韩国文集丛刊》第58册,第459—460页。
⑤ 李恒福:《白沙集》别集卷五下《朝天录下》,《韩国文集丛刊》第62册,第448页。

进行交易,许筠当获得了大量典籍,其《乙丙朝天录》有一诗题云:"卖书人王老元日赠一书,乃今御史龙公遇奇所述《圣学启关》也……"① 此王老或即是李恒福所说的"王姓卖书人",也或许是王氏的后裔。王姓书商虽未与李恒福建立供需关系,跟许筠的关系则很密切,其赠书之举,或是许筠从他手中购买了大量典籍后的优惠行为吧。

许筠在甲寅是以千秋兼谢恩使的身份使明,而在差不多的时间内朝鲜朝廷还向明派出了奏请使朴弘耇、进香使闵馨男、陈慰使吕佑吉、圣节使郑弘翼四个使团,所以一时间五个朝鲜使团云集于会同馆中,而明政府要为这几个使团分别开市,据金中清《朝天录》记载:八月十九日,奏请行开市;九月十四日,千秋兼谢恩行开市;九月十五日,进香、陈慰两行开市;十六日,圣节行开市。② 因为五次使行相继开市,足见此次玉河馆内贸易时间之长,贸易物品之多,贸易人数之众。而这也为许筠详细了解中国典籍大量购书提供了便利。从奏请行开市起,金中清《朝天录》中就不断提到他及许筠所见的典籍,如八月二十日,金中清见李贽《藏书》,二十七日,见冯应京《皇明经世实用编》,二十八日,许筠告知金中清:"此间得数件书,有诬毁先王语。"这些典籍或都是在开市后所见所购。金中清又云:"窃见市买多程朱遗书,出于近日儒家表章,岂非妖书见焚而士趋得正而然耶?"③则所见又远不止以上数种。

朝鲜使臣被拘制在玉河馆内,不得自由出入,但他们在馆内时还是能接触到一些中国人。在明代负责外交事务的机构主要有礼部主客司,设郎中一人,员外郎一人,主事一人;会同馆,由主客司主事提督,下设大使一人,副使二人。鸿胪寺,主簿庭主簿一人,司仪、司宾二署署丞各一人,鸣赞四人,序班五十人。④ 这些人负责朝鲜使臣的日常生活,与他们有较多的交往,其中一些人因利益所趋也会跟朝鲜使臣

---

① 《乙丙朝天录》,第 363 页。
② 金中清:《朝天录》,《燕行录全集》第 11 册,第 503—517 页。
③ 同上书,第 504—509 页。
④ 参见李云泉:《朝贡制度史论:中国古代对外关系体制研究》,北京:新华出版社,2004 年,第 109—121 页。

建立起买卖的关系。《大明会典》规定:"凡会同馆内外四邻军民人等代替夷人收买违禁货物者,问罪,枷号一个月,发边卫充军。"①由此规定我们可以看到,朝鲜使臣住进会同馆后,馆内工作人员甚至馆外的军民都可能帮助他们购买货物,虽然史书、玄黄等违禁物品不得贸易,但其他货品当是可以代为购买的,并且以此谋利的中间商在会同馆内外大概已形成了一种产业,所以才会有政府法律条文的明文规定。许筠应该也得益于此,从而购得大量典籍。如金中清记载,在使行的九月二日,朝鲜数使臣都聚集在许筠所寓之处,这时,"有唐突入来者,持玉贯子一双直授上使(指许筠),问之,则副使(指会同馆副使)管家张应绰也。使曰:你已图得陪来天使事乎? 曰:已图之。使曰:若持千两银于我国当足三千两。又曰:持秘籍、新书、韵府群玉各百件,可得一百两银。"②此段内容不甚明了,可略作推论。玉贯子为朝鲜官服佩饰,或是许筠将此当作道具借给会同馆副使请他找画师画出朝鲜接待明朝使臣的场景,然后将画作带入国内谋利。除此之外,书籍买卖也是其中的一项内容,从上面的对话,不难看出许筠有请会同馆副使帮忙购买秘籍、新书以及《韵府群玉》的可能。

使臣被拘束在玉河馆内,一方面通过会同馆副使、馆夫,鸿胪寺序班了解明朝信息购得所需物品,一方面也会让得力的朝鲜通事或随从帮自己外出与中国人沟通交流。中宗三十四年(嘉靖十八年,1539)权橃以奏请使入明,要求明廷更改宗系诬妄之说,就让通事李应星多次前往龚用卿、华察、薛廷宠的府第③,这三人都曾作为使臣出使过朝鲜,希望通过对他们的拜访得到明朝中大臣的支持。又如许箎出使明朝时,要与滕季达联系,也要通过大通事洪纯彦去完成。④ 许筠两次出使

---

① 《大明会典》卷一百〇八《朝贡四·朝贡通例》,第 1625 页。
② 金中清:《朝天录》,第 511 页。
③ 权橃《冲斋集》卷七《朝天录》:十月二十四日,"遣应星于龚、华、薛三天使";十月二十八日,"李应星将赍来物件送于龚天使,适不在家,又往薛天使家";十一月二日,"令通事李应星赍御送扇帽及苏世让所送等物,送于华天使"。《韩国文集丛刊》第 19 册,第 445—447 页。
④ 许箎《荷谷集·朝天记中》:八月初九日,"(洪)纯彦见滕季达于部门外"。第 451 页。

明朝带去的随从中都有玄应旻其人。玄应旻是许筠"外家孽族"①,因聪明机敏,能诗能文,深得许筠信任。许筠带回朝鲜的《林居漫录》一书,就有他与玄应旻一同作伪的传言,"(许筠)遂为节使,又与书吏玄应旻偕行,应旻奸巧多才,筠蓄为死客。遂与潜谋,赝作中朝人伍员萃(伍袁萃)《林居漫录》一册。……然不能锓板,以草本鬻之于燕市,而随即贸出,人皆知其伪矣。"②其中所言颇为周折,二人先伪造《林居漫录》一册,由玄应旻拿出去出售,然后又自己买回来。按照明朝法律,朝鲜使团成员不能私下贸易,"若各夷故违,潜入人家交易者,私货入官,未给赏者,量为递减。"③所以玄应旻私自卖书买书似乎并无可能。但史书又云:"筠所买书籍,间有所自作,又有《林居漫录》一卷草本,言嗣位不正,故王不自奏,使臣僚呈文辨正。盖筠之隶属玄应旻,多材能汉语,出入市井换贸如汉人,故能以赝书混其中,华人莫能辨。"④玄应旻精通汉语,可以像中国人一样进行贸易买卖。如史书的记载真实可信,则玄应旻可以自如出入燕市,为许筠购买大量书籍。

通过会同馆内的开市贸易,会同馆副使、序班以及随从玄应旻的帮助,许筠在两次使行中购得四千馀卷典籍,为编撰《闲情录》奠定了资料基础。除了在燕市所购典籍,许筠在行程中应该也可以购买部分图书。朝鲜使臣在玉河馆内的行动受到严格管束,但在行程中相对比较自由。从许筠《乙丙朝天录》来看,他第三次赴明时,曾在通州逗留数日,这时写有《读李氏焚书》、《题袁中郎酒评后》二诗⑤,或即因在通州购得李贽《焚书》及袁宏道作品有所触发而作。

此后许筠在玉河馆的几十天里,即以读书为乐,写下了大量读后诗作,有《读无双传有感》、《题王司寇剑侠传后》、《夜读后汉逸民传有

---

① 《光海君日记》一百三十一卷,《朝鲜王朝实录》第 29 册,第 641 页。
② 《光海君日记》卷八十三光海君六年十月己丑(十日)。《朝鲜王朝实录》第 32 册,第 347 页。
③ 《大明会典》卷一〇八《朝贡四·朝贡通例》,第 1625 页。
④ 《光海君日记》卷九十四光海君七年闰八月壬子(八日),《朝鲜王朝实录》第 32 册,第 413 页。
⑤ 《乙丙朝天录》,第 316—317 页。

感》、《读王右丞诗》、《读章本清心性说有感》、《金罍子有沉杀西施事喜而赋之》①,《无双传》为唐人薛调的传奇小说,《剑侠传》为王世贞所编小说集,章本清指章潢,明代理学家、易学家。仅在这几首诗里,即可看出许筠的阅读面极广,经史子集、性理图书、小说家言都包含其中。这一时期,许筠还写下《效萨天锡体》、《效丁鹤年体》、《效杨廉夫体》、《贯云石体》、《黄叔旸体》、《倪云林体》、《效乐天》等诗作②。除了读后作、摹拟之作,许筠还有唱和之作,如《丘中有一士用乐天韵》、《用乐天达理韵》、《用康节龙门道中韵》、《用渊明东方有一士韵》、《用陈白沙夜坐韵》,"偶阅陆俨山深集,〈有人持元史至用二十陌得之〉诗云:'囊中恰减三旬用,架上新添一束书。但求典坟常在手,未嫌茅舍食无鱼。'读之,深协鄙愿,古人实获我心,遂步韵和之云"③,其唱和的作品涉及白乐天、邵雍、陶渊明、陈献章、陆深等数人,时代兼及晋、唐、宋、明。

除了诗文作品,许筠在北京的时候应该还收集了大量的明代画家的作品,诗中有《咏戴文进画》、《题朱端画》、《题吕纪画效张寿用体》④。戴文进,即戴进,文进为字,钱塘人,明宣宗时著名画家,毛先舒认为"明画手以戴进为第一","其画疏而能密,着笔淡远,其画人尤佳"。⑤ 朱端,字克正,海盐人,正德间著名画家,山水宗盛懋,墨竹师夏昶,花鸟并工。⑥ 吕纪,字廷振,号乐愚,鄞(今属浙江)人。以画花鸟著称,初学边景昭,后摹仿唐宋诸家,始臻其妙。弘治间与林良被征,同官锦衣。每承制作画,立意进规,嘉赏甚渥。⑦ 三位画家也都是江浙之人。

虽然使臣在出使时,为慰旅途寂寞,会带一些书籍随行,但不可能

---

① 《乙丙朝天录》,第 322、329、333、344、367、388 页。
② 同上书,第 324—327、376 页。
③ 同上书,第 365、372—374、395 页。
④ 同上书,第 385、387、389 页。
⑤ 张潮辑:《虞初新志》卷八《戴文进传》,《续修四库全书》第 1783 册,第 269 页。
⑥ 徐沁:《明画录》卷三,《续修四库全书》第 1065 册,第 660 页。
⑦ 《明画录》卷六,第 679 页。

将如此多的典籍带在身边,上面提到的绝大部分甚至全部的诗文集、性理书、笔记小说,以及明人画家画作都应当是许筠出使的过程中求购或寓目的。

许筠对中国典籍的追寻可谓如痴如醉,这些典籍不但成为《闲情录》的资料来源,也丰富了他的学识,使他成为朝鲜历史上最为博学多识的人物之一。而大量典籍传入朝鲜,也大大丰富了朝鲜的汉籍收藏。许筠进入中国求书购书的途径、方法成为中朝典籍交流的有趣个案,也使他成为中朝文化交流史上重要的一员。

《闲情录》一书因其引用书目的标注及引文的摘抄都存在不少问题,似乎大大削弱了该书的价值,但实际上对此书从不同角度去考察研究都具有文化史与文学史的意义。对其引文进行分析,可讨论所用书籍的版本源流;从其编撰体例进行分析,可以探讨它与中国"世说体"小说的渊源;从其引用书目来看,可考察中国典籍东传朝鲜的过程,并从中更清晰地了解明代出版业及书籍流通的情况。所以对《闲情录》的点校与研究都有待进一步深入挖掘。

左江(1972—),女,江苏江都人,文学博士,深圳大学文学院中文系教授,主要从事域外汉籍研究。

试解《保训》"逌"及《尚书·金縢》"兹攸俟"

梁立勇

一

"逌"见于清华简《保训》篇第10简：

朕闻兹不久,命未有所延。今汝祗服毋懈,其有所逌矣,不及尔身受大命。敬哉,勿轻！日不足,惟宿不祥。①

目前学术界对"逌"字的理解有以下几种。清华简整理者释"逌"为"由"但没有进一步说明。② 孟蓬生先生读"逌"为"就",并解释其文意云："现在你如能敬行宝训不敢懈怠的话,一定会有所成就的。"③ 廖名春先生认为,"逌"当读为"修"。"修"有善、美义。④ 张崇礼先生读"逌"作"攸",意思是"松弛、松懈",句子意思是"你现在要敬行中道,不要松懈,如果有所松懈,你就不能受命为天子。"⑤ 肖晓晖先生认为"逌"可读为"悠",意思是"忧"。简文是说："从现在开始你应虔敬做

---

① 释文见《文物》2009年第6期,第73页。
② 同上。
③ 孟蓬生:《〈保训〉释文商补》,复旦大学出土文献与古文字研究中心网站2009年6月23日(http://www.guwenzi.com/SrcShow.asp? Src_ID=827)。
④ 廖名春:《清華大學藏戰國竹簡〈保訓〉釋文》初讀續補,2009年7月26日(http://www.confucius2000.com/admin/list.asp? id=4044)。
⑤ 张崇礼:《清华简〈保训〉解诂四则》,复旦大学出土文献与古文字研究中心网站2009年7月26日(http://www.guwenzi.com/SrcShow.asp? Src_ID=856)。

事,不懈怠,若有忧患之事,也不会害及你自己,你将膺受大命。"①李锐先生说:"从上下文'今汝祗备(服)毋解(懈),其有所逌(由)矣,不及尔身受大命'来看,'矣'当读为'疑'。《六韬·文韬·守土》:'敬之勿疑'。此处'其'之义为若。或说'逌矣'读为'犹疑'"。②

笔者以为以上释读都有可商之处。为了更好地理解"逌"字,这里先解释几个词。"延",《尔雅·释诂》:"进也",又引申有及义,《书·大禹谟》"赏延于世",伪孔传:"延,及也。"《战国策·齐策三》:"倍楚之割而延齐。"高诱注:"延,及也。"《国语·晋语》:"延及寡君之绍续昆裔"。延、及连言,延也是及的意思。"今"犹若也③,是假设连词,用以引出假设条件。"其有所逌矣"是满足前面的假设条件后所得结果。"其"指代"天命"。从上句"祗服毋懈"来看,"其有所逌矣"一定是一个好的结果,所以解"逌"为忧愁、犹疑、松懈都于文义有碍。"朕闻兹不久,命未有所延,今汝祗服毋懈,其有所逌矣"这句话分两层意思,前面说"命未有所延",后面说"其有所逌矣",两句文义相对,其主语都是"命",所以"延"和"逌"两个字的意思应该相近。读"逌"为"由"、"就"、"修"于文义稍隔了一层。

"逌"在此当读为"迪"。"逌"是喻母幽部字。"迪"从"由"声,"由"也是喻母幽部字,故"逌"、"迪"古音相近,当可通假。"逌"字可释为"攸"。④ "攸"与"迪"古可通用。《尚书·多方》:"不克终日劝于帝之迪。"《释文》:"迪,徒历反。马本作攸。"所以"逌"可读为"迪"是没有问题的。《说文》:"迪,道也。"《广雅》:"迪,蹈也。"迪还可以训为

---

① 肖晓晖:《清华简保训笔札》,复旦大学出土文献与古文字研究中心网站,2009 年 7 月 26 日(http://www.guwenzi.com/SrcShow.asp? Src_ID = 905)。
② 李锐:《读《保训》札记》,http://www.confucius2000.com/admin/list.asp? id = 4028。
③ 王引之云:"家大人曰:'今犹若也。'《礼记·曾子问》曰:'下殇土周,葬于园,遂舆机而往,涂迩故也。今墓远,则其葬也如之何?'今墓远,若墓远也。《管子·法法》篇曰:'君不私国,臣不诬能,行此道者,虽未大治,正民之经也。今以诬能之臣,事私国之君,而能济功名者,古今无之。'今以,若以也。"参:王引之:《经传释词》,南京:江苏古籍出版社,2000 年,第 46 页。
④ 《汉书·叙传》颜师古注:"逌,古攸字也。"

至。① 则"迪"本义是道路,后又引申出履践、到来之义。"迪"在这里义为至。"其有所迪矣"意思是天命降临。古人有"天诱其衷"、"天舍其衷"的说法②,杨伯峻把"天诱其衷"解释为"天心在我"。③ "天诱其衷"和"其有所迪矣"意思应该相近,都是说得到了上天的眷顾。"诱"和"迪"古音都是喻母幽部字,也许"诱"就是"迪"的借字。

下面解释一下上引《保训》文句。"不及尔身"的"不"是语词,无义。《玉篇》:"不,词也。""不"的这种用法常见于《诗》、《书》。《诗·车攻》"徒御不惊",毛传:"不惊,惊也。"《书·西伯戡黎》:"我生不有命在天。"王引之云:"不有,有也。"④《保训》的"不及尔身"就是及尔身。"及"有至义。《吕氏春秋·明理》:"其福无不及也。"高诱注:"及,至也。"简文是说:我听说此道不久,(还未及躬行),(所以)天命没有降临。(我现在不久人世了),如果你能将"中"敬行不懈,天命就会到来,落在你身上。一定要敬慎啊,不要轻视!时日无多(你要抓紧时间),否则一定会招来不祥。

二

上面讨论了《保训》中以"迪"为"迪"情况。无独有偶,在《尚书·金縢》中也有这样的用例。《金縢》篇记载了武王灭商后,得了重病,周公向祖先祈祷要求代武王死,后来周公的言行感动了上帝,武王遂痊愈的故事。下面是有关文句:

乃卜三龟,一习吉。启籥见书,乃并是吉。公曰:"体,王其罔害。予小子新命于三王,惟永终是图。兹攸俟,能念予一人。"

"兹攸俟",伪孔传释为"此所以待",则伪孔传"兹"训"此"、"攸"训"所以"、"俟"训"待"。这些训诂都是常释,故多为后来学者所信

---

① 《汉书·叙传》"武功既抗,亦迪斯文",颜师古注引刘德:"迪,至也。"
② "天诱其衷"见于《左传》凡5次,"天舍其衷"见于《国语·吴语》。
③ 杨伯峻:《春秋左传注》,北京:中华书局,1990年第二版,第469页。
④ 王引之:《经传释词》,第97页。

从。但如果仔细分析,这种解释是有问题的。首先,根据上引文句我们可以知道,周公祈祷的结果是武王和周公都是吉。既然周公并吉无害,结果已知,"兹攸俟"就不宜再解作等待结果了。俞樾在解释上引《金縢》文句时说:"周公本意请以身代,三龟皆吉则武王当愈不待言矣。武王愈,周公宜死,及启籥见书,更详审之,乃知王与周公并吉也,不然则下文以旦代某之言更无归宿,一似圣人苟为美词以冀动听,自言而自食之,斯不然矣。下文公曰:'休,王其罔害。'此决武王之不死也。又曰:'小子新命于三王,惟永终是图。'此知己亦不死也。"①按:俞樾的分析是有道理的。因此,"兹攸俟"不应解为等待结果。其次,如依照伪孔传所释,"此所以待,能念余一人"逻辑上并不通顺。伪孔传解释说:"言武王愈,此所以待,能念我天子事,成周道。"有些不知所云。由于信从伪孔传的解释,现代学者解释这句话也多有问题。例如:曾运乾《尚书正读》:"今兹所俟者,惟三王能叙录予一人与否耳。"②顾宝田先生《尚书译注》:"现在我所等待的,是先王能顾念我事奉鬼神的忠心。"③按:周公验卜已知并吉,则鬼神已经知道周公的忠心。周公更不可能还不知道"三王能叙录予一人与否",故这两种说法都不可从。刘起釪先生《尚书校释译论》将此句翻译作:"我就等着这个吧!"④则刘先生以"兹"为代词"此",是前置的宾语。刘先生的翻译从文义上是通顺的,但从文法上说就有问题了,"兹攸俟"不具备宾语前置的条件,"兹"不能置于句首。

我们认为《尚书》的"兹攸俟"和《保训》的"其有所迪矣"意思相近。"攸"于此当读为"迪"。前面说过"攸"和"迪"古可通用,《尚书·多方》的"不克终日劝于帝之迪",《释文》引马融本"迪"作"攸"。"兹攸俟,能念予一人"《史记·鲁世家》作:"兹道能念予一人"。牟庭曾指出:"兹攸俟,《鲁世家》作兹道,此用真孔古文作兹迪俟,而训迪

---

① 俞樾:《群经平议》,见台北:艺文印书馆编,《续经解尚书类汇编(一)》,台北:艺文印书馆,1986年,第597页。
② 曾运乾:《尚书正读》,北京:中华书局,1964年,第142页。
③ 顾宝田:《尚书译注》,长春:吉林文史出版社,1995年,第104页。
④ 刘起釪:《尚书校释译论》,北京:中华书局,2005年,第1233页。

为道,又误脱俟字,伪孔盖用今文作兹迪俟,而写迪为攸,其字则同。"①上海图书馆藏《尚书》日本写本八行本"攸"正写作"迪"②。如果再联系《史记》在解释《尚书》"迪"字时多用"道"字来看(如《尚书》的"允迪厥德"、"各迪有功"、"迪朕德",《史记》分别释作"信道其德"、"各道有功"、"道吾德"),牟庭推测司马迁见到的真古文尚书本子《金滕》的"攸"作"迪",很可能是正确的。"俟"读为"矣",是语气词。"矣"在此有两个作用,一个是"表示理论上或事实上必然之结果"③,即周公请命而获吉;另一个是用以提起下文。④"兹攸俟,能念予一人"应读作"兹迪矣,能念予一人",意思是"上天终于顾念我的忠心而降福了"。

最后附带说一下,除了上引《金滕》篇外,《尚书·洪范》"予攸好德"的"攸"也应读为"迪"。此点牟庭在《同文尚书》中业已指出,⑤惜学界似乎未予重视。此"攸"上海图书馆藏《尚书》日本写本八行本也作"迪"。前文说过《尚书》中言履践德行往往用"迪"字,如:"兹迪彝教"、"允迪厥德"等等,因此,"予攸好德"也应该释为"予迪好德",意思是我蹈好德。牟庭的意见是正确的。

综上所论,《保训》的"其有所迪矣"的"迪"和《金滕》"兹攸俟"的"攸"都应读为"迪",意思是至。这两句的施事,也就是"兹"和"其"所指代的,都是天命。"其有所迪矣"和"兹攸俟"都是在叙述一种主观判断的结果,说的都是天命的降临。

梁立勇(1972—),男,山西清徐人,文学博士,深圳大学文学院中文系副教授,研究古文字、古典文献。

---

① 牟庭:《同文尚书》,济南:齐鲁书社,1981年,第731页。
② 顾颉刚、顾廷龙辑:《尚书文字编》,上海:上海古籍出版社,1996年,第1645页。
③ 杨树达:《词诠》,北京:中华书局,2004年,第360页。
④ 王引之《经传释词》卷四:"矣在句末,有为起下之词者。若《诗·汉广》曰'汉之广矣,不可泳思。江之永矣,不可方思。'矣字皆起下之词。《斯干》曰:'如竹苞矣,如松茂矣,兄及弟矣,式相好矣,无相犹矣',第三矣为起下之词。《角弓》曰'尔之远矣,民胥然矣。尔之教矣,民胥傚矣。'第一、第三矣字为起下之词。他皆仿此。"见《经传释词》第44页。
⑤ 牟庭:《同文尚书》,济南:齐鲁书社,1981年,第638页。

"小人不浧人于刃"解

梁立勇

"小人不浧人于刃"见于郭店简《成之闻之》篇简34、35：

君子簟席之上，让而受幼；朝廷之位，让而处贱；所宅不陵矣。小人不浧人于刃，君子不浧人于礼。津梁争舟，其先也不若其后也。言语嘩之，其胜也不若其已也。君子曰：从允释过，则先者余，来者信。①

其中"小人不浧人于刃"的释读，学界有不同的理解，大致可分为三种。

第一种意见是读"刃"为"仁"。《郭店楚墓竹简》注释引裘锡圭先生按语曰：

疑"浧"当读为"逞"。《左传·昭公四年》："求逞于人，不可。"疑"逞人"与"求逞于人"意近。"刃"疑当读为"仁"。此文之意盖谓小人不求在仁义方面胜过人，君子不求在礼仪方面胜过人。②

裘先生的释读得到了一些学者的认同，如郭沂先生的《郭店楚简〈成之闻之〉篇疏证》③即采用裘说。

第二种意见是读"刃"为"恩"。大多数学者均倾向于此说。如陈

---

① "簟"从李学勤先生释。参《续释"寻"字》，《故宫博物院院刊》2000年第6期，第11页。"陵"从赵平安先生释，参《释郭店简〈成之闻之〉中的陵字》，《简帛研究二○○一》（桂林：广西师范大学出版社，2001）第174—175页。"津梁争舟"从裘锡圭先生释，参《郭店楚墓竹简》《成之闻之》篇注〔三一〕，北京：文物出版社，1998年，第170页。
② 《郭店楚墓竹简》，第170页。
③ 郭沂：《郭店楚简〈成之闻之〉篇疏证》，《中国哲学》第二十辑，沈阳：辽宁教育出版社，1999年，第280页。

伟先生根据《六德》简 30、31 的"纫"读"恩"而认为：

> 本条"刃"读为"恩"的可能性似乎更大一些。如然，简书这段话大致是说：小人不以恩情而对他人逞强，君子不以礼仪而对他人逞强。①

李零、刘信芳、周凤五三位先生也都读"刃"为"恩"②。

第三种意见是基本不破读，训"刃"为"兵器"、"勇力"。这种意见以颜世铉先生和廖名春先生为代表。

颜世铉先生说：

> 本文则认为简文所言"君子"、"小人"当指贵族和平民而言，"小人不**𠅎**人于刃"是说：小人不以其持有刀刃之兵器而向人逞强。《韩非子·五蠹》："儒以文乱法，侠以武犯禁。""人主尊贞廉之行，而忘犯禁之罪，故民程于勇而吏不能胜也。"③

廖名春先生同意颜世铉先生看法，他说：

> 𠅎，当读为"程"。《广雅·释诂》："程，量也。"《礼记·儒行》："鸷虫攫搏不程勇者，引重鼎不程其力。"……《韩非子·五蠹》"民程于勇而吏不能胜也。"……"程于勇"近于"𠅎人于刃"，"不程其勇"、"不程其力"近于"不𠅎人于刃"。"刃"即勇力的代表，颜说是。君子以礼闻，小人以力闻。所以，此是说小人不与君子在勇力上较量，君子也不与人在礼义上较量。④

笔者案：以上诸说似皆未安。为了更好的理解"小人不𠅎人于刃"，我们先讨论两个问题。第一，简文的"𠅎"是什么意思。第二，简文所言的"小人"应如何理解。先说"𠅎"。裘锡圭先生按语指出"𠅎

---

① 陈伟：《郭店楚简别释》，《江汉考古》1998 年第 4 期，第 70 页。
② 李零：《郭店楚简校读记》，第 122 页；刘信芳：《郭店竹简文字考释拾遗》，《江汉考古》2000 年第 1 期，第 46 页；周凤五：《读郭店楚简〈成之闻之〉札记》，《古文字与古文献》1999 年试刊号，第 53—54 页。
③ 颜世铉：《郭店楚简浅释》，《张以仁先生七秩寿庆论文集》，台北：台湾学生书局，1999 年，第 392—393 页。
④ 廖名春：《郭店简〈成之闻之〉篇校释札记》，《新出楚简试论》，台北：台湾古籍出版有限公司，2001 年，第 190—191 页。

人"与《左传》的"求逞于人"意近。考《左传·昭公四年》:"求逞于人,不可。"杜注:"逞,快也。求人以快意,人必违之。"襄公二十七年:"求逞志而弃信,志将逞乎?"襄公二十八年:"楚子将死矣。不修其政德,而贪昧于诸侯,以逞其愿,欲久,得乎?"以上诸"逞"字的用法和意义皆类似于简文的"䞆",故裘先生按语读"䞆"为"逞"可从。"䞆人"即"逞人",意思是在某些方面胜过他人而感觉快意。

简文中"君子"、"小人"对言。"君子"、"小人"在古时可以有两种理解。一种"君子"指社会的上层阶级即贵族,"小人"则是指下层阶级的人即农民、商人和手工业者。另一种区分,"君子"指的是有较高的道德水准的人;"小人"指的是没有道德或道德低下的人。本简的"君子"、"小人"从上下文文义看,并没有以道德标准来衡量。简文说"君子不逞人于礼"。《礼记·曲礼》:"礼不下庶人。"郭店简《尊德义》简31—32云:"刑不逮于君子,礼不逮于小人。"可见简文的"小人"实际上就是《礼记》的"庶人"。《成之闻之》本简是在第一种情况下使用"君子""小人"。颜世铉先生曾指出本文所说的"君子"、"小人"是指贵族与平民而言,应该是可信的。

下面我们讨论学者对"小人不䞆人于刃"的意见。

先说读"刃"为"仁"。颜世铉先生不同意将"刃"读为"仁",在其文中提出了很好的辩驳理由,他说:

> 《成之闻之》在此段所讲的是谦让之道。就"君子不逞人于礼"而言,在古代,礼仪主要是为士阶级以上的贵族而制定,也为其所熟习,"礼不下庶人。"可以说习礼仪是古代贵族的专利。简文当是说君子(相对于平民而言)不以其娴熟礼仪而向人逞强。因此,再就"小人不逞人于刃"来说,若说是小人不以其行仁义来向人逞强,文意上并不通;《论语·八佾》:"人而不仁,如礼何?人而不仁,如乐何?"仁本而礼末,礼的仪节易习而仁之境界难至,要求君子"不逞人于礼",却要求小人"不逞人于仁",似乎不好解释。[①]

---

① 颜世铉:《郭店楚简浅释》,第392页。

颜世铉先生所论极是,仁在儒家是具有最高价值标准的一种道德,因此不太可能要求小人具有"仁"的德性。《论语·公冶长》记载孟武伯问孔子,子路、冉求、公西赤是否达到了"仁",孔子说不知。以三子之贤,可以治国莅民,孔子也不轻易许之以仁。又《论语·宪问》:"'克、伐、怨、欲不行焉,可以为仁矣?'子曰:'可以为难矣,仁则吾不知也。'"在常人而言,四者去其一已很不容易,孔子却认为即使四者都没有也只算难得而不能称为"仁",可见"仁"的境界是很难达到的。孔子更明白地说小人不可能有"仁"德:"君子而不仁者有矣夫,未有小人而仁者也。"(《论语·宪问》)由此可知读"刃"为"仁"之说不可从。

训"刃"为兵器、勇力亦难以令人信从。如"刃"不破读,简文即是说,小人不应以在兵刃上胜过别人而感到快意,君子不应以自己比他人多知道些礼仪而感觉快意。这样的解释有些突兀。"礼"是可学而能的典章制度,而"刃"是具体的兵器,两者似乎难以对仗。将"刃"引申为勇力于义虽通,但这样训诂在文献中缺乏例证且"庶人"和"勇力"也没有必然联系。

陈伟先生读"刃"为"恩"确要比读为"仁"好。但是如果仔细分析,读为"恩"也不无可商。简文"刃""礼"相对。"礼"是一种外在的典章制度,和"恩"意思明显不同,此其一。再者,简文的著作时代大致在战国中期,其时礼崩乐坏,即使是属于贵族阶层的士大夫也多已不熟悉本来为他们所特有的礼仪典章。正是基于这种情况,简文在倡导谦让时,才说君子即使较其他人多知道些礼仪典章,也不应该以此胜人而感觉快意、满足。小人和"恩"之间并没有像"礼"和"君子"之间有这样潜在的联系,小人何以会有恩于他人? 所以,读"刃"为"恩",看似通彻,其实未达一间。"礼不下庶人。""刑不逮于君子,礼不逮于小人。"可见,知礼、行礼是当时"君子"的一个特征,"小人"是被排除在外的,而恩情、勇力、兵器等等,皆非只为小人所拥有,不能视为小人的特征。因此,将"刃"释为"恩"、"兵器"、"武力",都未贴合文义。

笔者以为"刃"在此当解为"能"。《说文·心部》:"忍,能也。"

《说文》训"忍"为"能"很可能属于声训,如"尾,微也"、"户,护也"之比。"能"在上古音属于泥母蒸部。"刃"是日母文部。娘日归泥,"能"和"刃"的声母在上古音中相同。二字韵部一属蒸部,一属文部,看似有间,但《楚辞·远游》即以"门""冰"相押,"门"属文部,"冰"属蒸部①。又考《说文·黍部》有从"日"声的"䵄",其或体作"䵅",从"刃"声。《说文》引《左传》"不义不䵄",今本《左传》作"不义不暱"。"暱"从匿声,匿是泥母职部字,与"能"字古音极近(阳入对转)。是"刃"与"能"古音相近。简文的"䞓刃"应即"逞能"。"小人不䞓人于刃"即"小人不逞人于能"。《左传·哀公十三年》:"且夷德轻,不忍久,请少待之。""忍"即"能","不忍久"即"不能长久"。文献中有"逞能"的说法,可资参考:《庄子·山木》:"此筋骨非有加急而不柔也,处势不便,未足以逞其能也。"《韩非子·说林》:"故势不便,非所以逞能也。"

"小人不䞓人于刃,君子不䞓人于礼"的意思应该是:君子不应快意于在礼仪方面胜过人,小人不应该快意于在技能方面胜过人。细味《成之闻之》简34—36这一段话,主旨是强调谦让之道。《左传·襄公十三年》有一段文句与简文此段文字意思类似:

> 君子称其功以加小人,小人伐其技以冯君子,是以上下无礼,乱虐并生,由争善也,谓之昏德。国家之敝,恒必由之。

"小人伐其技以冯君子"一句,杜注:"自称其能为伐。""伐"和"䞓"都有夸耀、满足之意。因此,"小人伐其技以冯君子"和"小人䞓人于刃"意思应该类似。"小人伐其技以冯君子"的"技",即相当于简文的"刃"。"技"、"能"义近,直到今天"技能"还常常连言。《左传·定公四年》:"夫子语我九言,曰:'无始乱,无怙富,无恃宠,无违同,无敖礼,无骄能,无复怨,无谋非德,无犯非义。'""无骄能",杜预注:"以能骄人"。可见,不要以"能"而逞快于人是古时的一种处世哲学。

---

① 王力:《诗经韵读 楚辞韵读》,北京:中国人民大学出版社,2004年,第458页。

"无骄能"和简文"不绖人于能"意思应该相近。

小人和技能之间是有一定联系的。《论语》记载一则故事,子贡在转述别人称赞孔子多才多艺时,孔子说"吾少也贱,故多能鄙事。君子多乎哉?不多也。"《论语集解》引包咸曰:"我少小贫贱,常自执事,故多能为鄙人之事,君子固不当多能。"朱熹注云:"言由少贱故多能,而所能者鄙事尔,非以圣而无不通也。且多能非所以率人,故又言君子不必多能以晓之。"于此可见,"能"是"小人"的一种特征,所以孔子才说"吾少也贱,故多能鄙事,君子多乎哉?不多也。"孔子的话表明,古时候"小人"每每为生活所迫,要有一技之长来餬口谋生,因此往往多能。在当时,擅长某种技能是小人的特征,这正与礼是君子的特征相互对应。

港、穗、深译"名"差异浅探

丘学强

香港、广州、深圳均为粤语流行地区,但三地在译"名"时所遵循的原则却各有不同。有的还可以说是比较混乱的。

一 地名、路名、车站名的翻译

香港的情况是:中译英,拼法以"威妥玛式"为主(主要特点:不送气声母改为送气),专名大多以粤语读音为据音译,通名有的据粤语音译,有的意译。例如:

专名:

香港 Hongkong 尖沙嘴 Chim Sha Chui 火炭 Fo Tan

黄大仙 Wong Tai Sin

专名+通名:

大埔墟 Tai Po Market 广东道 Canton Rd

杏花邨 Heng Fa Tsuen 乐富邨 Lok Fu Estate

薄扶林花园 Pok Fu Lam Gardens 置富花园 Chi Fu Fa Yuen

西湾河 Sai Wan Ho 城门河 Shing Mun River

也有专名、通名都是意译的。例如:

雪厂街 Ice House St 船街 Ship St 红山道 Red Hill Rd

圣十字径 Holy Cross Path

有的地名与粤语今音有较大差异,应是与历史原因有关。例如:

厦门街对应的英译是 Amoy St,汕头街对应的英译是 Swatow St,原因是英语以前据闽语音分别译厦门、汕头为 Amoy 和 Swatow。

旺角 Mong Kok,有人认为此地以前叫"芒角",有人认为是源于客家音。

有的地名或路名是由英文名翻译成中文(粤语音)名的,例如:

告士打道 Gloucester Rd　屈臣道 Watson Rd　亚皆老街 Argyle St

中文名有的只用通名,例如:

大学 University　太子 Prince Edward　皇后街 Queen Victoria St

有的地名、路牌上的中文与英文无论从音译还是意译的角度看似乎都不完全配套。例如:

乐意山 Crocodile Hill　金钟 Admiralty

摩罗下街 Lower Lascar Row

这些地名的"不配套"应该也与历史原因有关。例如"乐意山"原为"鳄鱼山",因"地名求雅训"的原因,港人利用粤语"鳄"的同音字"乐[ŋok]"有另一个读音[lok]这一条件,改取雅名"乐意山",但英文仍为"鳄鱼山"。Lascar 意为"(东)印度水手",以前在香港的壮年印度人多"当差",港人称之为"摩罗差"。Admiralty 当与英海军部有关。

穗、深两地也流行粤语,改革开放之初深圳也曾以粤语读音为据音译地名、路名、车站名,例如:

建设路 Kin Chit Rd　蔡屋围 Choi Uk Wai　解放路 Kaifong Rd
深南路 Shamnam Rd

不过,目前穗、深两地地名、路名、车站名的罗马字母对译大多以普通话读音为据,通名有的据普通话音译,有的为英语意译。例如:

专名:

深圳 Shenzhen　广州 Guangzhou　罗湖 Luohu　芳村 Fang Cun

专名+通名:

东风路 Dongfeng Rd　景田路 Jing Tian Rd

东门中路 Dong Men Zhong Lu

莲花北村 Lianhua N Village　中山纪念堂 Zhong Shan Museum

深南大道 Shennan Dadao　深大北门 Shen Da Bei Men

不少地名、路名、车站名有两个以上的不同拼写法。或为音译，或为英语意译。例如：

深南大道 Shennan Dadao　Shennan Road　Shennan Blvd　Shennan Ave

锦绣中华 Jin Xiu Zhong Hua　Jin Xiu Zhong Hua Station　Splendid China

世界之窗 Window of The World　Shi jie zhi Chuang Sta.

中山大学 Zhong Shan Da Xue Sta.　Zhong Shan University

陈家祠 Chen Clan Temple Station　Chen Jia Ci

纪念堂 Museum　Ji Nian Tang

地名也是如此，HongKong 是粤音，Guangzhou 是普通话音。同是"罗湖"，港译是 Lowu，而在内地，即使是广州人也必译作 Luohu。

将外国地名翻译成中文，香港和穗、深也有不同。内地传媒一般来说是有统一译法的，广州和深圳也不能例外，如 2000 年奥运会在悉尼举行，广州人看报读出来是[sik^{55}nei^{21}]，可香港却大都说是在"雪梨[syt^{33}lei^{21}]"举行。

类似的例子还有很多：

Montreal 满地可——蒙特利尔　Hollywood 荷李活——好莱坞

Los Angeles 洛杉矶——罗省　Singapore 新加坡——星加坡

New Zealand 纽西兰——新西兰

二　人名、单位名的翻译

在人名拉丁字母拼写方面，香港粤语和深圳、广州也有不同。

香港人在给自己取英文名字时有的喜欢用上真正的欧美名再加上自己的姓（粤语音），如：Jacky Chan(陈，成龙曾用名陈港生)，Andy Lau(刘)，有的则以粤语音拼写自己的名字，其中，不送气音一般均变作送气音(仍为"威妥玛式")，粤语的 ng([ŋ])声母、m 韵尾以及 p、t、 k 三个入声韵尾也予以保留，如：周发 Chao Fat，谢金叶 Tse Kam Yip，张洪年 Cheung, Hung-nin，吴德 Ng Tak。穗、深两地虽然也流行粤语，但因解放后不少人从小就学会了普通话和汉语拼音，加上国家政策的要求，护照、通行证上的拉丁字母名字却一律以普通话读音为据。如上述的"周发"，必是 Zhou Fa，"谢金叶"必是 Xie Jinye，"吴德"必是 Wu De。

将外国人名翻译成中文，香港和穗、深也有不同。如 2000 年奥运会，广州人读报时说美国名将"琼斯[kʻiŋ²¹ ʃi⁵⁵]"囊括了女子 100 米和 200 米金牌，香港人却说她叫"钟丝[tʃuŋ⁵⁵ ʃi⁵⁵]"。若以她的英文名字 Marion Jones 的发音而论，香港粤语的[tʃ]音要比广州粤语的[kʻ]音更接近原发音。为何会有差别？其原因是广州人"用粤语音念普通话外来词"，经过了"转手"，香港则从英语直接翻译成粤语。目前的情况是，译外国人名时"港译"一般喜欢以中国的百家姓开头，姓加名二至三字，像个地道的中国人名，汉字的字面意义也须比较好，遵从的是始于 20 世纪初外语中译的"汉化、本地化、亲切化"原则，如港督 David Wilson，港译先是据普通话音译作"魏德巍"（David Wilson 曾在香港大学学习普通话），后又据粤语音改译作"卫奕信"，原因是原译名与粤语音相差太大（[ŋei²² tɐk⁵ ŋei²²]），而且三个汉字有"双鬼（拍门）"，不吉利（当年曾引起港媒大讨论）。广州、深圳则和内地其他地方一样，习惯上必须使被翻译过来的人名一看就知道是外国人名，用字常选那些百家姓中没有的，全名可超过三个字，整个译名的汉字字面上也应没什么意义，遵从的是"陌生化"的原则，如上述港督的名字通常会被译作"大卫·威尔逊"。历届港督的名字大多有同样的情形，例如：

Philip Haddon-Cave，内地一般译作"菲利普·哈登·凯夫"，港译却是"夏鼎基"；Alexander Grantham，内地一般译作"亚力山大·格兰瑟姆"，港译却是"葛量洪"；David Clive Grosbie Trench，内地一般译作"大卫·科里夫·哥士比·特伦奇"，港译却是"戴麟趾"；回归前的最后一位港督 Christopher Francis Patten，内地译作柏藤，成为港督时被改为彭定康……

香港和穗、深有别的例子不胜枚举。同样是使用粤语,但在香港居民和深圳、广州两地的居民口中,以下这些人名是各不相同的:

香港一般读法	穗、深一般读法
戴卓尔[tai^{33} tʃʻœk^{33} ji^{13}]	撒切尔[ʃat^{33} tʃʻit^{33} ji^{13}]
史太林[ʃi^{35} tʻai^{33} lɐm^{21}]	斯大林[ʃi^{55} tai^{22} lɐm^{21}]
华拿[wa^{21} na^{21}]	瓦尔德内尔[ŋa^{13} ji^{13} tʃk^{55} nŋi^{22} ji^{13}]
朗拿度[lɔŋ^{13} na^{21} tou^{22}]	罗纳尔多[lɔ^{21} nap^{22} ji^{13} tɔ^{55}]
姬菲芙[kei^{55} fei^{55} fu^{21}]	乔依娜[kʻiu^{21} ji^{55} na^{21}]
贺维[hɔ^{22} wɐi^{21}]	杰弗里·豪[kit^{22} fɐt^{22} lei^{13} hou^{21}]
碧咸[pik^{55} hɐm^{21}]	贝克汉姆[pui^{33} hɐk^{55} hɔn^{33} mou^{13}]
赫辛[hɔ^{22} ʃɐn^{55}]	萨达姆·侯赛因[ʃat^{33} tɐt^{22} mou^{13} hɐu^{21} tʃʻɔi^{33} jɐn^{55}]
施丹[ʃi^{55} tan^{55}]	齐达内[tʃʻɐi^{21} tɐt^{22} nɔi^{22}]

在深圳、广州两地的正式出版物中,上述外国人名一般都是以后者的形式出现的,广州有些电视台或电台的粤语体育节目主持人试图在口语中向"港译"看齐,深、穗两地的不少年轻人在香港电视、广播的影响下,口语中也有喜用"港译"的倾向。但并非每个操粤语者在念报时也都能在"港译"和"内地译"之间随意转换——除非他有经常阅读香港报刊的习惯。

由此引申开,深、穗操粤语者能读懂"揭瓦之战(瓦尔德内尔)"的新闻标题,香港人能听懂"睇姬菲芙点样飞(看乔依娜怎样飞)"这样的解说词,但反之则不一定行得通。如果萨达姆·侯赛因被处死的那一天,有人从大陆经香港转机到台湾去,他可能会看到三地的报纸上有不同的三个人死了:一个是萨达姆·侯赛因,一个是赫辛,另一个则是海珊(台译)!

单位名称,香港除了有不少是意译的外,音译部分大多以粤语读音为据,有的则中、英文并不完全相配。例如:

城巴 City Bus　香港油麻地小轮 Hongkong & Yaumatei Ferry
牛池湾文娱中心 Ngau Chi Wan Civic Centre

东华医院 Tung Wah Hospital

荃湾地方法院 Tsuen Wan District Court

花旗银行 Citi Bank　文华酒店 Mandarin Hotel

穗、深两地单位名称也有意译的，音译部分则大多以普通话读音为据。例如：

中国民俗文化村 China Folk Culture Village

何香凝美术馆 He xiang ning Mei shu Guan

广东省科技厅 Guangdong Technology Government

暨南大学 Jinan University

有的单位取名方式有点特别，例如深圳的两个公司名：

赛格集团公司——在 Shenzhen Electronic Group Co.（深圳电子集团公司）中选取第一个字母组成 SEG，再音译成中文名"赛格"（普通话音）。

莱因达集团公司——在 Shenzhen Light Industrial Group Co.（深圳轻工业集团公司）中选取 Light Indu. 的读音音译成中文名"莱因达"（普通话音）。

顺便说说外国球队名称的翻译：Juventus，内地译成尤文图斯队，港译祖云达斯队；Lazio，内地译成拉齐奥队，港译拉素队；Chelsea，内地译成切尔西队，港译车路士队。同是说粤语的广州、香港球迷，如果念报沟通，是有困难的。

有必要说明的是，三地译"名"的实际情况其实要比以上所述纷繁复杂得多。我们只是从总体印象上说香港音译多依粤语音，穗、深音译多依普通话音，但实际上香港也有依北方话音译的，例如"南京街"是 Nanking St.，与"南昌道 Nam Cheong St."相比，"南"的拼写不同，这应有历史原因；"豫港大厦"是 Henan Bldg.，估计应是改革开放后"中资机构"所建。人名方面，也不只是上述形式。例如，董建华的英文名是 Tung Chee Hwa 而非粤语音的 Tung Kin Wa，应是以吴语读音为据（董原籍浙江舟山）。而在穗、深两地，目前依粤语音译的"名"也并非完全没有，例如，谢瑞麟珠宝公司的标志就是 TSL 而非 XRL，因为它是港资公司,因此缩写的前两个字母仍是取自粤音声母 Ts 和 S。

在深圳,还可以见到以下粤音译名:

顺兴广场 Shun Hing Square　京基 100 大厦 Kingkey 100 Building
彭年大酒店 Panglin Hotel　华中宾馆 Wah Chung Hotel

位于著名的深圳地王前面的顺兴广场以及位于其后不远处的深圳最高建筑京基 100 大厦,时至今日仍以粤语音拼写,足可证明深圳市政府以前提出的"用普通话统一深圳语言"的设想还未能完全实现甚至难以实现。而从彭年大酒店的"年"拼写为 lin 而非 nin 这一点分析,我们甚至可以看出,其所据粤语音似有年轻人"n、l 归 l"的"懒音"特点。

三　译"名"差异的思考

(一) 国家主权与路牌、地名牌的标注

按照 2003 年 5 月国家民政部颁布的文件规定,标准地名必须一律用汉语拼音拼写,不得使用英文及其他外文拼写地名。媒体上不少报道在涉及到这个问题时经常会转述有关部门领导的话:这是关乎国家主权和独立的问题!是涉及国家的语言政策和民族尊严的严肃问题。如此一来,这个问题似乎就用不着讨论了——只能使用汉语拼音,否则就是丧权辱国!

我们认为,如果中国路牌、地名牌上全都只是标注外文,那的确不妥。但实际情况是,我们在大陆、港澳台等地所能见到的路牌、地名牌上一般都标注有汉字,这已经是国家主权的体现,而罗马字母一般只是附于这些汉字底下,因此,不论是拼音还是英文,都不应该无限上纲为主权问题。我们在地图或"国门"上标注汉字"中国"之后再标注 China 应该是没有问题的,并非一定要配上 Zhongguo 才行。如果我们指责中国中央电视台配有 CCTV 的标志有主权的问题,恐怕也是欠妥的。按照上述"主权"的说法,香港回归祖国之后,那里的路牌、地名牌上的英文也都应该改为汉语拼音!也许有人会拿"一国两制"来解释,

但是,"主权"跟"制度"是不能混为一谈的。

只有将路牌、地名牌的标注问题放在交际、标识或城市管理的层面上,我们才有可能平心静气地继续进行以下的讨论。

(二) 罗马(拉丁)字母标注的统一

香港是公认的"国际性大都市",穗、深两地也正在朝此方向发展,除了汉字之外,给"名"配上罗马(拉丁)字母是必须的。但是,我们首先碰到的是统一的问题。

首先,港、穗、深都是粤语流行地区,作为已经是"国际性大都市"的香港,长期以来其地名、人名的罗马(拉丁)字母标注都是以粤语读音为据,是否应该逐步改为以普通话读音为据?对外国地名、人名的中译,是否须以大陆的习惯译法为标准?目前看来,似乎没有可能,也没有必要。因为人们普遍认为,香港实行一国两制政策,不宜以内地的语言政策去规范其人名、地名等的翻译习惯。而眼下我们能够看到的有关文件是 1998 年国家质量技术监督局发布的《关于正确处理国际标准化活动中涉及香港、台湾和澳门问题的通知》中的规定:"香港特别行政区在国际标准化组织活动中及各种会议、文件、统计资料、标识中的正式称谓是:中国香港特别行政区或中国香港,英文为:The Hong Kong Special Administrative Region of China 或 Hong Kong,China。"其他的则没有规定。

那么,作为同是流行粤语的穗、深两地地名、人名的罗马(拉丁)字母标注是否也可以像香港一样以粤语读音为据呢?答案应该是否定的。但是,深港交界处有一些地名也就是因为这个原因造成了"一地两名"的现象:同是"罗湖",一边是 Lowu,另一边是 Luohu;同样是"文锦渡",一边标注的是 Wenjindu,另一边标注的是 Mankamto。同样是"沙头角",在两地出版的地图上却分别是 Shatoujiao 和 Shataukok。在香港回归已经十多年的今天,这种状况是否还不得不继续维持下去?

在人名的罗马(拉丁)字母拼写方面,1978 年 9 月 26 日《国务院批转关于改用汉语拼音方案作为我国人名地名罗马字母拼写法的统一规范的报告》以及附件《关于改用汉语拼音方案拼写中国人名地名作为罗马字母拼写法的实施说明》有明确的规定。对于香港同胞,这些规定是没有约束力的。而对穗、深等地的人们却有很强的约束力。可是,我们知道,国际上一直有着"名从主人"的惯例,如果说我们已经能够容忍国人取一个像日本人名一样的"……子"以及 Coco 之类像欧美人名一样的名字,那么,我们是否也可以允许穗、深等地的人们根据粤语读音拼写自己的罗马(拉丁)字母名字呢?

在同是流行北方方言的地区,地名上"名从主人"的现象是比较突出的,例如,同样是一个"堡"字,北京的十里堡读作[pʻu],天津的大黄堡读作[pau],陕西的吴堡读作[pu]。可是,其他方言区却只能按普通话读音拼写,似乎很难做到"一视同仁"。例如,厦门早已不是 Amoy,汕头也已不再是 Swatow。粤语区流行的方言字"氹"与"淡、贪、枕、针"等韵母相近,应与普通话的[tan⁵¹]音对应,但却被"翻译"为[taŋ⁵¹]。

还有一个就是穗、深两地以及众多大陆城市地名、路牌罗马字母的统一问题。目前的情况是许多地方同一地名、路名却有两种以上的拼写形式,例如,深圳的"笋岗西路"一作 Sungang Xilu,一作 Sungang Rd. W,一作 Sungang W. Rd.;"陈家祠"一为 Chen Clan Temple Station,一为 Chen Jia Ci Sta.……例子不胜枚举。哪种拼写法是正确或可以接受的,对此我们可以暂且不去讨论,但一地(路、站)两名甚至多名的混乱现象,是应该引起各地政府有关部门注意的。有人说路牌、站牌等是"外地人的眼睛、本地人的脸面",朝"国际性城市"发展,不应该在这个问题上使外国人、外地人甚至本地人感到眼花缭乱。

(三)"单一罗马化"和英文、汉语拼音

如果认为"统一"是必须的,那么,应该统一以汉语拼音还是英文拼写呢?

1967 年第二届联合国地名标准化会议做出决议,要求世界各国、各地区在国际交往中都使用罗马(拉丁)字母拼写,做到每个地名只有一种罗马字母的拼写形式,称为"单一罗马化(a single Romanization system)"。1977年,联合国地名标准化会议决定采用《汉语拼音方案》作为拼写中国地名的国际标准。1978年9月26日《国务院批转关于改用汉语拼音方案作为我国人名地名罗马字母拼写法的统一规范的报告》的附件《关于改用汉语拼音方案拼写中国人名地名作为罗马字母拼写法的实施说明》第三条:在各外语中地名的专名部分原则上音译,用汉语拼音字母拼写,通名部分(如省、市、自治区、江、河、湖、海等)采取意译。1982年8月1日,国际标准化组织(ISO)文献工作技术委员会决议采用汉语拼音作为世界文献工作中拼写中国专有词语的国际标准,标准号:ISO7098—1982。《汉语拼音方案》已经从中国标准发展成为国际标准。1984年中国地名委员会等部门颁发的《中国地名汉语拼音字母拼写规则(汉语部分)》是拼写地名的具体法规。1987年国家语委、中国地名委员会等六部委颁发了《关于地名用字的若干规定》和中国地名委员会、城乡环境保护部、国家语委《关于地名标志不得采用"威妥玛"等旧拼法和外文的通知》,都对地名罗马字母拼写作了具体规定和指示。1996年1月22日国家技术监督局发布《汉语拼音正词法基本规则》(2012年公布正式修订稿)。1999年国家质量技术监督局发布了《地名标识城乡标准》,对地名标志上的地名用汉语拼音字母拼写,作了强制性规定。按照2003年5月国家民政部颁布的文件规定,标准地名必须一律用汉语拼音拼写,不得使用英文及其他外文拼写地名。"标准地名是指街、路、道、巷、胡同、里、弄等名称",设置街(路)巷(胡同)标志、楼(院)门牌(单元牌、户牌)、景点指示标志、交通指示标志、公共交通站牌等必须用拼音。

在实际操作的过程中,有关人士告诉我们,据他们所知,道路交通公共标识的规范要参考两个不同的强制性标准:按国家性强制标准,国道、省道、高速路等道路交通标识要采用中英文对译,民政部下发的强制标准规定却是所有路、街、巷牌要采用中文拼音对译。而对地铁标识则没有明确规定,在采用中英文对译还是中文拼音对译的问题上,争议是很大的。他们认为,上述两个标准是有矛盾之处的。

我们认为,有争议的可能是1978年《国务院批转关于改用汉语拼音方案作为我国人名地名罗马字母拼写法的统一规范的报告》的附件第三条:在各外语中地名的专名部分原则上音译,用汉语拼音字母拼写,通名部分(如省、市、自治区、江、河、湖、海等)采取意译。这一规定和其他的规定有不同。但"各外语"等字样似乎又可以解释为是针对"翻译"而言的。因此,按上述各级部门的规定,特别是民政部的规定,地名、路名、站名等"必须一律用汉语拼音拼写,不得使用英文及其他外文拼写"。为了使大家贯彻执行,有关人士还将这个问题提高到"主权"的高度来阐述。

我们可以接受"中国地名路牌罗马字母标注的真正的国际标准是汉语拼音"、"国际化不等于标注英语"的观点。因为英语不是我国的官方语言,用此种异族语言译写(意译、音译)本国地名的做法,在国际上随着非殖民化形势的进展应该说已日渐式微了。英语并非第一和唯一的国际通用语言。因为在联合国的六种工作语言中,英语只是"之一",另外五种工作语言是汉语、法语、俄语、西班牙语、阿拉伯语。有报道说,国务院新闻办的记者招待会有时已取消了现场英文翻译,因为这不是"国际惯例"。

但是,实际情况却是,多数人至今仍认为地名路牌要"国际化"就是要中英文对照。因为英语是很多国人的第一外语。有报道说,中国至少有三亿人口在学英语!北京2008年主办奥运会,号召国人所要学习的外语就是英语。据《北京青年报》报道,北京组织中外语言和公共标识专家制定和统一道路交通标识的翻译标准。依照新标准,立交桥将统一采用"Bridge"的译法,如国贸桥为 GUOMAO Bridge。各条大街中,除长安街(CHANG'AN Ave)、平安大街(PING'AN Ave)和两广路(LIANG-GUANG Ave)使用 Avenue(Ave)外,其他街道一律使用 Street(St),如西单北大街为 XIDAN North St。对于颇具北京城市特色的"里、区、园"和"胡同"均使用汉语拼音,如芳园北里标注为 FANGYUAN BEILI,前章胡同为 QIANZHANG HUTONG。由此可见,北京似乎并没有按民政部的意见办,而北京有关公共场所拼音标注的文件也依然名为《北京市规范公共场所英语标识总体工作方案》、《公共场所双语标识英文译法》。

　　从"实用"的角度看这一问题,我们觉得,至少从现在直至今后很长的一段时期内,地名、路牌、站牌上的汉语拼音对国人来讲几乎是毫无实际作用的,对外国人来说帮助也不大。而英文对译虽非对每一个外国人都有用(如不懂英语的非洲游客),但懂或略懂英语的外国人仍然是最多的。因此,专名用汉语拼音、通名用 Rd.、St. 的形式比使用 Lu、Jie 等应该更能帮助外国人认识中国。而且,诸如原译英文名 Window of the world(世界之窗)及 Konka(康佳)等已形成"品牌效应"的名称也没有必要再用 Shijiezhichuang 和 Kangjia 等站名去徒增问路人的烦恼,在无形中造成品牌价值的贬损。试问,尽管北京已经译成 Beijing 了,可是,"北京大学"至今仍然拼写为 Peking University,"青岛啤酒"则仍然是 Tsingtao Beer,又有谁去指责它们呢?

小　　结

　　我们认为,穗、深两地地名、路名、站牌上的罗马字母拼写的统一工作应抓紧进行,目前可以统一为以英文对译:专名音译、通名意译。深港交界处"一地两名"的现象有必要协商解决。人名、单位名等则应适当考虑"名从主人"的惯例,甚至应该提升至"以人为本"的高度来认识,给主人予据粤语音、潮汕音、客家音……取罗马字母名的自由。

　　丘学强(1961—　),男,广东惠州人,文学博士,深圳大学文学院中文系副教授,主要从事方言学、社会语言学的研究。

主要参考文献:

丘学强:《妙语方言》,香港:中华书局,1989 年。
丘学强:《广东语之风景》(日语版),千岛英一译,东京:东方书店,1997 年。
詹伯慧、丘学强主编:《新时空粤语(上)》,广州:暨南大学出版社,2006 年。
詹伯慧、丘学强主编:《新时空粤语(下)》,广州:暨南大学出版社,2009 年。

闽语分区问题再探*

丘学强

近来,"福建闽语可分为五个区"的观点已被学术界的多数学者所接受。至于广东和海南岛内闽语的归属问题,则至今没有比较一致的看法,多数学者(包括方言学主要教科书①)都习惯于把广东和海南闽语全都归到闽南话"旗下"。因此,较为被人们熟知的闽语内部分区简图是:

按照原来的说法,闽南话是闽方言中的次方言,而潮汕话则是闽南次方言中的土语。雷州话则较少被提及。

张振兴先生《闽语的分区》②一文在"闽南区"下列"潮汕片","琼文区"和"闽南区"则是并列关系。据此可列闽语分区简图如下:

---

* 原载《第二届闽方言学术研讨会论文集》,广州:暨南大学出版社,1992年。体例上有适当修改,其他的大都照录旧作。该文观点至今仍只是"部分地"为方言学界所认可,今后当再撰文纠错并补充材料、重申观点。

① 詹伯慧:《现代汉语方言》,武汉:湖北人民出版社,1981年、1985年;袁家骅等:《汉语方言概要》,北京:文字改革出版社,1983年。

② 《方言》1985年第三期。

广东境内的"雷州话"是不是闽语?应划归哪一区哪一片?张文也没有提及。

在全国汉语方言学会第三届学术年会(1985年)上,笔者曾宣读了题为《"雷州话"归属问题初探——兼谈广东闽语的分区问题》①的论文,论证了"雷州话"属于闽语的观点。目前,"雷州话"属闽语已毋容置疑,但其在闽语中的地位问题却仍未见有专文论及,许多学者仍是习惯于把广东和海南的闽语全都划归"闽南话"。

我们认为,在闽语中,雷州话占有相对独立、比较重要的地位,它不宜划归海南话,也不宜划归潮汕话。而习惯上把广东闽语和海南闽语统统划归"闽南区"的做法也是值得商榷的。

一

下面,我们从雷州话的语音特点出发,谈谈它与海南话、潮汕话的差异。

(一) 雷州话与海南话的比较

1. 雷州话有[p']声母,海南闽语多数没有[p']声母。雷州[p']声母字文昌音声母为[ɸ],海口、琼山音声母为[f]。例如:

```
       帆      破      飘      婆      朋      派
雷: p'-    p'-    p'-    p'-    p'-    p'-
琼: f-     f-     f-     f-     f-     f-
```

没有[f]声母是绝大多数闽语的最重要特点,海南闽语在这一点

---

① 见《中国语文》1985年第5期。

上最为特别。

2. 雷州话有[tʻ]声母,海南音无[tʻ]声母。雷州话[tʻ]声母字文昌、琼山、海口音声母为[h]。例如:

	拖	偷	头	胎	天	汤	通	台
雷:	tʻ-	tʻ-	tʻ-	tʻ-	tʻ-	tʻ-	tʻ-	tʻ-
琼:	h-	h-	h-	h-	h-	h-	h-	h-

3. 雷州话有[tsʻ]声母,海南音无[tsʻ]声母。雷州话[tsʻ]声母字海口音声母为[s]。例如:

	车	千	草	曹	才	吹	唱	秦
雷:	tsʻ-	tsʻ-	tsʻ-	tsʻ-	tsʻ-	tsʻ-	tsʻ-	tsʻ-
琼:	s-	s-	s-	s-	s-	s-	s-	s-

4. 雷州话[kʻ]声母字海南音声母多为[x]。例如:

	欺	奇	琴	康	苦	课	狂	钳
雷:	kʻ-	kʻ-	kʻ-	kʻ-	kʻ-	kʻ-	kʻ-	kʻ-
琼:	x-	x-	x-	x-	x-	x-	x-	x-

5. 古精、庄组字在雷州音中声母为[ts]或[s]的字,有不少在海南音中声母为[t]。例如:

	左	做	走	转	站	杂	醉	造
雷:	ts-	ts-	ts-	ts-	ts-	ts-	ts-	ts-
琼:	t-	t-	t-	t-	t-	t-	t-	t-

	修	纱	想	洗	圣	宋	瘦	山
雷:	s-	s-	s-	s-	s-	s-	s-	s-
琼:	t-	t-	t-	t-	t-	t-	t-	t-

根据粗略的统计,雷州话[pʻ]声母字有272个,[tʻ]声母字有314个,[tsʻ]声母字有550个,[kʻ]声母有452个,共1588字。文昌话[tʻ]声母字(雷州音声母为[ts]或[s]的)237个。

雷州话和海南话有异的还不只是这些(如还有雷州[t]声母字海南音声母为内爆音[ɓ],部分[p]声母字海南音声母为内爆音[ɗ],词汇方面,"看"雷州是"映"、文昌是"望";"肉",雷州是[hip],文昌是

[iok]……)。但仅就上面所举的例子看,有近两千字在读音上声母差异较大,已足可以证明二者的差别还是比较明显的。因此,我们认为不能把雷州话划归海南区(片)。

（二）雷州话和潮汕话的比较

1. 我们知道,潮汕话有丰富的鼻化韵。在潮汕话中,生[sẽ]≠纱[se],柑[kã]≠胶[ka],鞍[ũã]≠蛙[ua],等等。但雷州话却基本上没有鼻化韵母(个别字如"厦、香"可有两读的除外),潮汕话的鼻化韵字雷州音韵母不鼻化:生＝纱,读[se];柑＝胶,读[ka];鞍＝蛙,读[ua]。

下面再举一些例子:

	寒	醒	冇	肩	虎	枪	匪
雷：	kua	ts'e	p'a	kieŋ	heu	ts'io	bi
潮：	kũã	tsẽ̆	p'ã	kõĩ	hõũ	tsĩõ	hũĩ

有丰富的鼻化韵,这是多数闽语的重要特点,雷州话却基本上没有鼻化韵,这一点很有特色。

2. 有不少古入声字雷州话在口语中读成非入声(失去塞音韵尾,并入其他舒声调类),潮汕话没有这种情况。例如:

	亿	伯	历	雪	麦	剧	学
雷：	i	pe	li	soi	be	ki	o
潮：	ek	peʔ	leʔ	soʔ	beʔ	kiaʔ	oʔ

——笔者1983年10—11月间跟随詹伯慧、饶秉才师为完成中国社科院方言地图项目调查任务到雷州调查方言,一到长途客车车站即听到小贩的叫喊声:"[soi^{55}—tiau^{35}]（雪条,即'冰棍儿'）",当时就非常兴奋——因为还未下车就发现了雷州话有"入声读作舒声"的语音现象。

据粗略统计,潮汕话鼻化韵母字约575个,雷州话古入声字口语读作非入声的约有118个。

3. 雷州话没有喉塞韵尾[ʔ],潮汕话有[ʔ],韵尾15个,共约210个

字。例如(前五个例字雷州话有文白异读):

	踏	腊	薛	泼	物	绝	质	刮
雷:	tʻap	liap	siek	pʻuak	biek	tsiek	tsiek	kuak
	ta	la	soi	pak	mi			
潮:	taʔ	laʔ	siʔ	pʻuaʔ	mueʔ	tsoʔ	tsioʔ	kuaʔ

4. 雷州话没有[g]声母,潮汕话的[g]声母字雷州音声母为[ŋ](或其他,如[b]等)。例如:

	衙	狱	碍	语	鹅	吴	牙	疑	牛
雷:	ŋ-	ŋ-	ŋ-	ŋ-	ŋ-	ŋ-	ŋ-	ŋ-	b-
潮:	g-	g-	g-	g-	g-	g-	g-	g-	g-

因此,在雷州话中,鹅=娥,都读[ŋo];疑=宜,都读[ŋi]。潮汕话则不是这样:鹅[go]≠娥[ŋo],疑[gi]≠宜[ŋi]。

5. 古非组声母字在雷州话中声母为 b 的比潮汕话的多,这些字潮汕音声母一般为 h。这说明"轻唇归重唇"的现象在雷州话中表现得更为明显。例如:

	废	非	否	凡	法	焚	访	筏
雷:	b-	b-	b-	b-	b-	b-	b-	b-
潮:	h-	h-	h-	h-	h-	h-	h-	h-

6. 雷州话有 eu 韵母,这些字有的来源于中古流摄开口一等侯韵、开口三等尤韵。其中有些有文 eu 白 au 的对应关系。有些 eu 韵母来源于中古遇摄合口韵,这些字一般有文 u 白 eu 的对应关系。潮汕话没有 eu 韵母,在潮汕话中,这些字的韵母一般读作 ou、au、u 等。据粗略统计,雷州话 eu 韵母字约有 120 个。

雷州话和潮汕话有异的还不止这些(如还有文白异读字比潮汕话多、部分 ui 韵母字在潮汕音中韵母为[ŋ]等;词汇方面,"看"雷州是"映"、潮汕是"睇";"肉",雷州是[hip],文昌是[nek]等)。但仅就上面所举例子,已经可以看出二者的差异还是比较大的。因此,我们认为不能把雷州话划归潮汕话。

二

那么,雷州话在闽语这个大方言中又应占什么样的地位呢?从上面的材料我们可以看出雷州话和海南话、潮汕话都有不小的差别。这些差别是不是应该看作是闽南次方言内部低一层次的差别呢?我们认为,以前不为人们专门提及的雷州话,与闽南话的关系应该是并列的。因为:

第一,从声韵调系统来看,雷州话与习惯上被视作是闽南话的代表点方言的厦门话韵母方面的差别较大:雷州话只有47个韵母,厦门话却有79个韵母。其中,雷州话除了缺少厦门话所有的十多个鼻化韵母和二十多个[ʔ]尾韵母外,还缺少厦门话的[n]、[t]尾韵母。另外,雷州话口语中古入声字有失去塞音韵尾的现象,这在厦门话中也较少见;雷州话[ie](爷)、[eu](呕)、[oi](矮)、[em](掩)、[ep](噎)、[iek](失)等韵母,也是厦门话所没有的。声调方面,厦门话有七个声调,上声只有一个;雷州话有八个声调,平上去入各分阴阳。

第二,词汇、语法方面,雷州话也有不少与厦门话是不同的,简略对举如下:

雷: 饼　信　吐　躲　蹲　显(美)　　□oi(饿)　□ma(背)　讨
厦: 粿　批　啡　密　跍　水　　　　枵　　　　□iaŋ　　　娶

雷: 舔　目汁(眼泪)　臭枧(肥皂)　映　□hip(肉)　食力(疲劳)
厦: 舐　目屎　　　　雪文　　　　看　□baʔ　　　餲

雷: 书　瘖　　　浓(~茶)　一个蚊　一番被　老婆
厦: 册　赤(肉瘦)　厚　　　一只蚊　一领被　某

雷: 老公　沏洁(干净)　柑枹　粪间　俺人　你人　伊人
厦: 翁　　清气　　　　柚　　屎礐　阮(我们)　恁　個

雷: 家翁(公公)　家婆(婆婆)　鹞(风筝)　日投籽　床仔　无惊(不用怕)
厦: 爹官　　　　爹家　　　　风吹　　　王梨(菠萝)　桌　免惊

雷： 无大无细啱好(不大不小刚刚好) 讨无讨(要不要) 那来过两道(只来过两次)
厦： 唔大唔细拄仔好　　　beʔ控唔　　　则来着两摆

可见，无论是从声韵调系统看，还是从词汇、语法特征看，雷州话与闽南话的代表点方言厦门话的差异都是不小的。若从韵母的数量看，雷州话与厦门话相差很远，但与莆田话(韵母40个)却比较接近。不过，莆田话有ɬ声母，上声只有一个，入声有三个，没有[p]、[t]、[k]韵尾，有尾韵母……这些都与雷州话有异。但如果我们赞成"闽南、莆仙话是闽语中两个并列的的次方言"这种观点的话，那么，我们认为，雷州话与闽南话的关系也应该是并列的。

若以上观点可以成立，则海南话与闽南话的关系同样也应该是并列的。这是因为：首先，从韵母系统看，海南话也没有鼻化韵母，因此数量上比厦门话要少得多(文昌48韵母)；其次，从声母系统看，海南话没有[tʻ]、[kʻ]、[tsʻ]等送气音，许多地方有[f](或[ɸ]、[pf])、[v]声母，中古精、庄组有不少字声母读[t]……这些现象在闽方言中较为少见；再次，从词汇方面看，"肉"说成[iok]，"思想"训读成[tio tio](想想)等现象也是非常特殊的。

至于潮汕话是不是也应该与闽南话并列的问题，由于篇幅所限，我们只能用简单举例的方法来讨论：

1. 中古"日"母潮汕今音声母为[z]的字，厦门音声母为[l]，如"而、日、二、热、柔"等；不少潮汕音声母为[m]的字，厦门音声母为[b]，如"麻、闽、埋、矛、芒、某"等；不少潮汕音声母为[ŋ]的字，厦门音声母为[g]，如"崖、岩、眼、雁、逆、义"等；厦门话有[n]、[t]尾韵母共十个，这些韵母是潮汕话所没有的，也就是说，大部分中古山、臻摄字厦门话和潮汕话的读音是不同的；厦门音"阳上归去"，只有七个声调，潮汕大部分地区的闽语均是平、上、去、入各分阴阳，共为八个声调；文白异读，潮汕话不像厦门话那样有比较整齐的整套对应规律，如"鲨、皮、扫、货、芋、退、甜、青、窗、事、字"等字潮汕话一般只有一读，厦门话则有文白两读。

2. 词汇、语法方面也有较大差异。如：

潮：睇 信 呾 书 雅(美) 哭 姿娘 饼药(肥皂) 目汁(眼泪)
厦：看 批 讲 册 水　 吼 查某 雪文　　 目屎

潮：眯(闭眼) 稚(菜嫩) 好惜(可爱) 乞(给) 事 好(可以) 乜个(什么)
厦：阂　　 幼　　 好听　　 互 代志 通　　 甚物

潮：孥团(小孩) 地珍(谁) 好(可以) 番梨(菠萝) 孬(不行) 底爿 地豆(花生)
厦：紧团　　 啥农　 解使　　 王梨　　 𣍐使　 内面 塗豆

潮：摘 豆芽 齿揪(牙刷) 面布(毛巾) 下卦(下午) 咔(太) 阮(我们)
厦：挽 豆生 齿抿　　 面巾　　 下晡　　 伤 任

潮：潒(便宜) 局(粥稠) 好得(幸亏) 凉(凉快) 响 捅(扔) 猛(快)
厦：俗　　 洘　 该载　　 秋清　　 䁖 献　 紧

潮：追 爱嫒(要不要) 孬食(不能吃) 甲伊呾(跟他说) 满块走(到处跑)
厦：执 beʔ㾀唔　 𣍐食得　　 共伊讲　　 四界走

以上词语有不少都是李如龙等学者用以论证闽语内部差异并据以分成五区所用的例子，立足于潮汕地区向内、向外看，多数是"内部具有比较高度的一致性、而相对于以厦门话为代表的闽南区却有较强的排他性"的词语。

通过上面的比较，我们认为，潮汕话与闽南话的关系应该是并列的，因为潮汕地区各地闽语一致性较强，但与福建境内的闽南话则有较明显的区别。

三

把潮汕、雷州、海南闽语分为三支并与闽南话并列起来，其依据还可以从以下几个方面考虑：

1. 厦、雷、潮、琼之间在通话上有较大的困难。就笔者本身的体会，在调查中，听单字音似乎差别小些，但在实际生活中若听厦门人、雷州人、海南人用自己的方言交谈，懂的程度就很低了。从"语言的社会功能——交际的工具"这一观点看，通话有较大困难的不一定要分为不同的大方言，但如果划为同一次方言却不够合适。

2. 就地理、人口看，雷、潮、琼互不相连，操潮语的有一千多万人，琼、雷各是四百多万人①。

3. 就代表点方言的情况看，讲潮汕话的人多以潮州话或汕头话为标准音，讲雷州话的人多以海康话为标准音，讲海南话的人多以文昌话为标准音——民间几乎没有认为厦门话是标准音的，因为他们已经形成了方言上各自的向心结构。

4. 就各方言区的人所形成的社团看，在海外，潮汕人、海南人、福建人是各成社会集团（如会馆等）的，这和他们在语言上是否相通是有很大关系的。

5. 就各方言区的文化传统看，潮汕地区的潮剧、雷州地区的雷歌、海南地区的琼剧、厦门一带的芗剧……对各自所在的整个地区各土语群人民之间的文化交往甚至方言的变化和发展都有一定的制约作用，而芗剧对潮汕地区或雷、琼地区则几乎是从未形成什么影响……各看各的戏，这也证明了观众"向心"的差异。如广东操闽语者对闽南话歌词"酒干倘卖无"（还有后来《爱拼正会赢》中的"总吗爱照起工来行"等）是没能完全听懂的。

因此，我们认为，闽语分区简图应该是：

也就是说，中国境内的闽语可以分为并列的八个区，各区都有自己的代表点方言，如闽南去的代表点方言是厦门话，潮汕区的代表点方言是潮州话或汕头话，雷州区的代表点方言是海康话，琼文区的代表点方言是文昌话……以下可以再分片和小片，如闽南区可

---

① 上世纪 90 年代初数字。

分为泉漳片和大田片,潮汕话、雷州话、海南话则独立于闽南区之外。

主要参考文献:

陈章太、李如龙:《闽语研究》,北京:语文出版社,1991年。

李永明:《潮州方言》,北京:中华书局,1959年。

方位词研究五十年

陈 瑶

近来,由于认知语法研究的传入与深入,与人类认知有密切关系的方位词的研究也成为语言学研究的热点问题。要使这一热点问题的研究更加深入,就有必要对方位词研究的过去、现在和将来有一个完整的认识,弄清哪些问题已经研究得很透彻了,哪些问题还有待进一步研究,哪些问题还尚未研究。为此,本文对50年来方位词研究的状况作了一个梳理。

一

从研究对象所处的历史时期来看,现代汉语方位词的研究较为系统、成熟,古代汉语方位词的研究还不充分;从研究对象的地域特征来看,普通话(共同语)方位词的研究较为深入,但方言方位词的研究则还不够。

第一,50年来,除了一般的现代汉语语法学的著作和现代汉语教材用专章或专节来研究方位词外,还有一些论文从方位词与处所词的区分、个体方位词之间的差别与联系、方位词的性质、范围、语法功能、使用状况等若干方面对现代汉语方位词进行了深入细致的研究。《现代汉语词典》(1978年第1版、1983年第2版、1996年修订本、2005年第5版)一直将"方位词"作为词条收录;《现代汉语八百词》(1980年第1版、1999年增订本)的总论《现代汉语语法要点》中,也将"方位词"作为一个独立的词类与"名词"、"动词"、"形容词"等词类并举。这两部词典是现代汉语较为权威的规范词典,它们对"方位词"重要性的认定及其对方位词具体成员的收录,也在一定程度上反映了现代汉语方位词研究的广度和深度。此外,20世纪90年代以来,还出现了研究现代汉语方位词的专著,如储泽祥《现代汉语方所系统研究》,从方位词构成方所的功能着眼,描绘了一幅现代汉语方位词的全景图;齐沪扬《现代汉语空间问题研究》,从方位词与空间的关系着眼,对方位词进行了新的分类。这类专著的出现说明现代汉语方位词的研究已经成为现代语言研究的一个热点问题,从一个侧面反映出现代汉语方位词研究正在走向成熟。

与现代汉语方位词研究的系统性、丰富性相比,古代汉语方位词的研究就显得相对单薄。这主要表现在以下两个方面:

1. 古代汉语方位词的研究较为零散,尚未形成自己的一套系统和方法。学者们对古代汉语各个时期的方位词有过研究,而且有的研究有相当的深度,如唐启运《论古代汉语的处所方位名词》、张世禄《先秦汉语方位词的语法功能》、魏丽君《从〈史记〉一书看方位词在古汉语中的用法》、侯兰生《〈世说新语〉中的方位词》、王锳《唐诗方位词使用情况考察》等。不过,这些文章对方位词的分类、方位词语法功能的研究、方位词词义特点的把握基本上还是现代汉语的一套系统和方法。当然,不容否认,古代汉语方位词与现代汉语方位词是一脉相承的,借用现代汉语方位词的系统和方法来研究古代汉语的方位词也是无可厚非的,但是毕竟现代汉语和古代汉语是两个不同时期的语言,如果能根据古代汉语的特点从研究方法、研究内容上寻求更多的研究切入点,古代汉语方位词的研究就会更加深入,甚至有可能反过来影响现代汉语方位词的研究。不过,我们这样说并不意味着古代汉语方位词的研究没有自己的特色,因为仍有不少学者根据古代汉语词类活用较多的特点,研究方位词的活用现象,如余心乐《方位词在古汉语中的动词功能》,张军、王述峰《论古汉语方位词用如动词》;也有一些学者从古代汉语方位词的特点入手,提出适合于古代汉语方位词划类的标准(如上文提到的唐文和侯文),这些研究都考虑到了古代汉语方位词自身的特点,应该说还是颇有见地的。

2. 方位词的溯源工作做得不多,每一个方位词发展的历史脉络还不明晰,古代汉语方位词的整体状况目前还未弄清楚。

学者们对方位词在各个历史时期的状况给予了一定的关注,如王力《汉语史稿》、太田辰夫《中国语历史文法》、志村良治《中国中世语法史研究》、香坂顺一《白话语汇研究》等专著都有专节论及一些方位词的历史面貌;同时张万起编《世说新语词典》,刘坚、江蓝生主编《近代汉语断代语言词典系列》,白维国编《金瓶梅词典》,周定一主编《红楼梦语言词典》等词典也或多或少地收录了一些方位词的词条;还有一些论文也专门研究某一时期方位词的状况(如上文提及的对先秦、汉代《史记》、南北朝《世说新语》、唐代唐诗中的方位词的研究)。不过,从整体上讨论古代汉语方位词全貌的目前只看到《论古代汉语的处所方位名词》这一篇,将讨论范围限定在"表示处所的方向和位置"的"处所方位名词",并从表义特点、语法功能的角度提出划归"处所方位名词"的标准,并根据此标准确定了古代汉语方位词的部分成员。尽管唐文论述周密,但也认为"古代汉语处所方位名词究竟有多少?看来这是一个还值得研究的问题",由此可见,古代汉语方位词成员数量的研究还有待深入。

为什么这个问题的研究尚不深入呢?这实际上与古代汉语个体方位词的历史发展研究得不够充分有直接关系。目前,单纯方位词的溯源工作已经有一些成果,有不少文章对"东、西、南、北、中、里、外"等单纯方位词的来源进行了追溯,如蒋逸雪《释四方》、周晓陆《释东、西、南、北与中——兼说子、午》;杨伯奎《说"中"》、胡念耕《唐兰释"中"补苴》、田树生《释"中"》、钟如雄《"里"义探源》、汪维辉《方位词"里"考源》、张玉春《说"外"》等;一些汉语史的著作也对某些单纯方位词的来源进行了举例性的分析。不过,每个单纯方位词在不同历史时期的用法尚未弄清楚。同时,相对于单纯方位词来说,合成方位词的溯源工作基本上没有专文论及,即使有,也是散见于各种词典、汉语史的相关著作。既然方位词这个集合的每一个成员的发展轨迹都尚未弄清,那么各个历史时期方位词的整体面貌自然就无法明晰,这样一来,要弄清古代汉语方位词成员的数量自然也是难上加难的。同时,在对古代汉语方位词的成员进行界定的时候,有的学者并未将古今一脉相承的方位词与古有今无的方位词区分开来,所谓"古代汉语方位词"是应该涵盖古今一脉相承与古有今无这两种情况呢?还是只指"古有今无"这一种情况呢?还要再进行界定。

综上所述,如果说现代汉语方位词的研究已经处于或正在处于成熟期的话,那么古代汉语方位词的研究目前还处于发展期。语言学界应该在继续深化现代汉语方位词研究的同时,将古代汉语方位词的研究提到研究日程上来。

第二,如上所述,50年来,普通话方位词的研究已经颇具规模,与之相比,方言方位词的研究恐怕还处于初步发展阶段。

早在1958年,中国社会科学院语言研究所就为调查河北省方言编写了《方言词汇调查表》,这个调查表到1981年正式发表在《方言》第3期上,成为方言学界进行词汇、语法调查的依据。该表"大致按意义分类排比",其中有一类就是"位置"类,表中列举了一些合成方位词(如"上头、下头、左边、右边、中间、里面、外面、前边、后边、旁边")、一部分方位指示词(如"哪儿、什么地方")、表处所的方位结构(如"路上、手里、乡下")、时间词(如"以前、后来")。从该表选词的原则来看,归入"位置"这个义类的词应该是"常用的"、"方言中有异同的"、"意义单纯范围确定的"一类词,显然归入这一类的方位词也具有此类特征。也就是说,至迟20世纪80年代,方言学界就开始将方位词作为一种常用的、有方言特色的词来关注了。20年来,方言学界积累了丰富的方言方位词的原始材料,不过,这些材料大部分侧重于方言方位词的列举和释义,对方言方位词的形式特点、语法功能研究得还不充分。

从方言学的专著来看,将方位词作为专章或专节来研究的并不多,大都是将方位词置于分类词表中的一个义类("方位"或"位置")

之下,进行方言方位词词汇形式的列举。不过,近几年有些专著也对方位词进行过专题研究。如陈泽平《福州方言研究》就专门用了一节(第七章第三节)来分析福州方言方位词的形式特点,只是这样的专著较少。

从方言学的论文来看,以方言方位词为论题的论文并不太多。目前笔者收集到的有5篇,较早的一篇要算20世纪60年代金有景《苏州方言的方位指示词》①,接下来到了90年代,《方言》上刊载了两篇这方面的论文,一篇是李锡梅《江津方言词尾"头"和方位词"高"》;另一篇是郑懿德《福州方言的方位词》;还有其他一些杂志也刊载了这方面的论文,如柏恕斌、丁振芳《鲁南方言"的""的个"及方位词的特殊用法》、何天祥《兰州方言里的"上"与"下"》。这些文章中以郑懿德的研究较为全面,她在较为详尽列举福州方言方位词的基础上,从方位词的内部结构、语法功能(主要是在句中充当句子成分的功能)、方位词重叠的语法意义及重叠后的语法功能(主要是在句中充当句子成分的功能)等方面对福州方言方位词进行了条分缕析的研究。此外,还有一些涉及方言方位词的论述,一般都是研究某一方言语法的文章中的一部分而未独立成篇,如黄伯荣主编的《汉语方言语法类编》中,陕西华县、四川江津、云南玉溪、浙江宁波、上海这5处的方言方位词的研究资料就取自研究这些方言语法的文章。其中以许宝华、汤珍珠对上海话方位词的描写较为系统,他们不仅列出了上海话方位词总表,而且还对上海话与普通话差别较大的方位词作了区分,同时分析了新老派在使用方位词上的异同。

从以上的分析来看,尽管进行方言方位词研究的第一手材料较为丰富,也有一些学者作了一些较为深入的研究,但总体来说,从研究的深度、广度来看,与普通话方位词的研究还是有一定的距离。

---

① 另外,严格地来说"方位指示词"现在一般归入代词中,不过在六七十年代有一些语言学家将这类词也归入方位词。赵元任《汉语口语语法》就将"这里(儿)、哪里(儿)、那里(儿)"看作双语素方位词。

二

从研究角度来看,从形式入手研究方位词的较多,从概念表达和方位词文化内涵入手研究方位词的不多。

第一,如上说述,50年来学者从空间、时间概念表达的角度研究方位词的不多。

较早注意从空间概念表达的角度研究方位词的是吕叔湘,早在20世纪40年代他就在《中国文法要略·重印题记(1982)》中提出可以从两个不同的角度来研究语法,一个是"从听和读的人的角度出发,以语法形式(结构,语序,虚词等)为纲,说明所表达的语法意义";一个是"从说和写的人的角度出发,以语法意义(各种范畴,各种关系)为纲,说明所依赖的语法形式",并且在此书中用"词句论"和"表达论"分别从这两个角度对汉语的特点进行描写,而且将方位词作为表达"方所"这个范畴的一种重要形式来研究,该书的这种"先立意义(观念)范畴,再论述每个范畴的表达形式"的研究视角可以说是从空间概念表达的角度研究方位词的先导[①]。

吕氏的这种思想在20世纪八九十年代房玉清的《实用汉语语法》中得到继承发展:一方面,在研究观念上房氏除了认同吕氏的两个研究角度外,还针对外国学生学习汉语的实际情况,认为外国学生"要解决听懂和读懂的问题,必须对汉语的句法结构进行从形式到意义的分析和学习;要解决用汉语表达的问题,必须了解汉语某些特有的语法范畴及其表达形式,必须对汉语的某些语法范畴进行从意义到形式的分析和学习";另一方面,在研究内容上,房氏认识到"空间"、"时间"之间的内在联系,将"空间"和"时间"放在同一个范畴——"时空范畴"中研究,在第十八章"时空范畴"中,除了从空间概念表达的角度

[①] 尽管《中国文法要略》是以文言和白话作为分析对象,但其列举的方位词与现代汉语的方位词基本一致:上、下、左、右、前、后、内、外、中、旁、东、西、上头、底下、前头、头里、后头、面前、背后、里头、外头、左边、右边、旁边、东边、西边。

说明方位词的特点外,还注意到方位词在表达时间概念上的重要作用,并明确提出"用方位词表示时空概念,是汉语的一大特点"①。可以说在《实用汉语语法》中,从表达时空概念的角度研究方位词的观念已经十分明确了。

如果吕、房二氏还是从概念如何用方位词表达这种表层的意义与形式的关系研究方位词的话,那么刘宁生则是从"汉语看待物体空间关系的方式这一角度,联系认知过程说明汉语为什么用这些方位词表达这些特定的意义,为什么另一些说法在科学性上是有根据的甚至是惟一正确的,而在日常语言中却是尽力避免的"②,显然,后者借助了认知语言学的研究方法。

认知语言学是"一个以我们对世界的经验以及我们感知这个世界并将其概念化的方法、策略作为基础和依据进行语言研究的语言学学派"③,如果从美国加州大学语言学教授 Ronald W. Langacker1976 年创建"认知语法"开始算起,该学派至少有三十几年的历史了,不过,国内对这个学派的介绍始于 20 世纪 80 年代末,作为"引进国外语言学的窗口",《国外语言学》从 1990—1999 年陆续发表了不少译介的文章,对认知语言学功能主义的语言观、非客观主义的认知观、认知语言学的经验基础以及认知语言学的一些核心问题如范畴化理论、隐喻系统、意象和意象图式、句法的象似性等等都作了详细深入的译介。

由于认知语言学认为"语言不是一个自足的体系,它是客观现实、人的生理基础、认知能力等多种因素综合的结果"④,因此,其研究语言不再从形式结构入手,而是从概念结构入手,"从认知上对语言结构作出系统的而不是零碎的、严格的而不是随意的合理解释"⑤,这种新

---

① 《中国文法要略》将方位词放在"方所"范畴中研究,在"时间"范畴中并未说明方位词在构成时间词上的功能,只是列举了一些有方位语素的时间词,如"前天"、"后天"。
② 刘宁生:《汉语怎样表达物体的空间关系》,《中国语文》1994 年第 3 期,第 169—179 页。
③ 张敏:《认知语言学与汉语名词短语》,北京:中国社会科学出版社,1998 年。
④ 石毓智:《"女人、火,危险事物——范畴揭示了思维的什么奥秘"评介》,《国外语言学》1995 年第 2 期,第 17—22 页。
⑤ 沈家煊:《R. W. Langacker 的"认知语法"》,《国外语言学》1994 年第 1 期,第 12—20 页。

的研究思路得到国内不少学者的响应,因此,出现了一批运用认知语言学的观点和方法来研究汉语方位词与空间表达关系的论著,刘宁生的这篇就是其中较有代表性的一篇。此外,李宇明《空间在世界认知中的地位——语言与认知关系的考察》,运用认知语言学隐喻的认知观,对空间隐喻的两种类型——时间的空间隐喻和社会的空间隐喻进行了研究,认定"空间图式是一种能产性极强的认知图式,人们习惯于把空间的范畴和关系投射到非空间的范畴和关系上,借以把握各种各样的非空间的范畴和关系",这一研究对汉语方位词既能表示空间又能表示时间、等级的表义功能作出了一定的解释;张炼强《时空的表达和修辞》将表示空间概念的词语用于表达时间概念归因于人类的认知特点(认知时间要以某种客观标志为中介,而这一中介又和空间以及人们的视觉行为相联系),从另一个角度为方位词既能表示空间又能表示时间提供了解释;龙治芳《试论多维空间词汇意义的认知原则》认为,不同方位词或同一方位词表示的不同方位义受制于人们观察多维空间物体的基本认识规律和原则[①],并从认知的角度对方位词词义产生的原因做了分析;廖秋忠《现代汉语篇章中空间和时间参考点》、《空间方位词和方位参考点》以及方经民《现代汉语方位参照聚合类型》都是从时空概念表达的方面说明方位词在描写某一物体所处的空间、时间上的作用,并且以此来给方位词做新的归类。

尽管八九十年代语言学界运用认知语言学的方法,从概念表达与方位词关系的角度对方位词的形式和意义做出了一些新的阐释,不过,这种阐释还主要集中在方位词表示时空概念这两种表义功能上,对方位词的其他表义功能尚未能作出合理的解释。另一方面,由于"认知"本身是抽象的、主观的,因此,认知语言学的解释也有一定的主观化倾向。因此,目前运用认知语言学的方法来对方位词进行系统的研究还要慎重。

第二,从文化内涵来研究方位词的材料也不多。除了一些方位词

---

① 即定向原则(人在观察自然时所处的位置对时间、空间和物体的认识的作用。人从不同的视角观察物体会对它们产生不同的印象)和格式塔原则(物体受本身结构决定的外部形态对时间、空间和物体的认识的作用),它们都是观察自然和形成概念的方法。

溯源的论著中有少量提及外，目前见到的专篇论文有张德鑫《方位词的文化考察》、周前方《方位称谓词的语言文化分析》、蔡培桂《说"东"——谈谈"殷人东渡美洲的问题"》、李启文《论古人是如何看待方位的》、范庆华《"东、西、南、北"及其文化内涵》等5篇。

其中张文从古代方位词的多种表达形式、方位词的文化象征、文化色彩等方面对方位词的文化内涵作了较全面的分析；周文则选取有方位语素的称谓词作为研究对象，对方位语素应用于这类称谓词的文化原因作了深入的剖析；蔡文则将"东"的起源与移民史联系起来，提出了"'东'字字形的起源与殷人东渡美洲有直接关系"的独到论断；李文将方位概念的产生及其所指与古人从整体上把握世界的宇宙观联系起来，分析它们之间的内在关系，从而探究出方位概念产生的文化根源。范文从"东、西、南、北"四方组合的顺序、四方的词义、词义演变、词语运用等方面探究出中国的某些社会制度和习俗。这些文章都注重将方位词的研究与中国文化的底蕴联系起来，有不少新的发现。不过，这样的研究比起方位词的形式研究来说，数量显然还是偏少。所以，如何更进一步研究方位词的文化内涵、方位词与古代文化的关系，应该是今后方位词研究的一个重点。

三

从研究方法来看，方位词的个体研究较多，方位词的比较研究较少。50年来，单个方位词的研究不在少数，现代汉语内部方位词的比较研究[1]、古代汉语方位词与现代汉语方位词的比较研究、普通话方位词与方言方位词的比较研究、方言间的方位词的比较研究、汉语与英语以及其他外国语的方位词的比较研究都不多[2]。

"比较"一直是语言研究的一种重要的方法。对于"比较"的重要

---

[1] 目前见到的有：罗日新《"里、中、内"辨义》；〔日〕高桥弥守彦《是用"上"还是用"里"》；郭振华《方位词"内"和"里"》；邓永红《"在X下"格式及与"在X上"之比较》。

[2] 目前见到的有陈满华《从外国学生的病句看方位词的用法》。

性,不少语言大家都有过精辟的论述。如吕叔湘在《通过对比研究语法》①中指出"要认识汉语的特点,就要跟非汉语比较;要认识现代汉语的特点,就要跟古代汉语比较;要认识普通话的特点,就要跟方言比较。无论语音、词汇、语法,都可以通过对比来研究";李荣在《关于语言研究的几个问题》指出:"比较是研究词汇的好办法。"

同时,语言学界运用比较的方法也取得了不少的成绩。李如龙在《论汉语方言比较研究——世纪之交谈汉语方言学》(未刊稿)中,就提出"汉语方言学是从比较研究起家并由比较研究向前推进的";上世纪80年代以来,语法学界也注重普通话与方言、现代汉语与古代、近代汉语的比较研究,如朱德熙《北京话、广州话、文水话和福州话里的"的"字》、《汉语方言里的两种反复问句》等,尤其是到80年代末90年代初,邢福义明确提出"普(现代汉语共同语)——方(现代汉语方言)——古(古代、近代汉语)""大三角"的研究方法,使语法学的研究"越来越接触到汉语语法特点的本质"②。

尽管语言学界运用比较的方法取得了一定的成绩,不过,还是存在一些不足。就方言学来说,"方言词汇的比较研究还没有认真进行"(李如龙《论汉语方言比较研究——世纪之交谈汉语方言学》,未刊稿),方言方位词与普通话方位词的比较研究、不同方言的方位词的比较研究还未引起应有的重视,相应的成果也不多,因此,方位词的比较研究也是今后方位词研究的一个重点。

陈瑶(1971—),女,湖北武汉人,文学博士,深圳大学文学院中文系副教授,主要从事方言词汇、方言语法的研究。

---

① 吕叔湘:《通过对比研究语法》,《语言教学与研究试刊》1977年第2期,第4—16页。
② 华萍:《现代汉语语法问题的两个"三角"的研究——1980年以来中国大陆现代汉语语法研究的发展》,《语言教学与研究》1991年第3期,第21—37页。

介词"on"的认知阐释

陈 瑶 陈 佳

一、意象图式理论对介词"on"的认知阐释

用意象图式理论来研究 on,首先将 on 的原型图式与词典中 on 的基本义项(即词典释义的第一条)来进行对比,看两者是否吻合。例如,在 *The Oxford English Dictionary*(《牛津英语词典》)中,on 的基本义项为:覆盖、接触或形成其一部分,这一释义与原型图式一致。然后,再看 on 由原型图式产生的各种意象图式变体(image-scheme variants),研究 on 是如何从原型图式产生这些意象图式变体(即隐喻投射)的。

on 的原型意义通过意象图式的转换,可以投射到不同的目标域。时间与空间联系最紧密,因此往往用 on 来喻指时间概念,这是 on 投射到时间域,就可以表示时间段,如例(1),也可以表示时间点,如例(2)。

(1) He came on Sunday. (他是星期天来的。)

(2) There was a letter waiting for him on his return. (他一回来就有一封信在等着他看。)

on 可以投射到状态域,表示所处的状态,如:

(3) The lights were all on. (灯都亮着。)

(4) The book is currently on loan. (该书已借出。)

用隐喻认知理论来分析,例(3)中,将"灯"不亮的状态视为一般状态,on 表示处于一般状态之上,即灯是亮着的,用 on 来表达出"灯"处于使用状态中;例(4)中,将"书"没被借出、还在图书馆的状态视为一般状态,on 表示处于这一状态之上,on 表达出"书"被借出去而发挥出作用、实现了价值的含义,处于暂时离开的状态。

On 还可以投射到方式域,表示借助、使用、依靠等的方式或手段,如:

(5) He was on the plane from New York. (他在纽约来的飞机上。)

(6) We spoke on the phone. (我们通过电话谈了谈。)

例(5)中,用容器意象图式来分析可知,"飞机"即容器,on 表示"他"进入"飞机"这一容器,这里用 on 表达出了借助"飞机"这一交通工具的内含;例(6)中,用连接图示来分析可知,"电话"连接了"我们",on 表示将两个主体连接起来,这里用 on 表示通过使用"电话"这种方式来进行谈话。

由以上例子可以看出,并不是所有的情况都符合 on 的原型图式。实际运用中,on 在不同语境中的意义不固定于原型图式,而是以原型图式为基础,引申出不同的意义,但并未偏离原型图式的基本框架。

二、图形—背景理论对介词"on"的认知阐释

用图形—背景理论来研究 on,将 on 分别放在静态位置关系和动态位置关系中来考察,最终确定 on 的意义,如:

(7) Put it down on the table. (把它放在桌子上。)

(8) the diagram on page 5. (第 5 页上的图解。)

例(7)是一个静态位置关系,其中的"它"相对于"桌子"来说,突显程度较高、容易移动、对外的依赖性也较高,因此"它"是图形,而"桌子"是背景,"它"接触"桌子"的表面,并受桌子支撑;例(8)也是一个静态位置关系,其中的"图解"较"第 5 页"来说,具有突显程度较高、所占空间较小等特点,因此"图解"是图形,"第 5 页"是背景,"图

解"不仅与"第 5 页"相接触,还成为了其表面的一部分。

(9) She climbed on to the bed. (她爬上了床。)

例(9)是一个动态位置关系,其中"她"相比较于"床"来说,突显程度较高、容易移动、所占空间较小,因此可以确定在这个空间关系中,"她"是图形,"床"是"背景","她"与"床"相接触,并在其表面运动,但需要注意的是,on 在这里并没有突出运动的方向和轨迹。

通过以上例子的分析,可以得出结论:on 表示空间位置关系时,强调物体之间的接触、支撑关系;较侧重于描述物体之间的静态位置关系;当描述物体之间的动态位置关系时,往往与动词结合使用,不突出物体在特定方向的移动轨迹。

陈佳(1988—),女,四川广汉人,绵阳师范大学中文系本科,深圳大学文学院汉语言文字学研究生,研究对外汉语教学。

"V在了N"格式的形成原因研究

詹 勇

引 言

现代汉语中有这样一种常见的结构。如：

挂在了墙上　　掉在了井里

放在了桌上　　倒在了地上

为方便起见,我们用 V 来表示这个格式中出现的动词性成分,用 N 来表示方位或处所的名词性词语,这样整个结构就可以用"V 在了 N"格式来表示。

最早注意到这种"V 在了 N"格式的是丁声树等(1961)的《现代汉语语法讲话》。① 书中第七章列举了老舍作品中的两个例句：

吃过饭,他躺在了炕上。

她本人可是埋在了城外。

这种格式在 20 世纪 80 年代曾引起了众多学者的关注。相继对

---

* 本文发表于《宁波大学学报》(人文科学版)2009 年第 4 期。

① 丁声树等：《现代汉语语法讲话》,北京：商务印书馆,1961 年。

这种格式发表看法的有范继淹(1986)①、蒋同林(1982)②、蒋平(1983、1984)③、廖礼平(1984)④、朱德熙(1987)⑤、邢福义(1985、1997)⑥、董晓敏(1997)⑦等,这些研究集中在讨论这一格式是否合法的问题上。这一格式经历了一个由不为人所接受到广泛使用的过程,究竟是什么原因推动这一格式的出现并广泛使用呢?邢福义先生认为是由于类推的作用的结果。我们以为,类推是重要的推动因素,并非导致其出现并大量使用的唯一原因。这一格式产生的重要原因在于"在"的语法化,类推则是推动其大量出现的重要原因。本文主要从语法化角度来探讨"V 在了 N"结构形成的原因,以期抛砖引玉,就正于方家。

一 "在"的语法化过程的共时分析

语法化的研究通常可以从两个角度来进行:一是从历时的角度,将语法化作为演变的一部分,考察语法形式的来源、形成和发展的途径;二是从共时的角度,将语法化视为一种句法和语用现象,考察在日常语言中表达语法关系的各种手段。首先我们对"在"进行共时层面的分析。一般认为,现代汉语中的介词绝大部分都由动词虚化而来。"在"也不例外。只是"在"的意义并没有完全虚化,其动词性用法一直持续到现代。比如"小王在家吗?"这里的"在"即为动词。由于

---

① 范继淹:《论介词短语"在+处所"》,《范继淹语言学论文集》,北京:语文出版社,1986 年,第 162—190 页。
② 蒋同林:《试论动介复合词》,《安徽师范大学学报》1982 年第 1 期,第 77—88 页。
③ 蒋平:《关于"V 在了 N"结构的类化问题》,《汉语学习》1983 年第 5 期,第 11—28 页;蒋平:《再谈"V 在了 N"格式》,《汉语学习》1984 年第 5 期,第 56—58 页。
④ 廖礼平:《关于"V 在了 N"格式的使用考察》,《汉语学习》1984 年第 1 期,第 50—53 页。
⑤ 朱德熙:《现代汉语语法研究的对象是什么》,《中国语文》1987 年第 5 期,第 321—329 页。
⑥ 邢福义:《谈谈语法规范化问题》,《文字改革》1985 年第 6 期,第 32—33 页;邢福义:《V 为双音节的"V 在了 N"格式》,《语言文字应用》1997 年第 4 期,第 34—42 页;邢福义:《汉语语法学》。长春:东北师范大学出版社,1997 年。
⑦ 董晓敏:《"V 在了 N"结构新探》,《华中师范大学学报》1997 年第 3 期,第 103—108 页。

"在"语法化程度不一,使得人们对它的认识产生了较大的分歧。

从共时的角度来看,"在"的语法化情况在现代汉语中具有明显的轨迹,"在"的语法化确实经历了一个"动词 > 介词 > 附着成分(clitics)"过程,体现了语法化程度的由低向高的发展趋势。① 例如:

  a)小王今天不在家。   动词
  b)小王在家看书。   动词/介词?
  c)在院子里,他栽了一棵牡丹花。 介词
  d)在解放前,农民的日子过得很悲惨。 介词
  e)小王在交际方面能力很突出。 介词
  f)都已经九点了,小王还躺在床上。 介词/附着成分?
  g)小王一屁股坐在了沙发上。   附着成分

上面的一组例句体现了"在"的意义由实到虚的一个斜坡(cline)。这可以视为"在"在不同历史发展阶段的用法在共时平面上的叠映(overlap)。a)、c)、d)、e)句中的"在"的词性大家的看法一致。而 b)、f)中的"在"的词性就出现了分歧。"小王在家看书"有人认为是动词,也有人认为是介词。f)句中"在"有不少学者认为它和前面的动词构成复合动词,如蒋同林(1982)、郭熙(1986)②等,也有不少学者认为这里的"在"仍是介词。朱德熙(1982)对这个问题的看法也不尽一致。③ 语法化理论认为,语法化的过程是一个连续统(continuum),是渐变的过程,而不是顿变。斜坡(连续统)上的范畴与范畴之间的界限是模糊的,而不是绝然的"非 A 即 B"的关系。"A > A/B > B"这个公式表明,新的形式产生以后,老的形式并不一定马上消失。因此在 A 虚化到 B 的过程中,总是存在一个 A 和 B 共存的阶段。依我们看来,b)、f)就是处于 A/B 的中间状态,这种两可状态直接导致了人们对"在"的词性认识上的分歧。在共时平面上,我们可以从以下标准来衡

---

① Hopper P. J.:《语法化学说》,北京:外语教学与研究出版社,2001 年。
② 郭熙:《"放到桌子上""放在桌子上""放桌子上"》,《中国语文》1986 年第 1 期,第 20—23 页。
③ 朱德熙:《语法讲义》,北京:商务印书馆,1982 年。

量语法化的程度:(1) 表空间的语法成分是语法成分中虚化程度最低的;(2) 三维(空间)低于一维(时间),一维低于零维(原因、方式等);(3) 特殊低于一般,如工具低于方式;(4) 与名词有关的低于与小句有关的,如介词低于连词。这些标准可以帮助我们来讨论"在"的语法化程度。

二 "在"的语法化过程的历时分析

"实词的虚化,要以意义为依据,以句法地位为途径。"[①]就多数情况来说,词汇的语法化首先是从某一实词的句法位置的改变而诱发的。当一个动词经常在句子中充当次要成分,它的这种句法位置就慢慢固定下来,其词义就会变得抽象化,不断虚化,再发展下去其功能就会发生变化,不再充当谓语,而变成谓语动词的修饰成分或补充成分,词义进一步虚化就导致了该动词的语法化,由词汇单位变成语法单位,如果进一步虚化,就会丧失自身的独立地位,成为附着成分(clitics)。所以,在研究词汇的语法化过程中,句法位置的改变,结构关系的影响是一个重要因素。[②] 因此,我们将主要依据句法位置的改变来进行分析。我们把"在"出现的历史时期分为先秦、两汉、魏晋南北朝、隋唐五代、宋代、元明清、现代等几个阶段。

(一) 先秦时期

"在"最初的、最典型的用法就是动词,如《说文解字》:"在,存也,从土才声。"这种动词性用法,在古代汉语和现代汉语中都很常见。甲骨文中就已出现了"在",后接处所名词。如:令郭㠯才京　甲3510(才即在)

---

① 解惠全:《谈实词的虚化》,收入吴福祥:《汉语语法化研究》,北京:商务印书馆,2005年,第130—151页。

② 刘坚等:《论诱发汉语词汇语法化的若干因素》,收入吴福祥:《汉语语法化研究》,北京:商务印书馆,2005年,第101—119页。

郭亡其来,才鼓。	黄 681
父母在,不远游,游必有方。	论语

除了上述处于谓语中心的位置的"在"外,"在"还出现在这样两种位置。一是位于动词之前,如:

子在川上曰:"逝者如斯夫,不舍昼夜!"	论语
子在齐闻韶,三月不知肉味。	论语
子在陈,曰:"归与!归与!吾党之小子狂简,斐然成章,不知所以裁之。"	论语

对于上面的"在"的看法,人们颇多争议。张赪(2000)认为这些句子中的"在"仍是动词,表示"在某地"。① 我们也赞同这种看法。此时的"在"的动词性非常强,尤其是最后一例中"子在陈,曰"与前面的"子在川上曰"就可以看出,表示在某一地点,空间性很强,语法化程度很低,两者断句却不同。

另一位置是在动词之后,如:

鱼潜在渊,或在于诸。	诗·小雅·鹤鸣
对越在天,骏奔走在庙。	诗·周颂·清庙
或息偃在床,或不已于行。	诗·小雅·北山
闻君不抚社稷,而越在他竟。	左传·襄公十四年

先秦时期已经出现了"VO 在 N"这样的用例。如:

我自受苗才姞年,三月	乙 3155

"鱼潜在渊,或在于诸"这里"在"与"于"对举,表明人们观念上已开始把它们等同起来,这个位置的"在"已经开始虚化。对于上面的例句,大部分人都认为是介词。我们认为看作动词似乎更合理一些。不仅因为"在渊"的"在"具有很实在的意义,而且因为这一时期,如果要引进动作的处所,基本上用"於"。"在於"在先秦时期的频繁出现,就

---

① 张赪:《汉语介词词组词序的历史演变》,北京:北京语言文化大学出版社,2002 年。

表明这个"在"的动词性。如：

　　　　罪在於好知。　　　　　　　　　　　　　庄子·胠箧
　　　　本在於上，末在於下，要在於主，详在於臣。　庄子·天地

　　至于"鱼在在藻"、"王在在镐"这类，很多学者都认为第二个"在"明显是个介词。我们以为，这种看法可疑。因为《诗经》为韵律整齐和谐，成为四言，极有可能用重复动词"在"来补足。这种动词重叠现象在《诗经》很常见。另外，我们发现，《诗经》中出现的"在"基本上都是动词。据张赪（2000）统计，介词"在"先秦时期使用不普遍，在《论语》、《孟子》、《韩非子》中没有一例出现，《左传》中出现17例。

　　虽然此时的"在"典型用法是用作动词，但据姜宝昌（1992）考察，"在"作介词的用法已开始出现。① 例如：

　　　　癸丑卜贞：今岁受年，弘吉。才八月，佳壬八祀。　　　粹96

　　由此我们可以看出：由于隐喻的作用，"在"的语义逐渐抽象和泛化，表义辖域已由空间扩大到了时间。这时已经出现了引进时间的介词性用法。

　　基于上述，我们以为这一时期的"在"主要用法是动词，即使有介词用法，也很少见。这时引进处所的介词主要是"於"。"在"除了充当谓语中心外，还经常充当连动结构的前项和动补结构中的补语成分，处于偏的位置，表达相对次要的语义信息，句法位置趋向于固定。通常认为，状语和补语位置最容易发生实词虚化。这时的"在"已趋向虚化，但动词性还非常强。

（二）两汉时期

　　到了汉代，处在状语位置和补语位置的"在"继续虚化。如：

---

① 姜宝昌：《卜辞虚词试析》，收入程湘清：《先秦汉语研究》，济南：山东教育出版社，1992年。

赵衰、咎犯乃於桑下谋行,齐女侍者在桑下闻之,以告其主。

史记·晋世家

齐、晋、秦、楚,其在成周微甚,封或百里,或五十里。

史记·十二诸侯年表

第一例中"在"与"於"相对,表明"在"已经虚化成为介词,但还是不能完全否认其动词性,因为它还具有比较实在的意义。第二例中的处于状语位置的"在"是介词,后面带的是时间词。

据何乐士(1992)统计,《史记》中处于主要动词后面的"在"出现的频率极低,都是引进动作行为的处所。① 如:

初,白公父建亡在郑,郑杀之。　　　　　　　　史记·楚世家
是时,桓楚亡在泽中。　　　　　　　　　　　　史记·项羽本纪
其后战国并争,在於强国禽敌救急解纷而已。　　史记·历书

(三) 魏晋南北朝时期

魏晋南北朝时期,处所出现在主要动词之前还是之后的语法意义有了重要的差别。六朝以前,处所前置与后置没有太大的语义差别。但是六朝以后,后置的处所是行为动作到达的终结点,前置的处所则是行为动作发生的处所。这一时期有两个值得注意的特点:第一,除了"於"引介处所以外,这时又出现了一个"著(箸)"。据俞光中(1987)统计,"V 在 N"在数量上不及"V 著 N"多。② 如:

长文尚小,载箸车中。　　　　　　　　　　　　世说新语·德行
五有不平色,语信云:"可掷箸门外"。　　　　　世说新语·方正
庾文康亡,何扬州临葬,云:"埋玉树著土中,使人情何能已已。"　　　　　　　　　　　　　　　　　　　　世说新语·伤逝
将雷公放著庭中。　　　　　　　　　　　　　　三国志·曹爽传注

---

① 何乐士:《古汉语语法研究论文集》,北京:商务印书馆,2000 年。
② 俞光中:《"V 在 NL"的分析及其来源献疑》,《语文研究》1987 年第 3 期,第 14—18 页。

第二,位于动词前面的"在 N"数量增多。何乐士对《世说新语》中"在"进行统计,位于动词之前占90%,在动词之后仅约为10%。这种现象他认为是汉语句子语序调整的结果,是由于"在 N"从动词后面位移到动词前面。而石毓智(2001)则认为不是位置的迁移,而是新出现的具有同样功能的谓语前介词替代旧有的谓语后面的介词的结果。①

  会有亡儿疾在此。   世说新语·假谲
  顾长康画谢幼舆在岩石里。   世说新语·宠礼
  充自外还,乳母抱儿在中庭。   世说新语·惑溺

魏晋南北朝时期,位于动词后的"在 N"出现的数量很少,出现的频率很低。用来引介地点主流是"於"和"著"。王力《汉语语法史》认为晋代以后,"在"才真正成为介词,常用来代替"於"字。②

  昔有爱妾,住在晋阳。   三国志·魏书
  诸人在下座听,皆云可通。   世说新语·文学

(四)隋唐五代时期

隋唐五代时期,"在 N"使用频率增多。与出现在动词前的"在 N"相比,出现在动词后面的数量已经有了较大的增长。据何乐士统计,《变文》上册中"在 N"出现在动词前的比例约为34%,出现在动词后面的占66%。究其原因,一是介词"於(于)"的数量趋向减少;二是"著"的用法也逐渐消失。"在"开始逐渐取代它们的地位,数量也日渐多了起来。"在"使用频率越来越高,就为它的进一步虚化创造了条件。例如:

  达摩说不思议法,惠可在堂前立,其夜雪下到惠可腰,惠可不移处。   菩提达摩南宗定是非论一卷并序·唐五代卷③
  把舜子头发悬在中庭树地。   舜子变文·唐五代卷

---

① 石毓智:《语法的形式与理据》,南昌:江西教育出版社,2001年。
② 王力:《汉语语法史》,北京:商务印书馆,1989年。
③ "唐五代卷"指刘坚、蒋绍愚主编《近代汉语语法资料汇编·唐五代卷》(北京:商务印书馆,1990年)。下"宋代卷"仿此。

十二部尊经,记在心中。　　　　　　　庐山远公话·唐五代卷
郑王依语,即觅船等,送在水中。　　　伍子胥变文·唐五代卷
余乃生於巴蜀,长在藿乡。　　　　　　伍子胥变文·唐五代卷

从上面例句可以看出这一时期句子的长度增加,句子内部之间的停顿减少;还出现了客体隐含,不直接出现在句子中的例句,如"送在水中";"长在藿乡"与"生於巴蜀"对举,表明人们在观念上把"於"、"在"同化,我们可以说这时的V后"在"已经彻底虚化成为介词。"在"除了引介处所以外,还出现了引介时间和原因。例如:

仆应自杀在今晨。　　　　　　　　　　捉季布传文·唐五代卷
臣闻虎毛未霸,食床之气以存,鸣鹄一舒,起在排云之力。

秋胡变·唐五代卷

在相同的环境下"在"与"著"可以交替使用,表明这时的"在"与"著"已没有什么差别,已经相当自由。如:

大一量廿五斤,小一量十斤,现著影前。　　　（卷二）
大一量则廿五斤,小一量则十斤,量见在眼前。　（卷三）

入唐求法巡礼行记·唐五代卷

我们发现,"著"引介处所的功能逐渐消失过程正好与"着"的虚化为体标记的过程相一致。我们推测,这一重合不是偶然的。可能是因为为了同"着"的体标记用法相区别,"著"(着)的引介处所的用法就逐渐被和它具有同样功能的的"在"所取代。这就造成了"在"的使用就越来越普遍。

唐五代时期"在N"表示动作的终点,只能位于所修饰的动宾结构之后,形成"VO在N"式。这种句式还在延续。例如:

乐登夫人染疾在床,三年不起。　　　舜子变文·唐五代卷
闻道如来在鹿苑,一切人天皆忙忙。

大目乾连冥间救母变文·唐五代卷

尽管如此,"在於N"这种用法还在持续,并未立即消失。在《唐五

代卷》中就有这样的例句:

当时有一破铜熨斗在於床侧。	游仙窟
功德在法身,非在於福田。	六祖坛经
新妇必有私在於乡里。	秋胡变
时有上足弟子在於高峰之上,望见本师在於寺内。	
	庐山远公话
其净能在於侧近店上宿。	叶净能诗

(五) 宋代时期

到了宋代,表示动作终点的"在N"的位置已经固定,只出现在动词的后面。除了继续使用"V在N"、"VO在N"这一格式以外,这一时期出现了这样三个新的变化:第一,用介词"把(将、以)"等将宾语提前,形成"把OV在(於)N"的处置句式。这种句式唐代已经开始出现,如"把舜子头发悬在中庭树地"例。宋代则更为常见。如:

只不合将"赤子之心"一句插在那里。	朱子语类
待把伊托在心里。	宋代卷
今官司只得把儿子顿在一边。	朱子语类
读书须将心帖在书册上。	朱子语类

第二,宾语直接位于动词前,形成"受事+V在(於)句式,就是受事主语句。如:

诗注一齐都写在里面。	朱子语类
这些愁闷,镇在心里。	宋代卷

第三,宋代时还出现了这样一种"V_1+O+V_2在N"格式。例如:

买一朵来,与娘插在肩膀上。	宋代卷
只是他自有个物事横在心下。	朱子语类

这三种句式上变化,把O提前以后,V与"在"之间没有别的成分,对"在"的虚化有着直接的影响。根据语言符象似性原理,意义上联

系越紧密的,句法上的距离也最为接近。这两种结构的出现,造成了V与"在"紧密相邻,为它们的融合创造了前提条件。

(六)元明清时期

这一时期,"在"已经取代了"於",成为最常用的引进场所的介词。"於(于)"只出现在文言色彩较浓的环境中。据何乐士统计,《变文》上册中的"在"为238例,"於"437例,到了关汉卿《戏曲集》则发生重要的变化,上册中"在"为389例,"於"仅为64例。证明这时在引进处所的介词当中,"在"已经取代了"於"的重要地位。值得注意的是这一时期的"VO在N"这一格式数量极少。《元明卷》中"VO在N"只出现6例。这一时期表述同样一个事件用了两种句式:"VO在N"和"将OV在N"。如:

  却撇他在这里。   杀狗劝夫
  将你撇在这里。   杀狗劝夫
  将你撇在这塔里。   杀狗劝夫

这一语言现象明确表明由于"把"字句、受事主语句等的出现,将宾语提前。元明时期,一般情况下,"在N"不能位于VO之后,而通常用"把/将"把宾语提到动词前,形成"把OV在N"。如:

  把我撇在郊外。   小孙屠
  把我一起赶在破瓦窑中睚着冻饿。 杀狗劝夫
  我才将这文书分明压在底下。 杀狗劝夫

"VO在N"这种格式已经趋向消失,直到现代汉语中完全消失。

"以元明时期为界,这之前的汉语单句结构与现代汉语不同的最突出的一点是,动宾之后有一个第二谓语的位置X,即:

  S + V + O + X

X可以是不及物动词、形容词、时间词、数量词、介词短语等,在X位置出现的词拥有一个共同的语法功能,都是谓词性质的成分。从总

体上看,X 位置一直保持到宋代,完全消失于元明之际"。① 动补结构的产生是导致 X 位置的消失的主要原因,对汉语句子的结构产生了极大的影响,如"把"字句和"被"字句的产生等。

正是因为"在"的普遍使用,加上句式的变化客观上使 V 与"在"联系越来越紧密。如前所述,到了现代汉语中"在"进一步虚化,已经前附,倾向于当作一个整体来看,再往后在"V 在"的后面出现体标记"了"。

三 "V 在了 N"结构形成的语法化解释

从上文"在"的语法化历程的概貌可以看出,"V 在了 N"结构的形成过程经历了三个阶段:

(一) 必要的语法环境

$$V + 在 + N \qquad 把 O + V + 在 + N$$

"V 在 N"在先秦时期开始出现。宋代以后,广泛使用介词"把/被"等将宾语提前,形成"把 OV 在 N"的句式,这就使 V 与"在"处在直接相邻的位置。认知语言学认为,语义上越亲近,形式上越靠近,语义距离近的两项,其形式上的距离不会比语义距离远的两项大。相邻的两个成分经常在一起,易于组成一个单位。V 与"在"的直接相邻,且"在 N"不是谓语中心,处于次要的地位,这为"在"的虚化、和 V 融合创造了前提。

语法化理论认为,使用的频率越高,就越容易出现意义虚化。到了元明时期,引进处所的介词中,"著"已经消失,"在"已经取代了"於",占绝对的主导地位。这也是它进一步虚化的重要原因。

---

① 石毓智等:《汉语语法化的历程——形态句法发展的动因和机制》,北京:北京大学出版社,2001 年。

(二) 内部结构的重新分析

$$[把\ O]+V+(在+N) \Longrightarrow [把\ O]+(V+在)+N$$

Langacker(1997)把重新分析定义为:没有改变表层形式的结构变化,一个可分析成(A B),C 的结构,经过重新分析后,变成了 A,(BC)。① 语法化的过程同时也体现语言形式与意义之间的一条象似性原则——距离相似性原则。两个语义范畴之间的距离越大,相应的两个形式之间的距离也就越大,两个意义之间的联系越是紧密,相应的两个形式之间的结合就越紧密。因为"在"与 V 的距离相近,其语义联系也越来越紧密。这时就涉及到重新分析。

朱德熙(1982)认为,"'坐在椅子上'有两种不同的切分方法,'坐/在椅子上'和'坐在/椅子上',最好把'坐在椅子上'分析为'坐在/椅子上'"。② 这就是重新分析。重新分析就改变了原来词语的边界。"在"开始前附,越来越紧的和 V 联系在一起,它们开始融合成为一个整体,边界开始消失。蒋同林(1982)就开始认为"V 在"的边界已经消失,已经成为一个复合动词。③ 对此持相同看法的有吕叔湘、胡裕树、邢福义等。④

从认知心理上看,我们把"V 在"看成一个复合动词是有理由的。第一,汉语中有一种强烈的双音节化的趋向。人们心理上习惯把两个相邻、意义密切的看成是一个词,如"摔倒"、"打死"等。"V 在"结构相邻、意义联系紧密,"在"向前附着在动词之上,这种心理认知推动了"V 在"的融合。第二,"在"虚化前附成为一个附加成分,表现为语音上的弱化。V 与"在"之间的语音停顿已经不存在,而且口语中"在"的声调脱落,向央元音靠拢,语音弱化读为[tə°],已不再负载重音。"V 在"的韵律已经由"重音+重音"变为"重音+轻音"。

---

① F. Ungerer & H. J. Schmid:《认知语言学入门》,北京:外语教学与研究出版社。
② 朱德熙:《语法讲义》,北京:商务印书馆,1982 年。
③ 蒋同林:《试论动介复合词》,《安徽师范大学学报》1982 年第 1 期,第 77—88 页。
④ 分别参见吕叔湘主编《现代汉语八百词》(增订本 1999)、胡裕树主编《现代汉语》(重订本 1995)和邢福义《汉语语法学》(1997)。

(三) 虚化为附着成分

$$[把\ O] + V在 + 了 + N$$

体标记"了"的出现,实现了"在"与 N 最终分离,"在"与 V 的距离更为接近,联系更为紧密。"在"实现了同 V 的融合,人们心理上已经把它们看成一个整体。此时只能把"在"看成是附加成分或者是"词缀",而不宜再视之为介词。因为介词不能加体标记"了",如: *在了北京。① 正由于"在"虚化成为附着成分,在某些情况下还进一步虚化,出现了"跑江湖"、"放桌上"、"站讲台"这类"V + N"的结构。这种现象似乎可以看成是"在"虚化脱落的产物。

四 余 论

通过上文的分析,"在"经历了"动词——介词——附着成分"的语法化过程,我们觉得"V 在了 N"结构的形成与"在"的进一步语法化密切相关。但是,"V 在了 N"这一格式能迅速地推广开来并被频繁使用,则与"类推机制"有关。在现代汉语中,有这样一组与"V 在了 N"结构平行的结构,"V 到了 N"、"V 给了 N"、"V 向了 N"等。如:

扔在了门外　　　扔到了地上
扔给了对方　　　扔向了空中

据考察,"V 到了 N"、"V 给了 N"、"V 向了 N"出现均早于"V 在了 N",这些格式的合法性早已被人们所接受。可以说它们普遍使用直接促进了"V 在了 N"格式的普及。邢福义曾说,"V 在了 N"结构应是从"V 到了 N"这一类推衍而来。我们虽不完全赞同这一说法,因为类推只能是造成其频繁使用的重要原因,很难说是导致其产生的根本

---

① 石毓智《肯定和否定的对称与不对称》曾认为介词后面可以跟体标记成分"了"、"着"等,如"为了"、"除了"、"跟着"、"朝着"等,这种看法似不妥,绝大多数人都把这些词看成双音节的介词,而不是介词后面带体标记。

原因。这种格式成立以后，便具有强烈的类化力，推动"V在了N"格式在使用中得到发展。其类化轨迹为：

V为单音节──→V为双音节──→V为动结式──→多音节结构

正因如此，近年来的"V在了N"格式发展到了跟"V到了N"等平行的具有较强生命力的格式，其数量已经超过了"V向了N"和"V给了N"，使用越来越普遍。据董晓敏(1997)对80万字语料进行调查，发现"V在了N"为87例，仅次于"V到了N"的122例，远高于"V给了N"、"V向了N"的47例和16例。[①] 这充分说明，"V在了N"结构已经被普遍使用，为人们广泛接受。

詹勇(1972—)，男，安徽安庆人，文学博士。深圳大学文学院中文系副教授，主要从事汉语语言学、中文信息处理的研究。

[①] 董晓敏:《"V在了N"结构新探》,《华中师范大学学报》1997年第3期,第103—108页。

试论"词库"与"词法"*

詹 勇

关于词库的相关研究

1.1 词库概说

词库(lexicon),原本用来指一个人、一种语言或一个知识领域所拥有的全部词汇。例如《现代汉语词典》收录的全部词汇单位就是一个词库。后来,随着心理语言学的发展,心理语言学家在思考词汇知识在人大脑里的组织形式的时候,开始利用词库来指称储存在人大脑中的各种语言单位——词项知识信息的心理表征(metal representation),所以词库又被称为心理词库。词汇知识在永久记忆中的组织被称为心理词汇(mental lexicon)或内部词汇(internal lexicon)。对于词库和词法,国外心理学界和语言学界研究颇多,国内研究者则较少探究。Zhang & Peng(1992)[①]、彭聃龄和丁国盛(1997)[②]、王春茂和彭聃

---

* 本文发表于《广西大学学报》(哲学社会科学版)2009 年第 3 期。

① Zhang, B Y & Peng, D L. Decomposed storage in the Chinese lexicon[C]//Hsuan-Chich Chen & O J L Tzeng. Language processing in Chinese. North-Holland. 1992:131—149.

② 彭聃龄、丁国盛:《中文双字词的表征与加工》(上、下),《心理科学》1997 年第 4 期,第 294—297 页;《心理科学》1997 年第 5 期,第 395—397 页。

龄(1999、2000)①等,从心理学的角度对汉语词库进行过一些实验研究。专门从语言学角度来探讨"词库"、"词法"的论著更为少见,仅杨亦鸣等(2001)对国外大脑词库研究的介绍②、董秀芳(2004)对汉语词库与词法的研究③等。对于词库的研究,可以追溯到结构主义语言学流派。布龙菲尔德(1933)就提出"词库实际上是语法的一个附属品,是一连串的、基本的不规则成分",语法是"一种语言形式有意义的排列"的观点④。其实布氏本人并未展开对词库的专门研究。后来居上的形式主义语言学流派大兴其道,乔姆斯基早期就主张"语言能力"(language competence)和"语言运用"(language performance)的差别,"语言能力"指理想化的语言使用者所具备的语言知识。他本人致力于人的内在语言能力的研究,将词库与语法联系起来,认为词库属于语言能力。生成语法学派特别重视词库,这一点在乔氏的"最简方案"得到充分证明。他在"最简方案"中提出语言的装置有两部分组成,一是词库,另一是演算系统。不难发现,这与神经语言学的目标是殊途同归,不谋而合。因为目前神经语言学实际的研究内容主要分为两方面,一是研究词库,即大脑词库;一个是研究词在提取之后怎么组合,这就是运算系统。如图1(下页)所示:

可以看出,词库成为生成语法的基础,它的地位大为提升,演算系统运用合并(merge)和移位(movement)两种手段直接从词库中选取词项,然后解释为一定的语音式和逻辑式。乔姆斯基不断地追求简洁、明晰的普遍语法,在研究策略上,生成语法总的趋势是用更加抽象的、简明的原则来处理演算系统,把不能用这些原则处理的部分转移到词库中。伴随着这一趋势,当代生成语法的研究出现"大词库小语法"的研究取向,词库的研究被提高到一种前所未有的相对重要的地位。

---

① 王春茂、彭聃龄:《合成词加工中的词频、词素频率及语义透明度》,《心理学报》1999年第3期,第266—273页;王春茂、彭聃龄:《多词素词的通达表征:分解还是整体》,《心理科学》2000年第4期,第395—398页。
② 杨亦鸣等:《国外大脑词库研究概观》,《当代语言学》2001年第2期,第90—108页。
③ 董秀芳:《汉语的词库与词法》,北京:北京大学出版社,2004年。
④ 布龙菲尔德:《语言论》,袁家骅等译,北京:商务印书馆,1980年,第274页。

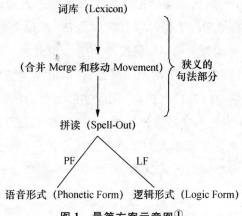

图 1　最简方案示意图①

与乔姆斯基类似,英语语言学家利奇(1983)也认为语言可以区分为语法和词库两部分。他把词库看作持母语的人的语言能力的一部分,即"词库作为不按次序排列的词条的一览表"。他认为,"一种语言中的词汇是不可能穷尽的。词库中不可能收录所有的词。一种语言的词典应该列出有关该语言的所有特殊的事实,即列出不能归纳为规律的所有事实。特殊的事实还包括不规则性或已定规则的例外情况:例如,man 的复数形式是 men,而不是 mans,这就是词典所要列举的一个事实。这样的特殊事实正好可以通过一定的成分(词项)来表示,而这种成分大致相当于我们所知道的'词';可是在有些情况下,词项涉及的句法部分大于一个词,在这种情况下,我们把它叫为'成语'。"②

1.2　词库的内部构成

不同学者对词库的理解是不一致的。关于词库的内部构成存在两种不同的观点:

---

① Chomsky, N., The Minimalist Program, Cambridge, MA: MIT Press, 1995.
② 利奇:《语义学》,李瑞华等译,上海:上海外语教育出版社,1987 年,第 253 页。

第一种观点认为词库不仅包含词,还应该包含词缀在内,如 Halle (1973)①和 Di Sciullo & Williams(1987)②等。Halle 的思想可以用以下模型来表示(见图 2):

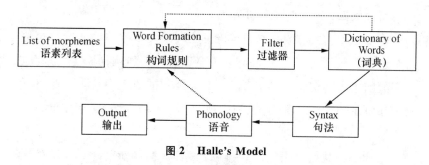

图 2　Halle's Model

在 Halle 的模型中,词库的内容主要包括三个方面:① 语素列表(List of Morphemes),包括词根和词缀;② 词典(Dictionary of Words),语言中所有实际存在的词;③ 过滤器(Filter),过滤器有两个功能:一是在必要的时候增加特异性的特征,比如 arrive(v,到达)——arrival(n,到达),但是与其构词规则相同的 recite 变成名词 recital 之后,意义却产生了歧变,由"背诵"变成了"独唱会、独奏会"了;二是它能阻止那些可能存在但实际上不存在的词出现在句子中,通过指派[—词汇插入](-lexical insertion)特征给这些词。这样的区分相当复杂,操作起来十分不便,他把语素作为词库的基本单位也受到别人的批评。Di Sciullo & Williams(1987)认为词库就"像一所监狱,它只收容那些不合法者,它所收容者的唯一共同之处在于不合规则"③。他们还提出了词库内容的"列举的层级"(hierarchy of listedness):

所有的语素要被列出。

---

① Halle, M., Prolegomena to a Theory of Word-formation[C].//Francis Katamba ed. Morphology:Critical Concepts in Linguistics. London and New York:Taylor & Francis,2003:212—227.

② Di Sciullo, A. M. & Williams, E., On the Definition of Word, Cambridge, MA:MIT Press, 1987.

③ "…like a prison-it contains only the lawless, and the only thing that its inmates have in common is lawlessness." Di Sciullo, A. M. & Williams, E., On the Definition of Word, Cambridge, MA:MIT Press, 1987:14.

大多数词要被列出。

许多复合词要被列出。

一些短语要被列出。

百分之四、五的句子要被列出。

也就是说,在词库里,包含全部的语素、大多数的词和少数短语,甚至还有少量的句子。Di Sciullo & Williams 则强调词库是用来存放人们大脑中需要记忆的语言成分,不合规则的语言单位。因此,他们把词库收录的成员全部叫做"列举项"(listemes),无论它们是词,词缀或是短语。

另外一种观点主张把词缀排除出词库,例如 Jackendoff(1975)就提出了只包含词的单一词库,不包含词缀。[1] Aronoff(1976)也持类似的观点。[2] 但他们之间也有不同之处。在 Jackendoff 看来,所有实际存在的词都应该列入词库,不论它们是否符合构词规则,语义是否发生变异。其所说的词库与今天所说的词表大致相当。而 Aronoff 认为词库中只需要列出那些至少在某个特征上具有任意性的单位,也就是说,或是结构上不合规则,不具备能产性,或是语义上具有特异性的词才能收入词库,并非所有的词都收入词库。

由上可以看出,学者们对词库及其内部构成的认识并不完全一致,而是存在着种种差异。但有一点是共同的,那就是他们都主张把那些不符合构词规律、具有语义任意性的语言单位收入词库。因为这些语言单位不能用规则来处理,必须作为一个整体来理解和使用。对于那些符合词法规律的词因为可以按构词规则来处理,就可以不收入词库。当然也可以把它们收入词库,这应该与其使用频率高低相关。

---

[1] Jackendoff, R. S. , Morphological and Semantic regularities in the Lexicon[J]. Language, 1975,51:639—671.

[2] Aronoff, M. , Word Formation in Generative Grammar, Cambridge, MA: MIT Press, 1976.

词法与词库的关系

"词法处于语言学概念的核心,词法不仅仅是语言学重要的组成部分,而且因为词法研究的是词的内部结构,而词正好处在语音、句法和语义的接口上"。① 通常认为词法就是语素构成词的规律,包含构形法和构词法两大类。例如,重叠式就有所谓构词("星星"、"蛐蛐"等)与构形之分("听听"、"轻松轻松"等)。张寿康(1985)对构形法和构词法进行了严格的区分,"构词法和构形法同是形态学(词法)的研究内容,构词法研究词素构成词的方法,而构形法则研究词形的变化"②。也有学者将词法等同于构词法,而把构形法排除在外,例如董秀芳(2004)。

根据一个广为接受的观点(Aronoff 1976),词法作为语法的一部分,主要的研究对象是一种语言里潜在复合词的内部结构。这些词并不一定全部存在,但它们全都是符合词法的组合。相比而言,词库作为一个语言中已经存在的语言单位的列表,必须被使用者记住,因为它们具有任意性,在某种程度上是不可预测的。这个列表上的大部分项目是词,尽管词库中也包含更大的单位(如"惯用语")和更小的单位(如"词缀")。从这种观点出发,有规则性的词法和不规则的词库都是独立的实体。从表面看来,它们之间似乎关系不大,因为词法处理对象是潜在词(potential words),词库仅仅针对已经存在的词。实际上这两大系统之间是相互作用的,具体表现在:第一,它们在语言中的功能是一致的,都是为语言提供词。正因为这种功能上的交叉重叠(overlap),一些语言学家就认为词法在词库里,例如 Jensen and Stong-

---

① "Mophology is at the conceptual centre of linguistics. This is not because it is the dominant subdiscipline, but because morphology is the study of word structure, and words are at the interface between phonology, syntax and semantics." Spencer and Zwichy, *The Handbook of Morphology*, Oxford: Blackwell Publishers Ltd., 1998:1.

② 张寿康:《构词法与构形法》,武汉:湖北教育出版社,1985年,第58页。

Jensen(1984)①。尽管如此,"词库"这个术语被更广泛地使用,作为表示所有词的来源,包括现存词和潜在词,并非布龙菲尔德(1933)所说的只是不可预测成分的列表。第二,词法和词库是相互依赖的,词法用来造词的基础是词库,因为很多新的复合词、派生词都是在原有词的基础上造出来的。

但是,词库与词法之间具有非常明显的区别,具体表现在:

(1) 词库是显性的,而词法是隐性的。

词库是显性的,可以直接观察,词法则是隐性的,难于直接观察。词库作为词汇单位的集合,通常被认为是不规则语言单位的集合,在人的大脑中必须由记忆部门处理。词法却是由规律运作。"词法是说明词汇的'创造能力'方面,即'构词能力'方面的规则。词汇这方面的能力使我们能构成新词,或者给已有的词赋予新的意义"②。

(2) 词库里成员都是现存词,而词法的主要对象是潜在词。

词汇里面的词可以分成现存词(real word)和潜在词(potential word)。现存词是指已经产生、并已经在词汇系统中的词,是存在于词库当中的单位,是需要记忆的单位。而潜在词则是按照规律应该可以存在于语言中,却没有出现的词。潜在的词是由词法的规律产生的,不必记忆。潜在词只是一种预测,一种可能性,还没有变为现实,因为词的产生受很多因素的制约,包括社会环境因素、文化因素和语言本身的因素等等。语言中大量存在的词汇缺项现象(lexical gap)就充分证明了这一点,有"长度"而无"短度",有"大度"而无"小度",有"强度"而无"弱度",有"好感"而无"坏感",等等。不在列表中的词是潜在的词,是由词法提供的,而不是词库的词。词法可以用来解释词的创新性,能够产生新词。

按照词法造出来的潜在词还必须和现存词进行比照,因为现存词对潜在词具有所谓的"阻断(blocking)效应"。就是说,如果造出的词

---

① Jensen & Stong-Jensen, Morphology is in the lexicon, Linguistic Inquiry, 1984, 15: 474—498.

② 利奇:《语义学》,李瑞华等译,上海:上海教育出版社,1987年,第297—298页。

和现实的词语义完全一致,就会受现存词的排斥,被阻断而不能成为现实的词,如"北京师范大学"一旦简称为"师大",那么北京的其他师范大学就不能再简称"师大",如"首都师范大学"就不能简称为"师大",而只能简称"首都师大"或"首师大"。再如,现代汉语里类后缀"度"可以附着在形容词后面,造出像"高度"、"长度"、"宽度"、"厚度"、"深度"、"密度"、"强度"、"浓度"、"硬度"等这样的名词,却没有出现造出"大度"、"小度"这样的名词,这很可能因为是词汇系统中已经有了现实的词"尺寸"的缘故,并且"大度"本身已经成为一个现实的形容词,具有阻断效应。这种阻断效应很复杂,不仅与语义有关,有时候还与同音现象有关,如"校友、系友"都可以,但"所友"却少用,可能是受已经存在"所有"这个词的排斥。有时候还会出现例外,阻断效应似乎起不了决定作用,如"人大"通常可以用来指"人民代表大会"和"中国人民大学",存在着两可的歧义,在不导致误解的情况下场合是可以使用的,两者可以互相共存。但从客观上来说,两者互相竞争和互相排斥肯定是存在的。可以这样说,现存词使用频度越高,可接受度越高,其产生的阻断效应就越明显。①

(3) 词库词具有特异性,而词法词具有规则性。

词库和词法运作机制是不相同的。词库词因为具有特异性,需要人大脑的记忆部门来处理。词法是由规律运作。词库词和词法词的根本区别在于合不合乎规则。词库词具有特异性,或者说任意性,相当于我们经常所说的不透明性。这种不透明性具体体现在三个方面:① 结构的不透明。词的内部结构关系无法判断或者不具备内部结构关系,如联绵词(仿佛)、音译词(博客)、截取词(而立)等,这些必须作为词库的成员收入。② 意义的不透明。组合的整体意义无法完全从构成成分的意义推知,如"千金、阁下、知音"等,也只能作为词库的成员。③ 功能的不透明,有些词的整体语法功能不能由内部结构推出。比如"左右",本来是 NN 并列,按规则应该是名词,结果整体功能却是

---

① 例子来源于多人例证,不一一注明,谨致谢意。

动词,这就是功能产生了变异。又如"悲观",虽然结构也是定中关系,但整体并不是名词性的,而是形容词性的。通过词法产生的词,其功能一般具有透明性,即可以根据词素的功能组合推出其整体的功能,如"开车"是动宾式,可以依据规则推出其整体功能是动词性的。

很多时候,这种语义、结构和功能的不透明性可以帮助我们来判定一些组合是否发生了变异,比如,动宾结构 VN 典型方式是构成短语,VN 后面就不能再带宾语了,但是存在如"投资"这样的述宾结构,整体是动词性的,还可以再带宾语,这就是功能发生了变化,据此可以断定"投资"是一个词。

汉语的词库和词法

3.1 汉语词库的心理现实性验证

由于词具有海量性的特征,任何一部辞书都不可能穷尽收录语言中所有的词汇,并且随着社会的发展,词的数量处在不断变化过程中,在不断扩大,任何一部词典或词表都不可能将全部词收入其中,不可避免都会遇到新词。同样,对于人的大脑来说也面临这样的问题。心理学家和心理语言学家的研究给我们提供了这方面的线索,学者们认为人的大脑中也有词库,即心理词库。然而对于心理词库存储的是词还是语素、词汇提取时如何激活、词和语素如何加工等问题看法并不尽一致。关于词汇通达(lexical access)有三种不同的观点,国内外的学者对此进行了相关的实验研究。① 现概述如下:

(1) 语素通达表征模型(morpheme access model,MA)。这种观点

---

① 例如 Taft, M & Foster, K I. Lexical storage and retrieval of prefixed word[J]. Journal of Verbal Learning and Verbal Behavior, 1975,14:638—647. Taft, M. & Foster, K I. Lexical storage and retrieval of polymorphemic and polysyllabic words[J]. Journal of Verbal Learning and Verbal Behavior, 1976,15:607—620. Peng, D. L., Zhang, B. Y., and Liu, Z. Z. Lexical decomposition and whole word storage of Chinese coordinative two character word[C]. In S. Wang, ed. Proceedings of the Second Afro-Asian Psychological Congress. Beijing: Peking University Press, 1993: 92—97. 等。

主要认为词语是以语素的形式储存的,词语分解为语素来表征,在词库表征上只有不可再分的语素,不存在彼此独立的词条。在识别时,整词输入被分解为语素单元,语素单元得到了激活,通达到它们各自的语义表征,然后进行整合,最后获得整词的意义。这种表征方式突出的优点是经济,可以用少量的语素单元表征大量的词汇。但是,因为汉语中存在着大量语义不透明词,其意义不能简单地由语素意义推知。这个理论就无法解释语义不透明的词如何能通过其语素获得该词的语音和语义的结合(binding)问题。比如,不透明词"马虎"的意思不能通过对其语素"马"和"虎"的意义的整合而获得。所以,对于语义不透明词来说,要准确地从通达表征映射到相应的语言学表征,就一定要有独立的整词通达表征。

（2）整词通达表征模型(word access model, WA)。这种观点认为,词语在词库中是整个储存的,每个词都在词库中占有一个位置,并与对应的语义相联系,并不存在单独的语素表征,单词的识别就是通达到其对应的词条。整词通达表征理论认为每个词汇都有各自的通达表征,不存在结合问题,因此,它能很好地解释语义不透明词的加工,"马虎"的意义就可以直接通达。由于整词表征模型认为大脑词库中会存在每一个词,意味着表征的冗余,被指责为不经济。这个模型的一个致命缺点在于没有办法解释新词的产生,难以解释许多使用语素启动词义透明的词这种现象。

（3）混合通达表征模型(combined access model, CA)。混合通达表征综合了前两种模型,试图解决前两种模型不能解释的现象。该模型认为,在心理词库中既有整词表征,又有语素表征,词汇识别是语素与整词激活相互作用的结果,词素和整词表征处于同一层次。

在对汉语词库表征的研究中,混合模型得到了很多实验的支持。实验证明在心理词典中,整词表征与语素表征可能同时存在,目标词的识别既受到启动词的词义的影响,也受到启动词的语素义的影响。整词的识别时间较短,而通过语素组合的词识别时间较长。在语义透明词和不透明词中,语素与词的连接方式和连续强度可能不一样。透明词的语素与整词的联系较密切,它们对整词的贡献或促进作用较大,当语义透明度高时,语素义有利于整词的识别,不透明词的语素与整词的联系不密切,不透明词的语素与整词之间存在负性的联系,它们可能干扰或抑制对整词的识别。合成词的结构方式不同,语素在词汇通达过程中所起的作用也是不一样的。

蔡振光、董燕萍(2005)对汉语复合词进行了实验,结果发现汉语的整词和语素在记忆过程中都得到激活,同样证明了汉语词汇属于混合表征模型。① 张珊珊等(2006)也对单字词、非自由语素和不成词汉字进行了实验,证明了词是大脑词库中的基本语言单位,存在状态比较稳定,非自由语素可能以不稳定的后备信息的概念存储或附着在大脑词库中,词和语素的划分以及语素的下位划分都是有心理现实性的。②

综上所述,汉语的大脑词库中既有语素表征,也存在整词表征,语义透明度和使用频率成为影响表征的两个重要因素,语义不透明的词不能由语素组合获得表征,而是作为整体来表征,这就说明词库存在着语义不透明的词。使用频率也直接影响到汉语词的表征,使用频率越高的词通达速度越快,这也表明使用频率高的词有可能已经进入词库。我们觉得,汉语心理词库里不仅有语素和一些意义不可预测的词,也存在一部分高频词。这就充分证明把词区分词库词与词法词是有心理现实性的,因为词库收录的词意义或功能具备特异性,具有不透明性,是不可能由语素来推测的,具有不可预知性,因此,只能作为一个整体来理解。而词法词则是按词法将语素组合起来实现通达,语义上具有透明性,可以由语素义进行预测,能够不断地产生新词。

3.2 区分词库与词法的应用价值

词库(lexicon)是词语的集合,既包括那些在人的大脑中必须由记

---

① 蔡振光、董燕萍:《从表外词语介入看汉语复合词的心理表征》,《解放军外国语学院学报》2005年第2期,第58—61页。

② 张珊珊、赵仑等:《大脑中的基本语言单位——来自汉语单音节语言单位加工的ERPs证据》,《语言科学》2006年第3期,第3—11页。

忆部门处理的不规则语言单位的集合,同时也包括一些符合规则的词法词的集合。词库中词按其来源来说,可以分成两类:一是合乎构词规律的按词法模式产生的词法词,这些词具有结构或语义的透明性,可以通过语素来得到。另外一类就是词库词,它是短语词汇化的结果。对于我们来说,区分词库和词法,可以帮助我们解决词汇研究过程遇到的一些难题。以往词汇研究没有对词库词和词法词进行区分,这样就很难总结出一些构词规则,因为短语词汇化形成的词对于研究构词规律有干扰,对词法研究具有负面效应。因此,研究构词法必须区分词库词和词法词。同时,区分词库与词法对于中文信息处理也具有重要的意义。我们可以依据词库与词法理论,把那些大量不合规则的词和已经存在的高频词收入分词词表,作为分词的基础,而识别新词由构词规则来负责,这样就可以有效地解决一部分未登录词(新词)识别问题。

3.2.1 利用词库来研究构词规律

词库不是固定不变的,而是一直在不断地通过增加新的词条以适应新的需要。词库具有不断生成新的词条的能力,词库的这种创造性,可以通过词法来加以说明。"事实上,对于词库的研究正处在采用历时语言观还是共时语言观的十字路口。词库一方面是贮存把词汇规则应用于过去所得结果的仓库,同时又是当前和将来应用这些规则的范例。"[①]所以通过对词库的研究,可以帮助我们正确地揭示构词规律,更好地预测新词的产生。

词库虽只是现存词的集合,但是我们知道词库中除了意义、结构明显变异的词汇化形成的词以外,还收录更多的词法词,词法词体现了词法规律的作用的结果。因此通过对合成词的结构、语义模式等进行研究,就可以找到构词规律。"词法规则体现在词库中的条目里,通过外显的词库去研究内在的词法规则应该是一条可行的研究途径。"[②]

[①] 利奇:《语义学》,李瑞华等译,上海:上海外语教育出版社,1987年,第253页。
[②] 董秀芳:《汉语的词库与词法》,北京:北京大学出版社,2004年,第2页。

3.2.2 利用"词表+规则"方法解决自动分词问题

自然语言处理过程的第一步就是分词。由于词表的不完备性,不可能收入所有的词,新词也不断产生出来,这就造成了大量不能识别的未登录词。前面已经说过,要想穷尽地收录语言中的所有的词是根本不可能的,也是完全没有必要的,解决的办法就是让分词系统增加自动识别新词能力。机器处理分词问题与大脑极其相似,也可以按照"词库+词法"来解决这个问题。[①] 词按其形成过程可以分为两类,词汇化形成的词库词和词法词。两类词形成过程是不一样的。词库词是由短语的结构凝固化造成的,也就是词汇化过程形成的词,例如"于是"、"虽然"等,是历时过程变化造成的,是无意识的产物,词汇化形成的词往往带有语义的不透明性,利奇把这种现象称之为"石化"现象[②],例如,"轮椅"并不只是有轮的椅子,而是病人用的推车,"摇床"也不仅是摇动的床,而是婴儿睡的床等等。词法词是按词法规则生成的,是人们有意识运用构词材料造出来。这两类词从本质上来说是不一样的,词汇化形成的词不具备能产性,也没有规则可以利用,可直接收入词表;而词法形成的词则是有规则可循的,具备很强能产性,可以说数量几乎是无限的。我们研究归纳构词的规则,用来处理汉语中出现的新词,也就是词表中未出现的词,即未登录词的问题。

对于那些没有规则的词,因为词义产生了特异性,根本无法从语素得知其语义,可以认为它们是词汇化的结果。它们不具有规律性,具有不可复制性,因此我们可以把它全部收入词表中。对于那些有规律的词,尤其按词法规律产生的新词,我们可以考虑从现存词出发,研究总结出相应的词法规则,让计算机能够利用规则来处理词表中从未

---

① 当然,这里所说的词库并不等同于心理词库,因为通常心理词库中有不成词的词素,在机用词库只有词,没有语素,它不仅仅包括不符合规律的词汇词,还可以收录使用频率较高的的词法词,这样可以提高计算机运行的效率。通常把它称为"机用词库",或者直接称之为"词表",以便与词库(心理词库)相区别。

② "一个约定俗成的词汇意义背离了词汇规则所确定的'理论上的'意义这一全部过程可以称为'石化'(我希望这个术语将使人联想到词条习惯形式的'固态化'以及往往伴随这一过程出现的外延意义的'收缩')。",见:利奇:《语义学》(中译本),李瑞华等译,上海:上海外语教育出版社,1987年,第318—319页。

出现过的词法词,这样就显得特别重要了。基于以上考虑,我们建议把现代汉语中存在的联绵词、音译词①、截取词、部分语素义不明的词直接收入分词词表,还可以把一些高频词也收入词表,通过"词表＋规则"的方法来解决汉语分词问题,这将为解决汉语自动分词问题提供一条新的思路。

---

① 这里所指是纯粹的译音词,比如"沙发"、"麦克风"、"布尔什维克"等等,而像"啤酒、吉普车"等由"音译成分＋类名"构成的词严格地说不属于纯粹的音译词,音译成分只是充当了一个"别义成分",而后面"类名"是语义所在,可以认为它综合运用了音译、构词的方法。这个"别义成分"可以发展成为单独的语素,成为整个词义的代表,可以用来构成"干啤"、"鲜啤"等新词,类似还有"巴"、"吧"等。

语音系统的认知与执行配对[*]
——语音学与音系学的研究层面

梁 源 黄良喜

1 绪 论

在语言学研究的各个范畴中,语音学和音系学的关系最为密切。一些研究者坚持自己是语音学者(phoneticians)或者音系学者(phonologists),可这两个学族的研究重叠颇多,很难就此说明二者的具体界限在哪里。另有一些学者则认为:区分语音学和音系学没有意义,因为都是关于语音系统的研究,称谓标签的不同可能只反映社会学性的群体现象,与研究性质无关。本文通过三个研究个案的探讨,尝试说明两个学族标签背后的学理是对物质现象和心理系统的区分,希望藉以消除语音学与音系学之间的门户之见,让种种语音现象得到更深入的解释。

2 心理与生理的错配

普通话有四个声调:阴平、阳平、上声、去声。其中,第二声阳平的

---

[*] 本文得到香港特别行政区研究资助局 2012 年优配研究项目基金资助(GRF, No. 250712)。

调形是上扬的,如下图。

(1) 普通话中的四个声调基频图(Wee 2004:41)①

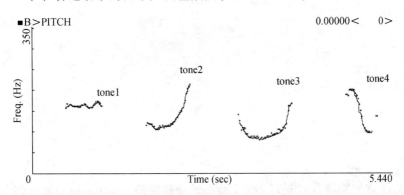

图(1)展示了第二声阳平调由低到高的上扬形状。针对这个声调,Shih(2008)②用"在明年年底"做了一个有趣的实验。她让发音人以不同语速读出该词组,并作了录音。结果发现:当三个阳平调相连时,阳平调的基频会根据语速不同而出现变化;但有意思的是,发音人似乎没有察觉到基频的不同,依然认定不同语速中的"明年年底"是同一个声调。受此启发,我们依样画葫芦做了相同的测试,结果如下。

(2) a. 慢速读出"在明年年底"的基频图

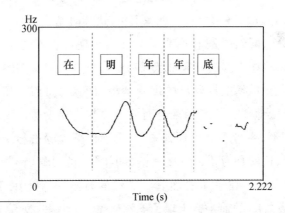

---

① Wee, Lian-Hee (2004) *Inter-tier Correspondence Theory*. PhD dissertation, Rutgers University.

② Shih, Chi-lin (2008) Linking Phonology and Phonetics: an Implementation Model of Tones. In Yuchau Hsiao et al. (eds) *Interfaces in Chinese Phonology: Festschrift in Honor of Matthew Y. Chen on his Seventieth Birthday*, Academia Sinica, pp.99—120.

b. 快速读出"在明年年底"的基频图

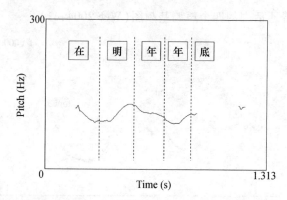

为了方便阅读,语图(2b)和(2a)不显示相应的 spectrograms;由左到右的曲折实线表示基频;虚线则表示音节分界的大概位置,这是通过对 spectrogram 进行分析得出的。在发音速度上,语图(2b)比(2a)快近乎一倍。

由图可见,"在"的基频大致与去声下降的调形相同,"明"的基频也出现由下到上的趋势,这都合乎我们的预料。但是,接下来的两个"年"就让人感到意外了。先说第一个"年":慢读时,基频的变化是降升形,接近上声调;快读时,基频变化是下降形,接近去声调。再说第二个"年":慢读时,基频形状接近像上声;快读时基频似乎还保留阳平的形状。那么,既然同是阳平调,为什么会出现许多不同的基频形状?其次,为什么这些不同的基频形状没有引起发音人感觉上的变化呢?

从发音上看,发上扬调形的声调是相当困难的,因为喉腔周边的各个肌肉和软骨都必须互相配合而使得声带由松变紧。要连续发出三个上扬调形,声带需要由松到紧、再迅速由紧变松进行下一个上扬调形的发音,这就是为什么在慢速读"明年年"的时候,音节之间总有一个下降的基频。在慢速读第一个"年"的时候,基频刚刚到了"明"的高点,所以"年"的前半截出现了下降基频,后半截才恢复上升,而导致降升基频形状的出现。快读时问题更加明显,第一个"年"的韵母发完了,声带都还没来得及收紧,就出现基频下降的情况。也就是说,声带反应速度赶不上音节的发音速度,所以会出现基频线如此混乱的现象。可见,生理结构为三个阳平调连读的基频怪象提供了物质性解释。如果我们把基频图错解成为抽象的变调规则,那么,我们将会永无止境地发现假的变调规则,这无疑与真正的科学研究背道而驰。

然而,为什么发音人自己察觉不到基频的紊乱变化呢?唯一的解释是,在发音人的语言系统里,这几个字的声调属于同一调类,发音人在发音时的意愿也是如此,也就是说,发音人的心意与实际行动错配了。这种情况就类似我们脑子能发出动作指令,身体不一定能够奉行,要不然,我们每个人都成奥运金牌运动员了!

3 物质局限对研究语音系统的指引

普通话阳平调连读的研究个案说明了语音现象当中可能存在的物质解释,然而,当物质解释不足时,我们必须利用语言的其他内部规则来揭示语音现象的真正面目。

英语的塞音一般有三种不同发音方法:清、浊、送气,如下表。

(3) 英语的塞音

	唇	齿	舌根
浊	[b]$\underline{b}$ig	[d]$\underline{d}$ick	[g]$\underline{g}$ig
清	[p]$s\underline{p}$it	[t]$s\underline{t}$ick	[k]$s\underline{k}$it
送气	[p^h]$\underline{p}$it	[t^h]$\underline{t}$ick	[k^h]$\underline{k}$ick

其中,不送气的清音塞音与送气的塞音不存在最小对立体,但是,英语使用者能够清楚地听出三种发音方法上的区别。根据嗓音起始点VOT(voice onset time),我们可以看到三种发音方法的区别具有很强的系统性。以唇音为例,我们用"This is ____"为鉴别条件(确保唇塞音前都为[s]、后都为[l]),将所要检验的英语词 big、spit、pit 填入线内,请发音人发音并进行录音,得到下面三个分别对应于[b、p、p^h]的语图。

(4) 唇塞音语图

a. This is big[bɪg].

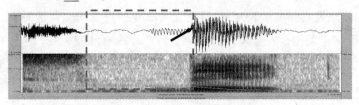

b. This is spit[spɪt].

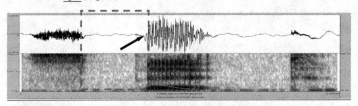

c. This is pit[pʰɪt].

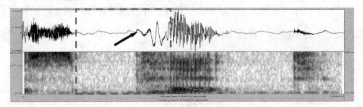

以上三个语图皆以虚线框标明唇塞音的部分，箭头指明塞音除阻的位置。

嗓音起始点（VOT）指由塞音除阻到声带开始振动的时差。就（4a）来看，声带的振动（基频示）开始在除阻之前，即 VOT 为负数。（4b）的除阻与声带差不多同一时间开始，VOT 很小、接近零。（4c）的 VOT 则明显为正数，说明除阻时间要早于声带振动。可见，VOT 是负数、正数、还是接近零正是决定塞音的发音方法的主要音效。[1]

---

[1] 有兴趣理解英语 VOT 的读者，可以参考 Lisker, Leigh. and Arthur S. Abramson (1964) A cross-language study of voicing in initial stops: acoustical measurements. *Word* 20, 384—422. Shimizu, Katsumasa (1996) *A cross-lauguage study of voicing contrasts of stop consonants in Asian languages*. Seibido, Japan. Cheung, Winnie H. Y. and Lian-Hee Wee (2008) Viability of VOT as a parameter for speaker identification: evidence from Hong Kong. In *Current Issues in the Unity and Diversity of Languages*: Collection of the papers selected from the CIL 18 held at Korean University, in Seoul, pp. 3921—3924. 21—26 July 2008 [CD, available http://www.cil18.org/new html/10 publications/publications 01.php].

VOT 固然很有用，可是只适用于有响音跟随的情况。如果塞音出现在音节末尾，紧跟着的音段又不是响音，比如以 Fix the ___ please 为鉴别条件（塞音出现在 please 前），考察 tab 和 tap 的末尾塞音[b、p]，VOT 就不灵了，如下图。

(5) a. Fix the tab[t^{h}æb] please.

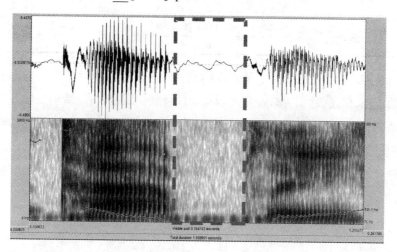

b. Fix the tap[t^{h}æp] please.

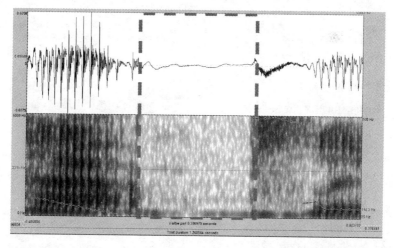

语图中虚线框为唇塞音的部分。由于塞音后面的 please 也是唇塞音开头，我们根本不可能根据 VOT 辨别塞音的清浊。那么，英语使用者又怎么知道发出的唇塞音是清是浊呢？

当测量 tab、tap 的元音[æ]的时长时,我们会发现二者存在明显区别。根据语图(5)的测量如下：

(6) 元音[æ]的时长

	"tab"	"tap"
[æ]时长	0.1884 秒	0.1016 秒
转写	[tʰæ.p]	[tʰæp]

这说明,英语使用者除了使用 VOT 以外,还使用元音时长来区别塞音的清浊,但是,他们并未使用声带振动的特征。既然这样,我们在转写英语塞音时,是否都应该标记以[p]？同时以略长号[.]来表示元音的长短？这么做虽然忠实于音效的分析成果,但忽略了发音人的语感。语言毕竟不能独立于人的思维而存在,音效研究虽然提供了语音的物质描述,但未必是全貌。为此,我们可以通过英语复数词缀-s 来说明：

(7) 英语复数词缀的清浊同化

复数"-s" ⟨ [z] / [+voice]——
         [s] / [-voice]——

例：
snakes[sneɪks]蛇
cats[kʰæts]猫
gangs[gæŋz]帮会
gyms[dʒɪmz]锻炼室

英语复数词缀-s 是依据前一音段的清浊而同化的,因此,我们可以通过检验 tap、tab 的复数词缀的清浊,来看看英语的唇塞音是否存在清浊对立。

(8) tap、tab 的复数

　a. taps[⋯s]
　b. tabs[⋯z]

结果很明显,(8a)tap 后的 s 读为清音,(8a)tab 后的 s 则读为浊音。可见,如果我们只考虑语音的物质属性,将无法很好地分析例(8)。虽然英语词 tap、tab 的唇塞音在音节末出现清化是由于客观的物质原因(没有响音跟随、无法体现 VOT)造成的,可是,要弄清楚两个唇音是否有清浊对立,就必须跳出寻找物质解释的框框,从语言的其他规律去寻找真相。

4 连读变调的心理属性

最后,我们探讨连读变调现象是否和例(2)一样,可以从基频或者其他物质属性得到解释?以天津方言为例。

天津方言和普通话一样,也有四个基本声调:阴平、阳平、上声、去声。但是,四个声调的调值和普通话很不一样:

(9) 天津方言的四个基本声调(黄良喜、严修鸿、陈渊泉 2005:6)①

调类	阴平	阳平	上声	去声
调值	21	45	24	53
例字	开新黑	龙城舌	好久铁	建近六
标号	L(低平)	H(高平)	R(上扬)	F(下降)

当四个声调两两相配时,共有 16 个组合,其中,6 个组合出现变调,如(10)。

(10) 天津方言变调举例(黄良喜、严修鸿、陈渊泉 2005:7)

组合及变调	例词			组合及变调	例词		
LL→RL	观音	开车	飞机	HL	桃花	回家	南山
LH	中华	金银	申阳	HH	红糖	长城	回头
LR	天主	申请	生产	HR	鞋底	良好	坟场
LF	金库	希望	僵化	HF	罗汉	鞋店	仁义
RL	火车	米糠	紧张	FL→HL	汽车	送书	四方
RH→LH	找钱	主人	沈阳	FH	汽油	问题	线条
RR→HR	总理	选举	整理	FR	市长	怕死	政府
RF→LF	手段	板凳	讲话	FF→LF	富贵	世界	运动

---

① 黄良喜、严修鸿、陈渊泉:《疑难与路向——论天津方言的连读变调》,北京:商务印书馆,2005 年。

(11) 天津方言的变调规律

a. 阴平+阴平→上声+阴平（LL→RL，例：开车）
b. 上声+上声→阳平+上声（RR→HR，例：总理）
c. 去声+去声→阴平+去声（FF→LF，例：富贵）
d. 上声+阳平→阴平+上声（RH→LH，例：主人）
e. 上声+去声→阴平+去声（RF→LF，例：讲话）
f. 去声+阴平→阳平+阴平（FL→HK，例：汽车）

先看(11a-c)，这三个变调规则都属于两个相同调形相邻的情况。如果简单地把(11a-c)解释为生理上无法发出两个相同的相邻调形，我们将无法说明为什么在其他方言里没有相同的变调规则。比如普通话的"放假"就属于两个去声相邻，但"放假"没有产生变调念成"仿假"。此外，两个上扬的调形相邻在天津方言要变调（如天津方言"总理"），在普通话里则不变调（如普通话"主人"）（梁源、黄良喜2006）①。可见，在生理上我们寻找不到好的解释。

(11d-f)的情况也一样。如果认为变调的原因是 RH 相邻不容易发音，我们就无法解释为什么普通话使用者可以发"人家、民间"等词语。同样地，RF 相邻的发音在普通话也能找到，比如"门外、横竖、难度"等词；FL 则有"放马、去死、电脑"等词。另外，天津方言的使用者在说普通话的时候，也一样能说出普通话的 RH、RF 和 FL 的发音，这更加说明生理结构不可能是天津方言变调的原因。而且，(11)的六个变调规则都不是前字变调，如果是因为发音器官或者其他物质因素限制，大可以通过后字变调来迁就。

那么，是否可以通过语图分析得到解释呢？答案依然是否定的。语图分析充其量只能给我们提供数据，并不能够说明为什么在一些语言里不允许的声调组合、在另一个语言里就不成问题。如果换个角度，暂时放下追寻单纯的物质解释、而从语言内部结构来考虑，我们就不难发现：在天津方言的几个变调规律中，后字的稳定性源自于天津人内化的抑扬

---

① 梁源、黄良喜：《北京话的连上变调》，《中国语文》2006年第二期，第151—163页。

格节律(即后字地位突出,音效主要体现在后字发音比较长、或者比较响亮[①])。变调规则是天津方言使用者内化了的规则,已经为使用者内化语言系统的一部分,属于语言的个别性。因此,天津方言的变调情况在普通话里不一定出现,天津方言的变调的以上问题都能迎刃而解[②]。

5 对语音学与音系学的一点反思

通过对上述三个例子的分析,我们认为,对语音系统的研究有两个互补层面:一个层面寻找物质解释,一个层面寻找心理解释。我们可以把寻找物质解释的研究称之为"语音学"(phonetics)。语音学的规则具备很大普遍性,因为物理原则是不可违反的。因此,普遍性是语音学解释的优点,不过,当这种解释遇上语言个别性(language specific)的问题就不灵了。语言个别性的问题反映认知系统如何组织语言,属于心理问题,因而不能单纯地追求物质解释。我们可以把心理问题的研究称之为"音系学"(phonology)。音系学的解释很可能具备语音基础(phonetic grounding),但它揭示的终究是语言系统抽象的心理组织,而不是物质属性。

梁源(1973—),女,广东湛江人,香港大学语言学系博士,深圳大学文学院副教授,研究句法与语用接口、汉语方言和音系学、粤语语料库、汉语二语教学。

黄良喜(1973—),男,新加坡人,美国罗格斯大学(Rutgers University)博士,香港浸会大学副教授,研究音系学、优选论。

---

① 但是,我们必须搞清楚音长和音响是后字地位特殊的音效体现,并不是因为后字音长、音响的节律地位特殊。这点很容易证明,因为两个相邻音节发音同长、同响依然不出现后字变调。因此,我们必须分清楚哪个是因哪个是果:在天津方言连读变调中,后字调的稳定性成因于内在的规律,它的特殊性能够在物质上有音效体现。

② 有兴趣的读者可参考 Wee, Lian-Hee (2004) *Inter-tier Correspondence Theory*. PhD dissertation, Rutgers University. Wee, Lian-Hee (2010a) A percolative account for Tianjin tone sandhi. *Language and Linguistics* vol. 11. 1. 21-64. Wee, Lian-Hee (2010b) The Mysterious Ditonal Sandhi Gaps in Tianjin. Available at Rutgers Optimality Archive No. 1086 (Retrieved on 27 Jan 2011 from http://roa.rutgers.edu/view.php3)。

对外汉语课堂的量化观察与分析

梁 源 陈明君

一、研究问题

课堂(classroom)一直被视为学习过程中的"黑盒子"(black box),我们看到与学习相关的种种输入和输出,不管是学习结果、教师评估、教学资源、管理条例、甚至父母的期待、考试压力等等,都不直接说明这个"黑盒子"里发生了什么。Long(1983)[①]曾经比较了课堂教学(instruction)、课外接触(exposure)、以及两种形式结合的二语学习的研究,最后发现,无论学习者为儿童还是成人、其二语程度为初级、中级还是高级、参加了综合考试还是分科目考试、习得环境是否有利等,课堂教学都能起到促进作用。因此,研究二语课堂,特别是优秀教师的课堂组织和教学技巧,从中总结教学特色和经验模式,对于提升教学效果、促进二语教学理论发展等都具有重要意义。

本文探讨如何利用量化手段观察和分析对外汉语课堂,以期对优秀教学模式提取和教师培训提供参考。

---

① Long, Michael H. 1983 Does second language instruction make a difference? A Review of research. *TESOL Quarterl*. VOL.17, No.3, 359—382.

二、研究方法

1. 研究工具

课堂作为重要的外语学习阵地,近二十年来备受国外学者们的关注(梁文霞、朱立霞,2007[1];Long,1980[2])。对课堂进行分析,可以分析其话语(又称互动分析),即使用编码系统(coding system)获取课堂的交际模式;也可以分析其文本,如学生课业、教师评语以及二语课堂上使用的各种材料等(Mckay,2006[3])。本文采用分析话语的方法,这是因为话语分析使用的编码系统不仅可以让研究者看到什么样的课堂能有效地促进二语学习,也可以作为教师课堂的评估工具,考察教师是否使用已被研究证明有效的交际模式。此外,使用编码系统进行观察和分析更具有系统性,减少主观判断;而通过编码系统总结出来的教学模式可以直接运用到实际培训当中,成为示范和讲解的范例。

目前,教育界通用的编码分析系统多达200余种,大致分为通用型(generic coding schemes)和限制型(limited coding schemes)两类。前者主要用于描述在课堂中发生的所有交际行为,而后者仅对某一特定的交际行为进行研究,比如教师的提问或者教师对学生回答的反馈等(Mckay,2006)。从20世纪60年代开始,专门针对二语课堂教学的观察量表相继出现,如 Moskowitz(1970、1971)、Fanselow(1977)、Bialystok et al.(1979)、Mitchell et al.(1981)、Naiman et al.(1978)、Ullmann and Geva(1982)(转引自 Allen, Fröhlich & Spada,1984[4])等。考虑到研究问题和课堂的复杂性,本文选择了COLT量表(全称 Commu-

---

[1] 梁文霞、朱立霞:《国外二语课堂实证研究20年评述》,《外语界》2007年第5期。
[2] Long, Michael H. 1980 Inside the "black box": methodological issues in classroom research on language learning. *Language learning*. Vol.30, No.1, 1—42.
[3] Mckay, Sandra Lee. 2006 *Researching second language classrooms*. Lawrence Erlbaum Associates, Inc.
[4] Allen, P., Fröhlich, M. & Spada, N. 1984 The communicative orientation of language teaching: An observation scheme. In *On TESOL' 83*, Jean Handscombe, Richard A. Orem and Barry P. Taylor (eds.), 231—252. Washington, D.C.: TESOL.

nicative Orientation of Language Teaching)(Spada & Fröhlich,1995[①])作为观察工具。

COLT 量表设计于 20 世纪 80 年代初,适值交际法(Communicative Language Teaching)盛行时期。众所周知,"交际法"是一个多元理论的联合体(Richards & Rodgers,2001[②]),为了考察体现不同交际程度的课堂对于二语学习的影响,学界很需要一个客观量化的观察工具。在 COLT 量表出现以前,关于二语教学的研究曾经历了两个过程:60 年代以学习效果(product-oriented)为中心,70 年代以课堂教学过程(process-oriented)为中心。到了 80 年代早期,两者各走极端,引起了大家的关注。COLT 量表的设计正是为调和二者,尝试观察和描述不同的课堂与学习者学习成效的关系。此外,在量化项目的设计上,COLT 量表开始考虑心理语言学的有效性,希望寻找并验证语言学习过程中的各种有效因素(Spada & Fröhlich,1995)。

COLT 量表由两部分组成:COLT A 和 COLT B。COLT A 用于描述课堂中某一段时间内的活动,COLT B 用于描述师生或者学生之间话语互动的交际特征。每部分下面均有不同的子项目(详见 Spada & Fröhlich,1995;孙慧莉 2008[③])。通过对单个课堂录像的初步观察与编码,我们发现,COLT 量表某些项目定义模糊,未能全面反映课堂教学过程中的所有现象,因此,有必要对量表进行改良。综合考虑前人的研究成果和教师经验,我们改动了以下项目:

(1) COLT A 表(见附录 1)

① 由于高、中、低三个年龄段学生对不同学习话题感兴趣,Topics(话题)的子项目 Narrow(狭窄)需再细分出 person(个人)、family(家

[①] Spada, Nina & Fröhlich, Maria 1995 *Communicative Orientation of Language Teaching Observation Scheme*. National Centre for English Language Teaching and Research, Macquarie University.

[②] Richards J. C. & Rodgers T. S. 2001 *Approaches and Methods in Language Teaching*. Cambridge University Press/外语教学与研究出版社 2008。

[③] 孙慧莉:《作为第二语言教学课堂观察工具的 COLT 量表研究》,《现代语文》(语言研究版)2008 年第 10 期。

庭)、school(学校)、social/community(社会/社区)和 others(其他);Board(广泛)也细分出 abstract(抽象)、country(国家)、world(世界)和 others(其他)。

② Content control(内容控制)定义不清晰,因此,子项目要分出 teacher(教师)、student(学生)和 text(课本)。如果内容同时由教师和学生控制,可直接在两项打勾。

③ Student modality(学生状态)下增加 activity(活动),用以描述活动教学(王才仁、蔡荣寿,1994①)。

④ Materials(材料)的 type(类型)再分出 text(文本材料)、audio(音频材料)和 visual(可视化材料)。同时,可听和可视两种材料的来源(source)要考虑不同类别:L2-NNS(专门给非母语者使用的二语材料)、L2-NS(给非母语者使用的一语材料)、L2-NSA(原本是一语材料,但改良后适合二语学习者使用)和 student-made(学生自创)。由于"板书"专门针对二语学习者,所以无需细分来源,区别只在于是老师板书还是学生板书。

(2) COLT B 表(见附录2)

① Target language(目标语)改为 use of language(语言使用)。根据定义,L1 和 L2 是指在二语课堂中教师使用什么语言进行教学。"目标语"毫无疑问是指二语课堂的教学对象。这是两个不同的概念,有必要进行调整。

② Sustained speech(持续性话语)改为 length of speech(话语长度),以更清楚地反映该子项目内容。

2. 信度

为了使量表运用能取得较高信度,我们训练了不同的观察员,要求他们能清楚掌握改良后的 COLT 量表的各个项目;能熟悉掌握 COLT 量表的计算方法等。然后,要求他们独立观察一段课堂教学和录像,并做记录和编码。反复训练直至其评分一致性系数达到80%。

---

① 王才仁、蔡荣寿:《活动以教学法评述》,《外语教学与研究》1994 年第 1 期。

对编码进行统计和计算时,需要分开 A、B 量表。COLT A 量表的统计方法每栏均一样,但是统计时要区分三种情况:如果活动只涉及一个项目,那么统计只考虑这个唯一项目;如果活动涉及多个项目但以其中一个为主,则只考虑主要项目(即把所有时间百分比归此项目,另外项目忽略不计);如果同一活动同时涉及多个项目,但无轻重之分,则要把这种现象单独列出来并描述。

COLT B 量表的统计以标记(mark)为单位,其中"语言使用(use of language)"和"话语长度(length of speech)"、"给予信息(giving information)"、"获取信息(request information)"四栏的统计方法一致,均以整堂课各个项目的标记总数除以该栏标记总数。而"对形式/信息的反馈(reaction to form/message)"和"以何种形式反馈学生(incorporation of student utterances)"计算最为复杂,计算分为三步:(1)统计各种类型反馈方法的标记总数;(2)统计"以何种形式反馈学生(incorporation of student utterances)"栏目的标记总数[①];(3)反馈方法的标记总数除以"以何种形式反馈学生(incorporation of student utterances)"栏目的标记总数,便可得到百分比。

3. 取样

样本来自上海一所国际学校(该学校开展主要针对中小学生的汉语二语教学)。为了使结果具有可比性,校方特别安排了四位老师:两位优秀教师和两位新入职教师。两两配对,一组教授二年班(学生年龄大概 6 至 7 岁,学习汉语两年)、一组教授四年班(学生年龄大概 8 至 9 岁,学习汉语四年),每组老师教授同一课程内容,分开备课,上课前也没有交流。其中,教师的优劣水平依据校方评估,低年级组优秀教师代号为 A1,较高年级组优秀教师代号为 A2;低年级组新教师代号为 B1,较高年级组新教师代号为 B2。

[①] 如"以何种形式反馈学生(incorporation of student utterances)"栏目同时涉及"纠正(correction)"和"解释(paraphrase)",只算一个标记。

三、观察结果

1. COLT A 的观察结果

我们可从 COLT A 量表的"参与活动"、"内容控制"、"学生状态"、"内容"、"材料"五个方面对比四位教师的观察结果：

表 1

Participant organization（参与活动）			A1	A2	B1	B2
活动过程只涉及一个项目	课堂	教师为主导	22.45%	26.07%	64.26%	43.48%
		学生为主导	2.84%	18.19%	7.28%	19.33%
		跟读（齐读）	1.5%	4.85%	0%	2.23%
	分组	相同任务	3.72%	0%	8.33%	1.39%
		不同任务	0%	0%	0%	0%
	个人	相同任务	0%	0.87%	0%	0%
		不同任务	0%	0%	0%	0%
活动过程涉及两个或两个以上项目	教师为主导，分配团队相同任务		0.4%	4.05%	0%	0%
	教师为主导，分配学生个人相同任务		32.06%	46%	15.25%	26.39%
	教师为主导，分配学生个人不同任务		0%	0%	0%	3.59%
	教师为主导，跟读，分配学生个人相同任务		12.55%	0%	3.15%	0%
	教师为主导，跟读，分配团队相同任务，分配学生个人相同任务		20.95%	0%	0%	0%
	教师为主导，跟读，分配团队相同任务		3.26%	0%	1.73%	0%
	学生为主导，分配学生个人不同任务		2.84%	0%	0%	3.59%

小结：优秀教师的课堂活动主要是以教师为主导，分配学生个人相同任务；新教师的课堂也是以教师为主导，但同一个教学活动给学生分配任务的形式比较多样。

表 2

Content control(内容控制)	A1	A2	B1	B2
教师	97.22%	81.81%	100%	73.8%
学生	0%	18.19%	0%	22.92%
课本	0%	0%	0%	3.28%

小结:无论是优秀教师还是新教师,话题的选择和活动形式主要还是由教师决定。但可明显看到,随着学生年龄的增长,教师开始让学生自主选择话题和活动形式的比例逐渐增高。

表 3

Student modality(学生状态)		A1	A2	B1	B2
活动过程只涉及一个项目	听	0%	2.2%	0%	9.3%
	说	0%	0%	1.64%	3.62%
	读	0%	0%	0%	3.28%
	写	1.31%	0%	0%	0%
	活动	0%	0%	0%	0%
	其他	0%	0%	0%	0%
活动过程涉及两个或两个以上项目	听,说	64.91%	54.92%	80.13%	83.8%
	听,说,活动	33.78%	20.67%	15.27%	0%
	听,说,读	0%	22.24%	0%	0%

小结:四位老师的课堂主要训练学生听和说,大部分活动都同时操练学生这两项技能。优秀教师除了听、说两种技能外,课堂活动贯穿的形式多,能较好地调动学生多种感官进行二语学习,吸收和内化语言知识;而新教师则非常集中,听、说训练达到 80.13% 和 83.8%。而针对学习者的特点,低年级组优秀教师 A1 还专门设计了书写汉字的环节,强化入门阶段学生的汉字意识。

表 4

	Content(内容)①	A1	A2	B1	B2
活动过程只涉及一个项目	管理　引导	1.9%	2.2%	2.65%	4.34%
	纪律	0%	0%	0%	0%
	语言　语言形式	0%	4.85%	15.27%	2.23%
	语言功能	0%	0%	0%	0%
	话语连续性	0%	0%	0%	0%
	话语得体性	0%	0%	0%	0%
活动过程涉及两个或两个以上项目	语言形式,家庭话题	0%	0%	14.35%	0%
	语言形式,其他话题	14.05%	22.35%	13.37%	0%
	语言形式,个人话题	84.05%	28.17%	0%	45.62%
	语言形式,学校话题	0%	11.01%	0%	15.11%
	语言形式,个人话题,其他话题	0%	31.45%	54.36%	0%
	语言形式,话语连续性,个人话题	0%	0%	0%	8.39%
	语言形式,语言功能,话语连续性,个人话题	0%	0%	0%	7.62%
	语言形式,语言功能,话语连续性,话语得体性,个人话题	0%	0%	0%	4.98%
	语言形式,语言功能,话语连续性,个人话题,家庭话题,学校话题	0%	0%	0%	11.71%

小结:优秀教师在课堂活动引导上花费的时间较短,分别是1.9%和2.2%,但学生配合得很好。新教师花费的时间虽不多,却没有达到同等效果。由此我们认为,教师的课堂引导语不仅值得深入研究,更应该成为教师培训的重点。A1,A2,B1三位老师的课堂学习重点是形式,即发音、词汇、句法等,而B2老师的课堂已经出现了学生整段表达和模仿表演等环节,同时涵盖了语言的形式、功能,话语连续性和得体性。

---

① "内容"包括"管理"、"语言"和"话题"。由于在观察中没有活动只涉及"话题"这一栏,所以在文章中去掉。

表 5

Materials(材料)		A1	A2	B1	B2
活动过程只涉及一个项目	非母语多媒体可视化材料	67.21%	75.59%	100%	68.35%
	文本	0%	0%	0%	3.28%
活动过程涉及两个或两个以上项目	长文本,非母语多媒体可视化材料	0%	0%	0%	28.37%
	非母语多媒体音频材料,非母语多媒体可视化材料	26.03%	0%	0%	0%

小结:学生主要使用老师制作的PPT,无论是跟读、句式还是游戏环节,都使用PPT提供的信息。老师制作的PPT不仅涵盖了课本知识点,还有所补充,如A1的课堂就用到了多媒体可听材料。高年级组B2老师使用了课本,其中有几个活动都需要学生在下面朗诵课文。

2. COLT B 的观察结果

从"教师语言"来看,不管学生的汉语水平如何,优秀老师和新老师均能使用汉语来授课(见图1);在课堂中使用不可预知信息的比重都超过可预知信息(见图2);教师使用封闭式问题的比例均超过开放式问题(见图3);在话语上,优秀教师的长、短句比重较接近,而新教师的长、短句比重差距较大(见图4)。

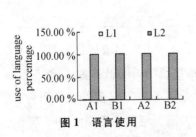

图 1　语言使用

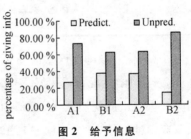

图 2　给予信息

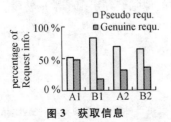

图 3　获取信息

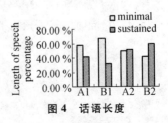

图 4　话语长度

从教师对学生的评价和反馈来看,针对学生语言形式,如语音、特定句法结构,B1 以评价(comment)、纠正(correction)以及纠正和解释结合(correction + pharaphrase)形式为主。A1 用纠正和重复结合(correction + repetition)的形式比重要稍高于 B1,其他两项基本持平。A2 同样是在评价、纠正、纠正结合解释三项的比例高于 B2。B2 在以扩充反馈(expansion)一栏稍高,其他两项基本持平(见图 5)。

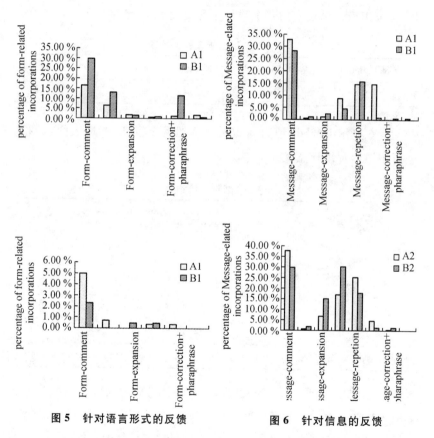

图 5　针对语言形式的反馈　　　图 6　针对信息的反馈

针对信息的反馈,A1 在评价(comment)、扩充式提问(elab. request)、澄清式提问(clarif. request)三栏的比重高于 B1。A2 在评价、重复(repetition)、澄清式提问三栏里,比例高于 B2。B2 在扩充(expansion)和扩充式提问两栏的比例较高。两位优秀教师都在评价、澄清式提问栏的比例较高(见图 6)。

四、观察结果的量化分析

对数据的量化观察只能让我们对两组教师的课堂特点有大体认知,并不能据此来判定优秀教师和新教师。我们把 COLT A 量表的观察数据导入 SPSS 进行判别分析,分开优秀教师和新入职教师两个组别,以 COLT A 量表中的各个项目作为变量值,其结果如下:

表6 判别分析显著性检验

Test of Function(s)	Wilks' Lambda	Chi-square	df	Sig.
1	.363	54.749	26	.001

表 6 显示 Lambda 值为 0.363,显著性系数为 0.001,表明该判别分析结果达到统计意义。

表7 判别分析结果

		Predicted Group Membership		Total
		新	优	
Original Count	新	29	3	32
	优	5	32	37
%	新	90.6	9.4	100.0
	优	13.5	86.5	100.0

对原组别判对率为 88.4%

从判别结果看,总判别正确率为 88.4%,其中,对新教师的判别正确率高达 90.6%,对优秀教师的判别正确率为 86.5%。也就是说,根据观察而得到的变量值可以作为区分优秀教师和新教师的指标。

表 7 是用 COLT A 量表中的各个项目对四位老师的课堂进行的量度,精确度较高。但随着样本量增大(比如上百个教师),进行精确分析需要耗费相当庞大的人力、物力。因此,我们更感兴趣的是,究竟哪些变量(项目)能显著而快速地区分出优秀教师与新入职教师?为此,

我们进行了逐步判别分析,希望能系统筛选出提供较多信息的变量,并建立判别函数。结果如下:

表 8　判别分析显著性检验

Test of Function(s)	Wilks' Lambda	Chi-square	df	Sig.
1	.736	20.071	3	.000

表 8 显示逐步判别分析的 Lambda 值为 0.736,显著性系数为 0.000,说明该判别分析结果达到统计意义。

表 9　判别方程中各组中心值

优新	判别函数
	1
新	.634
优	-.549

表 9 结果表明,数值越接近 0.634 者,越具有新教师的特质;而数值越接近 -0.549 者,越具有优秀教师的特质。判别临界点为 0.0425。

表 10　标准化典型判别分析方程系数

	判别函数
连续性	.587
家庭	.587
活动	-.540

表 10 系统筛选出对区分优秀教师和新教师有显著作用的三个变量:话语连续性、话题(家庭)和活动。也就是说,新教师在课堂讲授过程中,把较长时间放在对话语连续性的操练上。我们认为,当学生单个句子的表达还没有掌握好时,并不适宜进行难度较高的话语连续性操练。这样不仅无法让学生很好地理解和掌握单个句子的句法结构,更会影响其将来话语表达的准确度和流畅度。新教师的话题以家庭为主,这可能跟学生的年龄段有关,如低年龄组的学生更喜于表述和个人密切相关的经历。而优秀教师的课堂设计,

学生除了听、说，还能透过动作回应教师来学习汉语，形式更为活泼多样。

根据这三个变量，我们可得出判别函数：$Y = 0.587 \times$ 连续性 $+ 0.587 \times$ 家庭 $- 0.540 \times$ 活动。假设将一位教师的"连续性"、"家庭"、"活动"代入判别方程，如果求出的判别值 > 0.0425 即为新教师，< 0.0425 即为优秀教师。

表11 判别结果

		Predicted Group Membership		
	优新	新	优	Total
Original Count	新	11	21	32
	优	0	37	37
%	新	34.4	65.6	100.0
	优	.0	100.0	100.0

对原组别判对率为69.6%

表11显示，依靠这三条指标对新教师和优秀教师进行判别，正确率可达69.6%，其中，新教师的判对率为34.4%，优秀教师的判对率为100%。新教师的判对率较低，可能是因为她们已经具备了优秀教师的部分授课特点，并逐渐向优秀教师迈进。

我们也尝试对COLT B量表的观察数据进行判别分析，但判别正确率并不理想，这可能跟取样不足有关，期待取样扩大后有进一步的发现。

陈明君(1983—)，女，广东深圳人，香港大学教育硕士，深圳大学国际交流学院教师，研究对外汉语教学。

附录1 改良后的 COLT A 表

MATERIALS（材料）	Visual（可视化材料）	Writing on the blackboard（板书）	Student made（学生自创）	45
			Teacher made（老师创作）	44
		Multimedia（多媒体）	Student made（学生自创）	43
			L2-NSA（改良文本）	42
			L2-NS（母语材料）	41
			L2-NNS（非母语材料）	40
	Audio（音频材料）	Student made（学生自创）		39
		L2-NSA（改良文本）		38
		L2-NS（母语材料）		37
		L2-NNS（非母语材料）		36
	Text length（课本长度）	Extended（长）		35
		Minimal（短）		34
STUDENT MODALITY（学生状态）	Other（其他）			33
	Activity（活动）			32
	Writing（写）			31
	Reading（读）			30
	Speaking（说）			29
	Listening（听）			28
CONTENT CONTROL（内容控制）	Text（课本）			27
	Student（学生）			26
	Teacher（教师）			25
CONTENT（内容）	Topics（话题）	Board（广泛）	Others（其他）	24
			World（世界）	23
			Country（国家）	22
			Abstract（抽象）	21
		Narrow（狭窄）	Others（其他）	20
			Social/community（社区或社会）	19
			School（学校）	18
			Family（家庭）	17
			Person（个人）	16
	Language（语言）	Socioling（得体性）		15
		Discourse（连续性）		14
		Function（功能）		13
		Form（形式）		12
	Manag.（管理）	Discipline（纪律）		11
		Procedure（引导）		10

(续表)

PARTICIPANT ORGANISATION（参与活动）	Indiv（个人）	Different task（不同任务）	9
		Same tast（相同任务）	8
	Group（团队）	Different task（不同任务）	7
		Same tast（相同任务）	6
	Class（课堂）	Choral（跟读）	5
		S→S/C（学生主导）	4
		T→S/C（教师主导）	3
ACTIVITIES & EPISODES（活动和片段）			2
TIME（时间）			1

附录2　改良后的COLT B 表

STUDENT VERBAL INTERACTION（学生活动互动）	Incorporation of student/teacher utterances（对学生作答的反馈）	Elab. requst（扩充式询问）	41
		Clarif. request（澄清式询问）	40
		Expansion（扩充）	39
		Comment（评论）	38
		Paraphase（解释）	37
		Repetition（重复）	36
		Correction（纠正）	35
	Reaction to form/message（对形式/信息的反馈）	Message（信息）	34
		Form（形式）	33
	Form restriction（形式限制）	Unrestricted（非限制）	32
		Restricted（限制）	31
		Choral（跟读）	30
	Sustained speech（话语长度）	Sustained（长）	29
		Minimal（短）	28
		Ultra-minimal（超短）	27
		No verbal（无话语）	26
	Information gap（信息差）	Request info.（获取信息）	Genuine requ.（真问题）	25
			Pseudo requ.（明知故问）	24
		Giving info.（给予信息）	Unpred.（不可预测）	23
			Predict.（可预测）	22
	Target language（目标语）	L2（二语）	21
		L1（一语）	20
	Discourse initiation（发起讨论）		19

（续表）

TEACHER VERBAL INTERACTION（教室活动互动）	Incorporation of student utterances（对学生作答的反馈）	Elab. requst（扩充式询问）		18
		Clarif. request（澄清式询问）		17
		Expansion（扩充）		16
		Comment（评论）		15
		Paraphase（解释）		14
		Repetition（重复）		13
		Correction（纠正）		12
	Reaction to form/message（对形式/信息的反馈）	Message（信息）		11
		Form（形式）		10
	Length of speech（话语长度）	Sustained（长）		9
		Minimal（短）		8
	Information gap（信息差）	Request info.（获取信息）	Genuine requ.（真问题）	7
			Pseudo requ.（明知故问）	6
		Giving info.（给予信息）	Unpred.（不可预测）	5
			Predict.（可预测）	4
	Target language（目标语）	L2（二语）		3
		L1（一语）		2
	Off task（与任务无关）			1

空间感在古代汉语的"里"词缀化进程中的作用

杨爱姣

汉语的实词在演变成词缀的过程中,通常要历经好几次意义上的虚化,具有自己独特的词缀化轨迹。本文以古代汉语中"里"的词缀化进程为例,通过共时描写与历时探源相结合的方法勾勒其词缀化的路径,挖掘影响该进程的关键因素——与"里"搭配的词的空间感的作用。空间感【Sense of space】指的是词语所凸显实物的立体化程度,根据有无实体、有无形状、有无层次、有无立体性四个指标,本文先将词的空间感分成强、次强、弱、零值四个级别,然后把不同级别的词与"里"搭配的情况图示如下:

表 一

词类		有无实体	有无形状	有无层次	有无立体性	空间感强度	例子
名词	具体名词	空间名词	√	√	√	√	强	耳里、屋里
		平面名词	√	√	√	×	次强	衬里、表里、字里、画里
		气象名词	√	不定形	×	√	次强	云里、雾里、雨里
	抽象名词	心理名词	×	×	×	×	弱	心里
		其他	×	×	×	×	弱	命里、梦里
非名词		时间词	×	×	×	×	弱	今夜里、白日里
		动词	√	×	×	×	弱	握里、啼里
		形容词	×	×	×	×	弱	贱里、暗里
		方位词	×	×	×	×	弱	中间里、前面里
		指示代词	×	×	×	×	弱	这里、那里、哪里
		副词	×	×	×	×	零值	蓦地里、伙儿里、到处里

以空间感的强弱为标准,本文将与"里"搭配的词分成以下类别:
1. 空间感强的空间名词。2. 空间感次强的平面名词与气象名词。
3. 空间感弱的心理名词、时间词、动词、形容词、方位词、指示代词。
4. 空间感为零值的副词。本文重点考察在"里"后缀化进程中,其搭配成分的空间感对它的意义与功能的作用力。

第一次转变:"里"由上古的普通名词发展成为中古的方位词

"里"写作"裏",最初指衣物的衬里,是平面概念,《诗经·邶风·绿衣》:"绿兮衣兮,绿衣黄里。"《礼记·檀弓》中有:"练衣黄里。"《周礼·弁师》云:"弁师掌王之五冕,皆玄冕、朱里、延纽,五采缫十有二就。"在"黄里"、"朱里"中,"黄"、"朱"作为定语成分修饰中心语"里",前者空间感弱,后者则是个空间感次强的平面名词。随后出现在先秦诸子文献中的"里"所指扩大,不再仅限于"衣服的衬里"。它的主要意义特点在于与"表"相对,泛指所有事物的里层,如"六合之里"(《庄子·则阳》)、"表里"(《管子·心术下》)等,这时的"里"依然是个表示二维关系的平面概念。汉代文献里开始出现"空间名词+里"的搭配,如"其病得之筋髓里"(《史记·扁鹊仓公列传》)、"刺肉里之脉"(《素问·刺腰痛篇》)、"门里"(昙果共康孟祥译《中本起经》卷下,4/156C)、"宫里"(东汉佚名译《分别功德论》卷 4,25/43C)、"殿里"(蔡邕《对诏问灾异八事》,《全后汉文》卷 70,856b)等等。"里"由上古的指向具体实物发展到中古的指向人、事、物的空间位置,进而演变成为一个表三维关系的空间概念,这是"里"意义虚化过程中的一个关键性的变化。① 汪维辉先生仔细描述了这种变化,并简练地概括出:"名词'里'和方位词'里'的区别在于:作名词时它表示二维空间的另一侧,与'表'相对;作方位词时它表示三维空间的内部,与'外'

---

① 汪维辉:《方位词"里"考源》,《古汉语研究》1998 年第 2 期。

相对。"①至于其转化的动因,申晓辉说:"如果我们要探求'里'由名词转化为方位词的原因,不妨作这样的推测:'里'最初是指衣服的里子,跟'表'相对,在这种场合,'里'指的是一个平面,但与这个平面相对的不一定是另一个平面,而是一个有一定厚度的三维空间。"②本文认为,"里"的搭配成分的空间感对"里"意义、功能的转变起了关键性的作用。为了清晰地再现这种影响,综合考察"里"搭配成分的空间感、"里"的词义、"里"的功能、"里"的词性四方面情况,我们列表图示如下,并分析如后。

表 二

例子	搭配成分的空间感	"里"的词义	"里"的功能	"里"的词性
黄里	零值	衬里,没有虚化	特指衣服的里层	普通名词
连里	零值			
表里	次强	里面,没有虚化	泛指事物的里层	普通名词
六合之里				
衣之里				
筋髓里	强	……的内部,强虚化	泛指方位	方位词
肉里	强			

据表二显示,该阶段的"里"与其搭配成分在空间感上呈现互补状态。如果前者的空间感弱于"里"时,"里"的词汇义很稳固,自身的空间感较强,如"黄里"、"连里";当前者的空间感强于"里"时,"里"的词汇意义虚化,空间感减弱,其功能由指向实体逐步发展到指向空间,亦由普通名词渐变成为方位词,如"肉里"、"筋髓里"等。总之,伴随搭配成分的空间感渐强、"里"的词汇义渐虚,"里"逐渐由指向实物的平面概念转化为指向空间的方位词。该现象其实正符合人类的认知视域日益扩展、分析性层次感逐渐增强、观察角度更精细的趋势。德国

---

① 汪维辉先生《方位词"里"考源》说,方位词"里"是由名词表里的"里"转化而来的,这应该是没有疑问的。但这种转化发生在什么时候?"里"作为方位词的发展过程又是怎样的?这种转变受那些因素的影响?这正是笔者要探索的关键问题。
申晓辉认为,当"里"是平面时,它是名词。当"里"是空间时,它是方位词。这已经预示着"里"的搭配成分的空间感对它的影响。

② 申晓辉:《方位词"里"探源》,《文学教育》2009 年第 1 期。

哲学家威廉·文德尔班（Wilhelm Windelband）曾经分析过这种变化，他说："然而如朴素地用感官观察事物，甚至观察潜藏在巴门尼德那些原则里的事物，就会发现，事物与事物之所以能区分是由于虚空把它们隔开了，事物借助于这种隔离才表现出多样性与复杂性。"[1]上文提到，"里"在西汉发展成为方位词。它先是与空间名词、平面名词、气象名词等具体名词结合，随后开始与抽象名词、时间词、动词等词结合，其功能扩展到三种：一是限定事物的空间位置。这是方位词"里"最基本的功能。这些有空间感强的名词如"左膝里"（东汉《新校搜神记》卷3）、"髀里"（东汉《三国志．蜀书》卷32）、"腹里"（《出曜經》卷29）、"闺里"（东汉《世说新语含古注本》卷下）、"浴室里"（东汉《新校搜神记》卷14）、"屋里"（东汉《新校搜神记》卷19）、"帐里"（东汉《抱朴子内篇．登涉》卷19）等等；也有空间感次强的气象名词如"风里"（庾信《奉和夏日应令诗》，《北周诗》卷3）、"佳气里"（张正见《芳树》，《陈诗》卷2）等。二是限定事物的范围。它一般与空间感弱的抽象名词结合。如"心里"（《易林》卷1"屯之乾"）。三是限定时间，它与空间感弱的时间词、动词搭配，如"今夜里"（陆系《有所思》，《陈诗》卷9，2604）、"啼里"（吴均《和萧洗马子显古意诗六首》之三，《梁诗》卷11，中/1746）、"获里"（阴铿《和侯司空登楼望乡诗》，《陈诗》卷1，下/2455）。依据前文所提的标准，我们再将中古方位词"里"与其搭配成分的情况图示如下：

表 三

"里"的搭配对象	例子	搭配成分的空间感	"里"的词汇义	"里"的功能	"里"的虚化度
空间名词	屋里、腹里	强	在……内部	限定位置	没有虚化
平面名词	皮里、纸里	次强	在……里面	限定位置	没有虚化
气象名词	风里、气里	次强	在……里面	限定位置	没有虚化
抽象名词	心里	弱	在……范围	限定空间范围	没有虚化
动词 时间词	啼里、握里、今夜里	弱	在……时间段内	限定时间范围	开始虚化

---

[1]〔德〕威廉·文德尔班：《哲学史教程》，北京：商务印书馆，1997年，第57页。

通过表三可以看出:在该阶段"里"与其前的搭配成分的空间感呈现同步状态。当前者为空间感强的空间名词时,"里"的虚化程度弱,表示"在……内部"之义,其功能在于限定事物的位置;当前者为空间感弱的抽象名词时,"里"表示"在……范围"之义,其功能在于限定事物的空间范围;当前者为空间感更弱的时间词时,"里"表示"在……时间段"之义,其功能在于限定事件发生的时间范围。需指出,在中古汉语中"里"由限定空间范围发展到限定时间范围,这再次验证了人类的认知由具象到抽象的规律。亚里士多德(Aristotle)曾这样解释时间与空间概念的密切关系:"因为时间的过去、现在与将来是一个连续性的整体。空间是连续性的数量……所以不仅时间,而且空间也都是连续的数量,因为它们有连接其部分的共同界限。"①该论断至今仍然颇有说服力。

第二次转变:中古的方位词"里"发展成为近代三音节副词的后缀

近代汉语中的"里"作为成熟的方位词,除了继承中古所有搭配模式外,还发展到能与方位词、指示代词结合,这进一步加快了"里"的词缀化步伐。指示代词如"者(这)里"(《近代汉语语料库·敦煌变文集新书·卷1/8,押座文(二)》)、"那里"(《近代汉语语料库·敦煌变文集新书·卷2/19》)、"这里"(《近代汉语语料库·朱子语类·卷1 理气上/太极天地上》)。《老乞大》出现大量方位词"里",如"田地里"、"地面里"、"后园里"、"那里"、"这里"等。② 由于这种例子频繁出现,日本学者志村良治先生甚至断言:"方位词上、下、边、里、外等,在唐末已明显地词尾化了"。"……至敦煌变文出现了'这里(者里)'、'那里',

---

① 〔古希腊〕亚里士多德:《工具论》,北京:中国人民大学出版社,2003年,第14页。
② 李泰洙:《老乞大四种版本语言研究》,北京:语文出版社,2003年。

"里"由方位词进而虚化为词尾。① 本文同意词缀"里"由方位词虚化而来之见,但认为志村良治所举"这里"、"那里"的"里"尚含有范围之义,还不能算严格意义上的词缀。真正的词缀只有语法意义,没有词汇意义。在近代出现的方位词"中间里"(《水浒全传》第11回)这个词中,由于"中间"自身已含有方位、范围之义,其后"里"的词汇义无法显现,严重虚化,但这个"里"尚无词法义,即不能标识词性。在宋代文献中,当"里"与副词或其他词构成三音节副词时,副词的空间感为零值这一事实促使"里"作为方位词的特质彻底消失,"里"最终实现了由方位词向副词后缀的转变。如"到处里"(《朱子语类》卷130)、"暗地里"(《朱子语类》卷14)等。词缀"里"附着在名词、数量短语、副词等词后构成情态副词、范围副词、时间副词、否定副词、程度副词等,它在近代汉语里主要有以下两种搭配模式:(一)副词+"里"。这种搭配模式里,后缀"里"粘附副词词根后面,标识副词的词性,是个不折不扣的词法标志。情态副词如"蓦地里"(《金瓶梅》第57回)、"伙儿里"(《金瓶梅》第25回)、"猛可里"(睢景臣《高祖还乡·哨遍》)、"则管里"(《黄粱梦》第4折)、"忽地里"(《水浒传》第109回),范围副词如"一地里"(《金瓶梅》第96回)、"四下里"(《水浒传》第3回)、"刺斜里"(《水浒传》第84回),时间副词如"百忙里"(《元刊杂剧三十种·晋文公火烧介子推杂剧》)、"从小里"(《关汉卿戏曲集·钱大尹智宠谢天香》第2折)、"劈先里"(《关汉卿戏曲集·钱大尹智宠谢天香》)、否定副词如"省可里"(《金瓶梅词话》第61回)、程度副词如"抵死里"(《青衫泪》第1折)。(二)非副词+"里"。在这种结合模式里,后缀"里"会改变词根的词性,使得整个词的词性具有副词的语

---

① 〔日本〕志村良治:《中国中世语法史研究》,江蓝生、白维国译,北京:中华书局,1984年。
杨爱姣《近代汉语三音节副词的后缀"里"的来源》一文以无实义性、类化性、单向高搭配性为标准来考察近代汉语三音副词的后缀"里",发现其来源于方位词"里"。它的后缀化经历了由类词缀→准词缀→词缀的渐进的过程。单向高搭配性蕴含了方位词"里"向词缀"里"转化的必要条件。而无义性、类化性属于词缀自身的特点,这两种特质使得词缀"里"与方位词分化开来,正式成为近代汉语里构词的词缀。

义特点与语法功能。如"半路里"(《水浒传》第 86 回)、"背地里"《金瓶梅》第 65 回)、"轻轻里"(《醒世恒言》卷 16)、"稳稳里"(《醒世恒言》卷 25)、"微微里"(《石点头》卷 3)、"薄薄里"(《醒世恒言》卷 16)。以上"XY 里"或"XX 里"中,"蓦地里"义为"突然","伙儿里"义为"成伙","猛可里"义为"突然间","则管里"义为"一味、只顾","忽地里"是"忽然"的意思,"一地里"是"到处"的意思,"四下里"是"四处"的意思,"从小里"是"从小"的意思,"省可里"是"不要"的意思,"抵死里"是"横竖"、"反正"的意思,"半路里"就是"半路"的意思,"背地里"是"背地"的意思,"轻轻里"、"稳稳里"、"微微里"、"薄薄里"的词根本来是形容词,"里"使它们成为副词。从词法意义看,后缀"里"是鉴定副词的标志,去掉它会影响到词性的明确性;从修辞效果看,"里"是个生动后缀,它构成的副词都具有描情摹状、舒缓句子语气的功能,都含有情态副词的意味;从语法功能来看,这些副词一般放在单句或分句的开头,语义直指其后的谓词性成分。至此,"里"的词缀化过程顺利完成。我们将"里"的进程图示如下:

表 四

"里"的搭配对象	例子	搭配成分的空间感	"里"的词汇义	"里"的功能	"里"的虚化度
指示代词	这里、那里、哪里	弱	在……范围内	限定位置	半虚化
方位词	中间里	弱	在……范围内	限定位置	半虚化
非副词	半路里、背地里	弱	意义脱落	标示词性	基本虚化
副词	蓦地里、从小里	零值	意义脱落	标示词性	完全虚化

据上推理,实词的词缀化并非是一蹴而就的突变,而是要经历一个连续的、渐进的过程。在"里"后缀化进程中,它的意义、功能至少发生了两次密切相关的变化:第一次是其由原始义引申出抽象义,功能由指向实物转变为指向位置,词性由普通名词转化为方位词;第二次是"里"的词汇义脱落,作为副词标志的词法义凸显,功能由指向位置、范围到标识副词词性,它最终由方位词虚化成为构词的后缀。本文将其在古代汉语中后缀化的路径描述为:上古汉语里的普通名词转化→中古汉语里的方位词虚化→近代汉语的词缀。在此过程中,与"里"搭

配成分的空间感对"里"意义、功能的转变起了关键性的作用。在"里"由上古的普通名词发展成为中古的方位词的过程中,其搭配成分的空间感越强,"里"的词汇意义越虚,逐渐演变成为方位词。在"里"由中古的方位词发展成为近代副词后缀过程中,其前位成分呈现出空间名词→平面名词→气象名词→心理名词、时间词、动词、形容词→方位词→指示代词→副词的变化,其搭配成分空间感越弱,"里"的词汇义越虚。伴随搭配对象空间感逐渐弱化,"里"的词汇义也一步步脱落,当其搭配成分是空间感为零值的副词时,方位词"里"彻底词缀化了,终于成为三音副词的标志。可见,在这两次转变中,搭配成分的空间感对"里"的作用力完全不同。

该文发表于 2012 年第 4 期《古汉语研究》。

杨爱姣(1974—),女,湖北洪湖人,文学博士,深圳大学文学院中文系副教授,主要从事近、现代汉语词汇和语法的研究。

高级水平的韩国留学生使用汉语成语的偏误分析及教学对策

杨爱姣

关于韩国留学生汉语成语的教学与习得状况,近10年来已引起国内外学术界的日益关注,学者们从不同角度发表了一些有价值的论文。教学方面,石慧敏的《论中高级阶段韩国留学生的成语教学》一文,从中、韩成语的异同对照入手,阐述了中韩成语的历史渊源,提出对比教学法、集中教学法、现代活用法对韩国留学生成语教学的3个对策。① 从习得角度,李大农的《韩国学生"文化词"学习特点探析——兼论对韩国留学生的汉语词汇教学》设计了一个针对韩国学生的以"文化词"为中心内容的问卷调查表,研究分析了300条左右的韩语成语,对学生习得状况进行了细致考察。闵庚顺〔韩国〕的研究生毕业论文《韩国留学生汉语成语使用偏误分析》②对该国留学生汉语成语使用偏误情况进行了详尽的探讨。

本文综合教学与习得两个视角,以深圳大学文学院《高级汉语阅读》班的20名韩国留学生为调查对象,从20份问卷调查中获取有效的偏误语料,并运用偏误分析理论与对比分析理论,较系统归纳出高

---

① 石慧敏:《论中高级阶段韩国留学生的成语教学》,《云南师范大学学报》2007年第4期。
② 〔韩〕闵庚顺:《韩国留学生汉语成语使用偏误分析》,北京语言大学汉语言文字专业2002级研究生毕业论文。

级阶段韩国留学生使用汉语成语的偏误类型,深入剖析偏误产生的原因,进一步提出适宜的教学对策。

一、问卷调查设计

(一)问卷调查的目的

1. 通过问卷调查掌握高级阶段韩国留学生成语习得状况,了解其使用汉语成语时的态度。2. 总结韩国留学生使用成语产生偏误的类型,力求多角度、多层次发掘偏误产生的原因。3. 针对偏误成因提出切实有效的教学对策。

(二)问卷调查的对象

本文之所以以深圳大学文学院《高级汉语阅读》班的 20 名韩国留学生为调查对象,是基于以下考虑:他们的汉语水平考试成绩均在 6 级以上,对汉语成语表现出较强的认知水平,便于展开调查;而且,问卷调查中的成语他们已全部学习过,这样保证了获取有效成语例句的可能性与有效性。

(三)问卷调查的语料来源

笔者从调查对象所用教材——二年级《汉语阅读教程》中(上、下册,陈田顺、朱彤、徐燕军编著,北京语言大学出版社,2007 年)选取了 59 条成语,根据这些成语与韩语成语的形、义的关联程度,将之分为以下 3 类:

1. 汉语成语与韩语成语同形同义(6 个)
   教学相长(교학상장)   守株待兔(수주대토)
   脍炙人口(회자인구)   画龙点睛(화룡점정)
   龙飞凤舞(용사비등)   百年大计(백년대계)
2. 汉语成语与韩语成语同形异义(5 个)
  (1)百尺竿头(백척간두)

汉:① 桅杆及杂技长竿的顶端。② 比喻极高的官位和功名。③ 比喻学问、事业有很高的成就。④ 佛教语。比喻道行达到极高的境界。

韩:形容危险到了极点。

(2) 乐山乐水(요산요수)

汉:比喻人的爱好兴趣有所不同。

韩:喜欢山和水,即爱护大自然。

(3) 落花流水(낙화유수)

汉:原指凋落的花和流逝的水,形容逝春的情景。后比喻兵败的情景。

韩:词义变化,指落花依流水,流水载落花,比喻男女之间的情意。

(4) 亡羊补牢(망양보뢰)

汉:比喻在受到损失之后想办法补救,免得以后再受损失,中性。

韩:已经造成了损失,即使想办法补救也毫无用处,含贬义。

(5) 打草惊蛇(타초경사)

汉:比喻做法不谨慎,反使对方有所戒备。

韩:处理事情不够敏捷,行动不够迅速,使对方有所戒备。也指惩罚一方而告诫另一方。

3. 汉语独有的特色成语(48个)

纸上谈兵	入木三分	力透纸背	极乐世界	清心寡欲
芸芸众生	不解之缘	历历在目	天经地义	眼光缭乱
高不可攀	名扬天下	津津乐道	深情厚谊	喜闻乐见
以假乱真	独树一帜	妙趣横生	入木三分	出神入化
推陈出新	节衣缩食	如饥似渴	勤工俭学	发扬光大
情有独钟	巴山蜀水	与生俱来	一见钟情	一干二净
十全十美	一筹莫展	心甘情愿	不由自主	头昏脑胀
当务之急	花花绿绿	水泄不通	女扮男装	一见如故
各种各样	脍炙人口	有利无弊	家喻户晓	七嘴八舌
表里如一	随心所欲	驰名中外		

（四）问卷调查的题型

1. 改写句子　2. 单项选择题　3. 用成语造句

二、问卷调查情况分析

前人对偏误分析的分类有很多方法,鲁健骥(1994)分 4 类:遗漏、误加、误代、错序;周小兵(1996)分为 6 类:语序错误、搭配不当、词语残缺、词语增加、词语混用、句式杂糅;Carl James(2001)分 5 类:误代、误加、遗漏、杂糅、错序。本次调查收回有效问卷 20 份,收集到偏误例子 48 个,问卷中没有出现误加、遗漏等低级阶段易犯的错误,随后将这些偏误归纳为以下 4 类:语义误用、词性误用、句法误用、语序误用。

（一）语义误用

汉语成语的字面意义和实际意义不一定等值,这二者之间的非确定性关系使得留学生在学习中难以准确把理解成语的语义,因而很容易在使用中出现偏误,此种偏误主要有下列 3 种情况:

1. 理性意义误用

把字面意义当成实际的理性意义,主要缘于对成语意义理解不够清晰。例如:

① 在一个景观很美的农村里,崛起了一坐高不可攀的山。

("高不可攀"喻指人因地位很高或神情傲慢很难接近的样子,学生却误用来形容山高。)

② 我想去极乐世界。

("极乐世界"是佛教用语,喻指人修炼成功、死后到达的快乐完满世界,学生却误用来形容给人快乐的地方。)

③ 山林是花花绿绿的。

("花花绿绿"喻指尘世的繁华,学生却误用来形容山林花草缤纷的色彩。)

④ 我如饥似渴地想转到中文专业来。
("如饥似渴"喻指强烈希望获取有益的知识、经验等东西,学生却误用来形容强烈希望做某事的心情。)
⑤ 韩国人乐山乐水,善于保护自然。
("乐山乐水"比喻人的爱好兴趣有所不同,学生却误用作爱护大自然之义。)

以上 5 例中的成语,其实际的理性意义是由其字面意义比喻、引申而来,而韩国学生望文生义,把字面意义当成实际的理性意义去理解应用,因而发生语义偏误。

2. 感情色彩误用

感情色彩误用,有褒词贬用、中性词褒用两种情况。

① 但是如果感染艾滋病的话,没有解决方法,可能家喻户晓。
② 现在韩国的总统跟国民没有交流,他独树一帜。
③ 9.11 恐怖事件名扬天下。
④ 老人对赌博情有独钟。
⑤ 他清心寡欲,不求上进。
⑥ 那网站有很多有经验的老师,给我们随心所欲的教育。

例①—⑤中的成语都是褒义词,却被用来描写或形容贬义的事件,⑥中的成语是中性词,却被用作褒义词。

3. 语体色彩误用

汉语书面语和口语之间的差别造成韩国学生汉语在词汇学习方面的困难。成语也有书面语词和口语语词之分,他们常常误把书面语词用作口语语词。例如:

① 我最近交了男朋友,他是我深情厚谊的朋友介绍给我的。(感情很好)
② 他做的作业十全十美。(全对了)
③ 今年暑假我要去巴山蜀水旅游。(四川)
④ 我爸爸工厂里有一个工人出神入化。(技术高超)
⑤ 他与生俱来就爱吃,现在看他要减肥了!(生来)

以上5个句子本是通俗易懂的口语体,可是其中用到的5个成语属于庄重的书面语色彩,显得文绉绉的,与全句语体色彩不和谐,如果用括号里的表达方式会更和谐。

(二) 词性误用

作为固定短语的成语也有自己的词性,一般分为谓词性成语和体词性成语两大类。谓词性成语包括动词性成语和形容词性成语,在句子中主要充当谓语、定语、状语和补语,体词性成语在句子中主要充当主语和宾语。词性误用,即把一种词性的成语误用作另一种词性的成语,韩国学生的词性偏误有以下3种情况:

1. 谓词性成语误用作体词性成语

① 我们是一对独树一帜。(原义:我们是很特别的一对。)
② 他在班上是独树一帜。(原义:他在班上与众不同。)
③ 我的思想是一个推陈出新。(原义:我有一个推陈出新的念头。)
④ 我过了一年节衣缩食。(原义:我过了一年节衣缩食的日子。)
⑤ 我高级汉语老师的想法是入木三分。(原义:我高级汉语老师的想法入木三分。)

2. 不及物谓词性成语误用作及物性成语

几乎所有谓词性成语都是不及物的,后面不能再接宾语,可是留学生往往犯错。例如:

① 今天是我生日,我招呼很多朋友来我家,我喜闻乐见他们。
(改为:今天是我生日,我招呼很多朋友来我家,很开心地招待他们。)
② 发扬光大你的智力。
(改为:把你的高尚精神发扬光大。)
③ 他拿老实的样子以假乱真他的坏心。
(改为:他拿老实的样子掩盖他的坏心。)

3. 体词性成语误用作谓词性成语

① 他们的爱情不解之缘。(改为:他们的爱情来自于一段不解之缘。)

② 我和中国不解之缘。(改为:我和中国有不解之缘。)

③ 我学习汉语百尺竿头。(改为:我学习汉语是百尺竿头,更进一步。)

(三)句法误用

成语的句法功能很复杂,谓词性成语和体词性成语在句子中充当的句子成分不同,充当同一句子成分所受限制条件不同,同一类型成语彼此搭配功能不同。搭配又细分为意义上的搭配、句法上的搭配与语用习惯的搭配,每种搭配的具体规则又有所不同,留学生常常因把握不当、区分不清而出错,其句法偏误有以下类型:

1. 定语与中心语搭配不当

① 他们假期过得各种各样的样子。("各种各样"与"样子"搭配,有重复之嫌。)

② 我当务之急的事是很累。("当务之急"不能作定语。)

2. 状语与中心语与搭配不当

① 显得挺整整齐齐的。(程度副词"挺"不能与含有程度意味的"整整齐齐"搭配。)

② 汉语是越学越津津有味的。("越来越"表示程度加深,不能与已含程度意味的"津津有味"搭配。)

③ 人们七嘴八舌把他从车轮下抬了出来。(应是"七手八脚"。)

④ 不用担心,我已经一干二净地忘记了。("一干二净"一般不做状语。)

⑤ 作为一个人,不能十全十美地做好。("十全十美"一般不做状语。)

⑥ 我就推陈出新地学习。("推陈出新"一般不做状语,并且不能修饰"学习"。)

3. 中心语与补语搭配不当
① 他回答得一干二净。("回答"不能与"一干二净"搭配)
② 他感动得不由自主。("感动"不能与"不由自主"搭配)
③ 这故事讲得脍炙人口。("脍炙人口"一般不作补语)

4. 主语与谓语搭配不当
① 他心里眼光缭乱。(心理感觉不能与表视觉的"眼光缭乱"搭配。)
② 这座山龙飞凤舞,很雄伟。("龙飞凤舞"主要用来形容书法作品,不能用来形容"山"。)
③ 她优美的声音历历在目。("历历在目"不能用来形容"声音"。)
④ 我男朋友以后会驰名中外。("驰名中外"不能用来描写人物。)
⑤ 太阳从东升起,这是天经地义的。(自然现象不能用"天经地义"来形容。)

5. 主语与宾语无法呼应
① 今天在家里复习的是当务之急。("复习的内容"不能与"当务之急"呼应)

(四) 语序误用

① 我一干二净地忘了她。(改为:我把她忘得一干二净。)
② 不知不觉学汉语来到中国两年多了。(改为:为学汉语来到中国,不知不觉两年多了。)
③ 我觉得这个是与生俱来我的心。(改为:我觉得我的好心与生俱来。)

下面我们结合偏误类型、偏误次数、所占比例、发生偏误成语类型4方面情况列表分析如下:

偏误类型	次数	比例	偏误成语类型	
语义偏误	16	32%	汉语特色成语(15例)	同形异义成语(1例)
词性偏误	12	21%	汉语特色成语(11例)	同形异义成语(1例)
句法偏误	17	39%	汉语特色成语(16例)	同形同义成语(1例)
语序偏误	3	8%	汉语特色成语(3例)	

通过对调查问卷的数据进行分析,笔者归纳出以下三点:

首先,由于众所周知的中国与韩国的文化渊源关系,韩国学生对汉语成语认知水平较高。问卷调查里的单项选择题为:下面有10个成语的意义解释,请选择正确的一项,此题学生选择的正确率是98%。

第二,母语的正迁移与负迁移作用在学生习得效果方面表现得比较明显。习得者母语里的成语与目的语里的成语的相似程度越高,母语的正迁移作用越大,成语习得的偏误率越低;反之,相似程度越低,负迁移作用越大,成语习得的偏误率越高。问卷调查的同形同义成语、同形异义成语、汉语特色成语3类,其中同形同义成语使用的偏误率最低,集中在句法偏误方面,仅有2例。同形异义成语次之,汉语特色成语使用偏误率最高。

第三,高级阶段韩国留学生使用汉语成语的偏误类型有词义误用、词性误用、句法误用、语序误用4大类型。其中,语序误用的比例最小,句法偏误比例最高,其次是语义偏误,这些基本符合高级水平的韩国学生对汉语成语的实际运用水平。

三、成语使用偏误产生的原因

综合客观与主观、内部与外部、静态与动态多方因素,本文将成语使用偏误产生原因归纳为以下4点:

(一)汉语成语自身的特质

1. 意义的曲折性。成语包含了汉民族传统的以及现代的较深刻、复杂的民族心理、道德评价、感情好恶等深层次的文化内涵,因而比单纯反映中国特有文化事实的"文化词"更具有理解上的难度。①石琳说:"含有比喻义、象征义、引申义的'文化词'造成了韩国人词语理解和学习中的真正障碍和困难。对这类词,韩国人与欧美等其他母语背景的学生相比,并未表现出词义理解上的显著优势。"石慧敏先生的解释也很有见地:"因为成语往往包含着深刻的文整的思想内容,即使是对一些已经学过的学生来说,面对不同种类的成语,要完掌握其含义和用法还是不太容易的。"

2. 语用的复杂性。前文总结出,成语语用的复杂性体现在:首先,不同词性的成语充当的句法成分不同;其次,同一词性的成语和其他成分搭配时所受限制条件不同;再者,同词性同意义的成语搭配对象也不尽相同。如此复杂的语用状况,留学生若不深思默察,熟练掌握,错误在所难免。

3. 与学生所处语境的疏离性。汉语成语具有极强的历史继承性和定形性,绝大部分成语保存了古汉语的词汇特征和语法特征,这些特征与对外汉语教学的区域——现代汉语差别很大,留学生耳闻目睹、口说手练的主要也是现代汉语,成语与习得者所处语境的疏离性加重了学生学习的难度,增加了偏误出现的机率。

(二)学生对成语使用的回避策略

尽管韩国属汉字文化圈国家,韩国学生自幼饱受中国儒家文化的熏陶,他们对不少成语耳熟能详,会理解也能讲解,可是一旦涉及到运用,他们还是持回避策略。请看问卷调查里关于题型一的情况分析:

一、改写句子:请把下面句子改成更简练更生动的表达方式。

1. 我对这件事毫无办法。

预期答案:我对这件事一筹莫展、我对这件事束手无策。

2. 他把饭完全吃完了。

预期答案:他把饭吃得一干二净。

---

① 石琳:《基于中介语语料库的成语使用偏误分析》,《社会科学家》2008年第2期。

3. 最近足球世界杯是人们很乐意谈的话题。

预期答案:最近足球世界杯是人们津津乐道的话题。

4. 章子怡是中国人人都知道的电影明星。

预期答案:章子怡是中国家喻户晓的电影明星。

20个学生里只有2位用到了2个意义简单的成语:"一干二净、家喻户晓",明明可以用成语表达得更言简意赅,学生还是用一个词或一个短语来表达。另外,补证一:从2009年3月至2010年6月间,笔者布置了10次听写作业,每次听写20个生词(至少包括1个成语),并让他们选择其中10个词语造句,只有10%的学生会选择其中的成语来造句。证据二:笔者编辑了2008年、2009年两期的《深圳大学本科留学生优秀习作选》,该习作选收录的50篇韩国学生作文中用到成语的习作只有15篇,近5万字里,学生所使用的成语不到30个。

(三)教学者的方法不到位

外国学生出现成语使用偏误与教学方法有怎样的联系,这是笔者一年来潜心思考的问题,通过自我反省,总结出至少以下两点:

1. 理论知识储备不够。教学者在两方面理论知识有所欠缺:汉语成语本体知识、留学生习得成语理论,因此对留学生学习成语的难度预测不够,难点把握不到位。

2. 教学手段单一。在教学过程中,重要依靠讲解与练习,形象化展示手段运用偏少,解释定义不够清晰,语用训练偏少。

(四)成语词典编撰存在的问题

此问题分两方面:一是我国汉语成语词典编撰存在的问题。现有的成语词典数量近几年增加了很多,但绝大部分词典是面向本国母语者而编纂的词典,以初等以上的母语者所具备的成语水平为阅读前提,几乎没有一本词典能够详细地说明成语的句法功能,以及充当某个成分时应受哪些条件的限制。这使得对汉语成语不甚了解的留学生很难着手理解并运用成语,一旦运用就很可能造成偏误。二是韩国编撰的汉语成语词典编撰存在的问题。出于对母语的依赖及使用的方便,韩国留学生会很自然地使用本国学者编撰的词典。这些词典除了未能详尽地说明成语的句法功能以外,更严重的缺陷是:一部分韩国编撰者缺乏对汉语成语的历史演变与共时状况的全面了解,以韩语成语意义来代替汉语成语意义,以致词典中出现不少误解、曲解汉语成语的词条,误导了韩国学生。

四、教 学 对 策

教学者抓住根本,才能有的放矢,笔者总结出如下教学对策,以就正于方家:

(一)讲故事法

针对汉语成语意义曲折、用法复杂、与现实语境疏离的特质,我们用讲故事法激发韩国学生学习的兴趣,减轻他们对成语的畏惧、生疏感,并让他们透彻掌握成语的意义。

在韩国,人们把来自中国的"成语"称为"故事成语"。在韩国成语当中占大多数的成语是故事成语。虽说故事成语起源于故事,其实也包括神话、传说、历史、典故、文学作品在内。来自韩国的成语中占最多数的是4个字的成语。他们主要出自《三国遗事》、《三国史记》等历史书,或《春香传》、《九云梦》等韩国传统古典小说,也有出自《旬五志》等俗语集。因为大多数的韩国故事成语起源于中国成语,所以两国的成语非常相似。随着韩国社会环境的变化,历史的变迁,渐渐地把一些中国成语改成了"韩国式"。教学者要尽量熟悉每个成语的出处、来源及其中蕴含的文化意义,以讲故事的方式让学生了解成语的原始意义、引申意义,以比较法分析当今汉、韩语境中的意义、语法上的区别,让学生兴致盎然、思路清晰地学习成语知识。之前,还要帮助学生挑选一本相对规范全面的汉语成语词典,让他们在自学环节借助词典来熟悉成语的来龙去脉。

(二)直映输入法

也称"图像输入法",如果说讲故事法侧重于听觉信息输入的话,直映输入法注重图像的视觉信息输入,通过播放成语故事的视频、展示成语故事的图片或自己绘声绘色地表演成语内容,让学生脑海里建立成语与图像、动作等视觉信号的直接联系,看到视频、图片或表演就会脱口而出说出这个成语,看到这个成语,脑海里立刻浮现那个画面,印象深刻,历久难忘。学生在愉快的信息刺激中领悟到了成语,他们也会乐于运用。

(三)创设语境法

以上两个方法从听觉与视觉两个渠道对学生进行信息输入,那么学生是否真正消化、吸收这些成语并能运用自如,还得靠教师创设合情合理的语境。

1. 创设谈话语境。比如给学生讲个生活小故事,或抓住课堂里发生的事件,让他们从刚刚学的成语中选择一个来概括。或让一个学生讲个故事,让别的学生用成语来概括。或指定学生讲个自己生活中的真实故事,并用成语概括,或让学生表演成语内容,充分调动身体感官,让其体验成语,让其他学生来猜。

2. 创设书面语境。给学生设计形式灵活的书面练习。如选词填空、猜词填空、造句练习、成语接龙等,让学生在实践中深化对成语的运用技能。

(四)学生相互纠错法

前面三个方法重在老师的教,第四个方法重在学习者的练。老师可以将每次学生作业中的成语偏误例子收集起来,下一次课让学生当堂来改自己或别人的病句,并说明病因。学生在发现病句、修改病句的相互纠错过程中,会强化对成语意义与句法功能的认识,下次造句时会有意识避免犯错。①

该文发表于《长江学术》2011年第2期。

---

① 洪波:《对外汉语成语教学探论》,《中山大学学报论丛》2003年第2期;全香兰:《汉韩同形词偏误分析》,《汉语学习》2004年第3期;王庆云:《韩国语中的汉源词汇与对韩汉语教学》,《语言教学与研究》2002年第5期;马洪海:《摸清规律 有的放矢》,《天津外国语学院学报》2004年第2期;郑萍:《成语中的语法知识教学管见》,《黔南民族师范学院学报》2004年第2期;马秀恰:《〈庄子〉成语浅析》,《河北大学学报(哲学社会科学版)》1998年第4期;潘先军:《简论对外汉语教学中的成语》,《汉字文化》2006年第2期;成宁:《探讨汉语成语习得在对外汉语教学中的作用》,《语文学刊》2006年第2期;周国光:《释"合情合理"与"偏听偏信"的对立》,《语言教学与研究》2002年第2期;张永芳:《外国留学生使用汉语成语的偏误分析》,《语言文字应用》1999年第3期。